REMARQUES

SUR

LA LANGUE

FRANÇOISE,

Par M. l'Abbé D'OLIVET.

A PARIS,

Chez les Freres BARBOU, rue & vis-à-vis
la Grille des Mathurins.

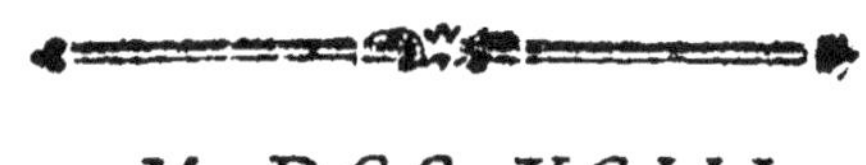

M DCC XCIII.

A MESSIEURS

DE

L'ACADÉMIE

FRANÇOISE.

JE me crois, MESSIEURS, dans une de nos aſſemblées ordinaires, où rien de ce qu'on appelle cérémonie, n'eſt connu. Ainſi ne craignez pas de moi le ton d'épître dédicatoire. Je ne veux que vous rendre compte de trois Opuſcules, qu'on réunit dans ce volume, parce qu'ils tendent à un même but, qui eſt le principal objet de l'Académie.

I. On y retrouve d'abord ma

Profodie Françoife. Vous n'avez pas oublié que nous avons eu parmi nous un très-bel efprit, dont les talents réels, & dans plus d'un genre, brilloient avec tout l'éclat néceffaire pour lui attirer une foule de partifans. Qui croiroit qu'il eût pu fe perfuader, & le perfuader à d'autres, que l'harmonie dans le difcours n'étoit qu'une chimere ? Homme aimable, & du commerce le plus doux, il fe laiffoit contredire tant que nous voulions. Mais enfin, après la mort de M. de la Motte, nous crûmes voir que fa doctrine faifoit du progrès. On crut, dis-je, le voir dans les Piè-ces envoyées l'année fuivante à l'Académie pour difputer le Prix ; en forte que tous ceux qui en furent les juges, conclûrent qu'il étoit temps, & plus que temps, de réveiller le fouvenir de la profodie & de l'harmonie. J'entrai volontiers dans leurs vues, & je publiai mes réflexions sur ce sujet, mais sans laisser entrevoir à quelle occasion j'avois pris la plume.

II. Quand nous eûmes fini la révision de notre Dictionnaire, pour donner l'édition qui parut en 1740, il fut résolu que nous travaillerions en commun à une espéce de Code grammatical, où se trouveroient les notions & les principes qu'un Dictionnaire ne peut débrouiller, ni répéter à chaque mot.

Tout cela étoit bien au long dans la Grammaire de M. l'Abbé Regnier, & il nous auroit suffi de l'abréger, si ce savant Auteur ne suivoit pas d'un peu trop près les traces de nos vieux Grammairiens, dont les plus anciens écrivîrent sous François I. On diroit qu'alors ils songeoient moins à enseigner leur art, qu'à le rendre difficile.

Pourquoi calquer leurs Grammaires sur les Grecques & les Latines, qui ont si peu de rapport avec le François ? Pourquoi tant de termes adaptés de gré ou de force à une Langue vivante, dont le génie est si différent ? Car, quoique d'habiles Critiques aient jugé que notre phrase approchoit fort de la Grecque ; & quoiqu'en effet cela soit ainsi par comparaison à la phrase Latine, dont nous nous écartons presque en tout ; il faut pourtant convenir, si l'on veut être de bonne foi, que cette prétendue conformité du François avec le Grec ne s'étend pas loin.

Mais, dira-t-on , le François étant visiblement tiré du Latin , comment le génie de ces deux Langues n'est-il donc pas le même ? Distinguons , Messieurs , entre le fond & le génie d'une Langue. Par le fond, j'entends tous les mots qui la compofent. Par le génie, j'entends les tours qu'elle m'oblige de prendre pour être intelligible, correct, élégant. Or il n'eft pas douteux que le fond de notre François ne vienne principalement du Latin, puifque le Latin lui feul nous a fourni une plus grande quantité de mots, que toutes les autres Langues enfemble. Mais pour le génie, cela ne prouve rien. De fréquents gallicifmes déshonorent les vers Latins de l'éloquent *Balzac* : & de fréquents latinifmes font des taches dans la profe Françoife du docte *Huet*. Regardons le Latin comme un fuperbe édifice détruit par le temps, mais dont les pierres artiftement retaillées, & autrement placées, ont fervi à conftruire un nouvel édifice, qui, pour n'être pas fur le même plan, n'en eft pas moins commode, ni moins régulier, ni moins beau.

Quoi qu'il en soit, l'Académie considérant que tout le jeu de notre Langue, si j'ose ainsi parler, se renferme dans trois sortes de mots, les uns qui se déclinent, d'autres qui se conjuguent, & d'autres enfin qui ne se déclinent, ni ne se conjuguent; ces trois objets fûrent partagés entre les trois Académiciens que l'on supposoit avoir le plus de loisir, ou le plus de bonne volonté. Mais ce projet, que devint-il ? Ceux qui connoissent les Compagnies, & sur-tout une Compagnie aussi libre que la nôtre, ne feront pas cette question. Je dirai seulement que M. l'Abbé Gédoyn, qui s'étoit chargé du *Verbe*, nous renvoyoit toujours de mois en mois, n'ayant pu encore, nous disoit-il, parvenir à se contenter lui-même. Pour M. l'Abbé de Rothelin, chargé des *Particules*, je suis certain qu'il y travailloit serieufement, & que fes recherches, qui devoient embraffer nos Galli-cifmes, étoient fort avancées, lorf-qu'une maladie lente & doulou-reufe nous l'enleva. Quant au der-nier, il paya fon tribut, & donna les *Effais de Grammaire*, qu'on vous remet ici fous les yeux.

III. Vous aviez fait, Meffieurs, des Remarques fur l'*Athalie* de Racine ; & votre exemple m'inf-pira le courage d'aller plus avant. Oui, le courage : car nous ne nous diffimulons pas à nous-mêmes qu'il en faut pour braver l'opinion pref-que générale, qui n'attache qu'une idée de petiteffe à ce genre d'étude. Mais l'envie de vous plaire donne des forces. J'allois effayer fur Def-préaux ce que j'avois fait fur Ra-cine, lorfque M. le Cardinal de Fleury me propofa une occupa-tion, qui étoit bien plus de mon goût. On defira pour l'éducation de **M.** le Dauphin une édition complète de Cicéron, le texte revu avec foin, & un choix des notes éparfes dans les vaftes commentaires, qui ont été multipliés depuis trois fiecles. Je m'y engageai, fans me douter que ce magafin de notes, tout immenfe qu'il eft,. dût me laiffer encore des vides à remplir. J'avois, dans ma jeuneffe, traduit quelques ouvrages de Cicéron, & j'entrepris de le commenter dans un âge plus mûr. Ainfi les plus agréables & les plus utiles moments de ma vie, je les ai paffés avec vous, Meffieurs, ou avec le plus éloquent des Orateurs, le plus fage des Philofophes. *Adolefcentiam aluit, feneƈtutem obleƈtat.*

Voilà du Latin que j'emprunte de lui, & qui fera caufe que je reviendrai fur mes pas. Tout-à-l'heure je foutenois que la langue Françoife a fon génie particulier, &

qu'il feroit auffi dangereux qu'inutile de le chercher ailleurs. Mais, fi
l'on alloit tirer de-là quelque conféquence contre les Langues favan-
tes, une fi folle erreur auroit bientôt entraîné la ruine des beaux arts.
Veut-on favoir là-deffus le fentiment de l'Académie? Qu'on ouvre
le Recœuil intitulé : *Poetarum ex
Academia Gallica, qui Latinè, aut
Græcè fcripferunt, Carmina.* Je m'en
avouerois l'éditeur, fi je n'avois
pas eu la témérité d'y mettre auffi
quelque chofe du mien. A cela près,
on y verra que l'Académie, toujours émule de la belle Antiquité,
comptoit parmi ceux de fes membres qui ont exifté fous le regne
de Louis XV, jufqu'à cinq ou fix
imitateurs de Virgile & d'Horace,
fans même y comprendre le Cardinal de Polignac, dont l'Anti-Lu-
crèce s'attirera les regards de nos
derniers neveux.

A vj

Que me reſte-t-il, Meſſieurs, qu'à vous repréſenter que ce qui s'écrit ſur notre Langue, ne peut meriter la confiance du Public, à moins que vôtre Tribunal ne l'ait confirmé. Auſſi ce volume n'eſt-il qu'un ſimple canevas, qui attend vos bons offices. Vous me voyez depuis plus de quarante ans la même aſſiduité, la même ardeur à partager vos travaux. Puis-je me flatter qu'un jour l'examen de ces Remarques vous dérobera quelques inſtants? Ajoutez, retranchez, corrigez. Je prévois que vous aurez ſouvent à dire, *il s'eſt trompé*. Mais dites quelquefois, je vous en ſupplie, *il nous aimoit, il nous reſpectoit*.

30 Mars 1767.

PROSODIE

FRANÇOISE.

Da veniam scriptis, quorum non gloria nobis
Causa, sed utilitas officiumque, fuit.
OVIDIUS, ex Ponto, III, 9.

PROSODIE
FRANÇOISE.

J E réduis ce Traité à cinq Articles, dont le premier ſera employé à éclaircir des queſtions préliminaires. Dans le ſecond, je parlerai des Accents. Dans le troiſieme, de l'Aſpiration. Dans le quatrieme, de la Quantité. Et dans le dernier, je ferai voir à quoi peut ſervir la connoiſſance de notre Proſodie.

Je n'ai à offrir qu'un foible eſſai. Puiſſe-t-il quelque jour donner lieu d'approfondir un Art, qui feroit naître de nouvelles beautés, & comme une nouvelle Langue, dans celle que nous croyons ſavoir.

ARTICLE PREMIER.
Queſtions préliminaires.

O N peut ici propoſer trois queſtions, ſur leſquelles, avant que d'aller plus loin, il est à propos de satisfaire ceux qui pourroient, ou n'avoir pas étudié la matiere dont il s'agit, ou avoir des préjugés contraires à la vérité.

I. Qu'est-ce que Prosodie ?

II. A-t-on connu autrefois notre Prosodie, & jusques à quel point ?

III. Pourquoi notre Prosodie, si elle a été fort connue autrefois, l'est-elle aujourd'hui si peu ?

I.

Par ce mot, *Prosodie*, on entend la maniere de prononcer chaque syllabe réguliérement, c'est-à-dire, suivant ce qu'exige chaque syllabe, prise à part, & considérée dans ses trois propriétés, qui sont, l'Accent, l'Aspiration, & la Quantité.

Premiérement, il est certain que toutes les syllabes ne pouvant être prononcées sur le même ton, il y a par conséquent diverses inflexions de voix, les unes pour élever le ton, les autres pour le baisser : & c'est ce que les Grammairiens nomment *Accents*.

Quelques syllabes, en second lieu, ont cela de particulier qu'elles se prononcent de la gorge : & c'est-là ce que l'on nomme *Aspiration*.

Troifiémement, on met plus ou moins
de temps à prononcer chaque fyllabe, en
forte que les unes font cenfées longues,
& les autres breves : & c'eft ce qu'on
appelle *Quantité*.

Voilà donc trois définitions bien dif-
tinctes, & qui font voir que dans la prononciation de chaque fyllabe, la voix
peut fe modifier tout à la fois de trois
différentes manieres, dont je donnerai
une plus ample explication, lorfque je
viendrai à traiter de chacune en particu-
culier.

Or il me paroît que ces trois principes,
qui conftituent la Profodie, appartiennent à toutes les langues. Car enfin, quel
fléau pour l'oreille, qu'une conftante &
invariable monotonie? Il n'y en a pas
même d'exemple, ni dans le cri des animaux, ni dans quelque bruit que ce puiffe
être, pour peu qu'il foit continu.

Mais les principes de la Profodie font-
ils fixes ? Sont-ils arbitraires ? Voilà ce
que chacun doit examiner dans fa Langue. S'ils font arbitraires, difpenfons-nous
de pouffer plus loin nos recherches. S'ils
font fixes, il eft honteux de les ignorer.

Pour moi, généralement parlant, je
fuis porté à les croire arbitraires dans

deux fortes de Langues : dans celles qui font encore trop récentes, & dans celles qui n'ont cours que parmi un peuple grof-fier. Mais, par la même raifon, je les crois fixes dans les langues, qui ont une certaine ancienneté, & qui font dans la bouche d'une nation polie.

Toutes les langues, vraifemblablement, ont été rudes & informes dans leur ori-gine. Mais les hommes ayant un goût naturel pour l'ordre, ils s'entendent tous, fans y penfer, & même fans le favoir, à écarter, ou du moins à diminuer ce qui le bleffe. J'appelle ordre, dans la quef-tion préfente, les rapports que les fons doivent avoir les uns avec les autres, & leur conformité avec les organes, foit de celui qui parle, foit de celui qui entend.

Vouloir ici examiner queft-ce qui fait cette conformité, & en quoi confiftent ces rapports, ce feroit nous engager dans une difpute obfcure, d'où la Phyfique a peine à fe tirer. Heureufement les leçons de la nature font moins difficiles, & plus certaines. Ce n'eft point par la voie du raifonnement, c'eft par l'habitude qu'elle inftruit. Il eft vrai que cette manière d'en-feigner nous paroît, à nous qui vivons fi peu, d'une prodigieufe lenteur. Mais c'eft

la feule capable de réuffir dans les arts,
qui ont pour bafe le fentiment : & de ce
nombre eft l'art de donner à une langue
ce qui lui eft néceffaire, non pour fub-
venir à nos befoins feulement, mais pour
flatter notre goût.

Je fuppofe donc un pays, où il n'y
eut jamais de particulier, qui fût Mathématicien; & je dis qu'il y aura cependant un efprit métaphyfique & géomé-
trique, répandu dans le public. Ainfi le
Public, guidé par cette efpèce d'inftinct,
y fera peu-à-peu, & jufqu'à un certain
point, toutes ces mêmes obfervations,
dont l'affemblage compofe un Art, lorfqu'elles viennent à être rédigées, & combinées par des hommes favants. On pourroit aifément montrer que cela eft vrai
de la Mufique, qui n'eft à proprement
parler qu'une extenfion de la Profodie.

Ajoutons que ces fortes de connoiffances qui fe doivent, non au raifonnement,
mais à l'habitude, dépendent abfolument
des organes : & qu'ainfi lorfqu'un climat
produit des hommes bien organifés, le
progrès de ces connoiffances y eft non-
feulement plus grand, mais encore plus
rapide; au lieu qu'en d'autres pays, où
les organes font, pour ainfi parler, d'une

rempe différente, les siecles depuis un temps infini se succedent les uns aux autres, sans que les habitans de ces pays-là faffent rien pour les arts, qui n'intéreffent que le fentiment.

On fait à quel point de perfection les Grecs avoient porté leur Profodie. On fait auffi, du moins en ce qui regarde les longues & les breves, qu'elle étoit celle de la langue Latine. Pour ce qui eft de l'Accent, l'exemple des Chinois nous fait voir de quelle délicateffe l'oreille eft capable, puifque chez eux le même mot, n'étant que d'une fyllabe, peut avoir jufqu'à onze fens très-différents, felon la différence de la prononciation. Mais évitons tout détail fur la Profodie des autres peuples; il ne s'agit que de la nôtre.

I I.

Pour favoir depuis quand, & jufqu'à quel point la Profodie a été connue parmi nous, il feroit inutile de remonter au-delà de François I. Les favants hommes & les beaux efprits, dont il fit l'ornement de fa Cour, donnerent à notre langue *un caractere* (1) *d'élégance & de doctrine,*

______

(1) *Entretiens d'Arifte & d'Eugène.* Quatrieme édition de Cramoify, pag. 149.

qu'elle n'avoit point auparavant. Ce grand
Roi, qui a été, non pas le reſtaurateur,
mais le pere des beaux Arts en France,
tranſmit ſon goût aux héritiers de ſa Couronne. Jamais la Poéſie ne fut ſi fort en
honneur que ſous Charles IX. En un mot,
l'Hiſtoire nous prouve que les fonde-
ments, ſur leſquels nos bons Ecrivains ont
bâti ſous le regne de Louis XIV, furent
tracés, & même poſés en partie, dès le
ſiecle précédent. Ainſi c'eſt dans les mo-
numents de ce temps-là, qu'il faut chercher les premiers veſtiges de notre Proſodie : & nous y trouverons plus de lumieres ſur ce ſujet, qu'il ne s'en trouve,
peut-être, dans toutes les Grammaires,
& dans toutes les Rhétoriques imprimées
de nos jours.

On a vu que la Proſodie renferme les
Accents, l'Aſpiration, & la Quantité. A
l'égard des Accents, il n'eſt pas poſſible
de ſavoir quels ils étoient autrefois, puiſque l'accent *imprimé* n'eſt point l'accent
proſodique, comme je l'expliquerai ci-
après. Quant à l'Aſpiration, il y a lieu
de croire qu'elle a toujours été la même.
Reſte enfin la Quantité, qui eſt le point
capital de la Proſodie, & ſur lequel nos
Anciens paroiſſent avoir été plus déci-

dés, que nous ne le fommes aujour-
d'hui.

Jodelle, l'un des Poëtes qui compo-
foient la Pléiade fameufe fous Henri II,
mit à la tête des Poéfies d'Olivier de
Magny, imprimées en 1553, un Diftique mefuré par dactyles & par fpondées,
à la maniere des Grecs & des Latins. Ce
n'eft pas encore ici le lieu d'examiner fi
cette forte de verfification étoit conforme
au génie de notre langue; j'y reviendrai
fur la fin de ce Traité : il me fuffit, quant
à préfent, d'en pouvoir conclure qu'elle
fuppofe notre quantité bien connue dès-
lors, & bien établie.

Pafquier, dans fes Recherches, nous
apprend qu'en l'année 1555, le Comte
d'Alcinois (c'eft-à-dire, Nicolas Deni-
fot, qui déguifoit ainfi fon nom) fit des
vers Hendécafyllabes à la louange d'un
Poëme, dont lui Pafquïer étoit auteur.
Pafquier ajoute qu'en 1556, à la priere
de Ramus, *perfonnage de finguliere recom-
mandation, mais auffi grandement défireux
de nouveautés*, il fit en ce genre un effai
de *plus longue haleine* que les deux précédents, qui étoient ce Diftique de Jodelle, & ces Hendécafyllabes du Comte

d'Alcinois. Pafquier (2) rapporte enfuite fon effai, qu'il croit quelque chofe de merveilleux, & qui confifte dans une élégie de 28 vers.

Jufqu'alors ce nouveau genre de verfification avoit peu réuffi, puifqu'à peine deux ou trois Poëtes avoient ofé s'y exercer, comme en paffant. On étoit de tout temps accoutumé à la Rime : c'eft un fon qui frappe les oreilles les plus groffieres; au lieu que la cadence qui réfulte des breves & des longues, ne peut frapper qu'une oreille délicate. Auffi ne tarda t-on pas à tâcher de réunir ces deux fortes d'agrémens, la Quantité & la Rime. Pafquier attribue l'invention des vers mefurés & rimés tout enfemble, à Marc-Claude de Butet, dont les Poëfies parurent en 1561. Mais comme je n'entreprends pas ici l'Hiftoire de nos vers mefurés, je puis impunément fupprimer beaucoup d'autres noms femblables, oubliés depuis long temps; & c'eft affez de favoir que cette nouveauté donna lieu à un établiffement littéraire, dont le fouvenir mérite bien d'être confervé. Je parle d'une *Académie, qui fut établie fur*

____

(2) Recherches, liv, VII, chap. 12,

la fin de l'année 1570, pour travailler (3) *à l'avancement du langage François, & à remettre sus, tant la façon de la Poésie, que la mesure & réglement de la Musique anciennement usitée par les Grecs & Romains.* Jean-Antoine de Baïf, Poëte, & Joachim Thibault de Courville, Musicien, furent les promoteurs de cet établissement. Par les Lettres-patentes que le Roi leur accorda, ils ont pouvoir de se choisir des Associés, six desquels jouiront des *priviléges, franchises, & libertés; dont jouissent,* dit Charles IX, *nos autres Domestiques : & à ce que ladite Académie soit suivie & honorée des plus Grands, nous avons libéralement accepté & acceptons le surnom de Protecteur & premier Auditeur d'icelle.* Voilà, ou je suis bien trompé, la premiere Académie qui ait été instituée pour notre Langue uniquement, & sans embrasser d'autres sciences. Henri III n'eut pas moins de goût que Charles IX, pour les exercices de cette Compagnie naissante; ainsi qu'on le peut

(3) Voyez les *Lettres-patentes*, rapportées tout au long, avec les Statuts de cette Académie, dans l'Histoire de l'Université de Paris, Tom. VI, pag. 714.

voit

voir dans les (4) *Antiquités de Paris.*
Mais elle fut bientôt dérangée par les
Guerres civiles : & la mort de Baïf, arrivée en 1591, acheva de mettre en déroute fa petite fociété d'Académiciens.

Pafferat, Defportes, Rapin, & Scé-
vole de Sainte-Marthe, ne laifferent pas
de continuer à faire des vers mefurés.
Perfonne, que je fache, n'en a fait depuis. C'eft dommage qu'aucun d'eux n'ait
enfeigné la théorie des Accents, & de la
Quantité. Henri (5) Eftienne, le plus célebre Grammairien du feizieme fiecle,
n'en a parlé que fuperficiellement. Théodore de Bèze, dans fon Traité (6) *de la
bonne Prononciation du François,* eft le
feul auteur de ma connoiffance, qui ait
un peu approfondi cette matiere. Son
principal défaut, mais défaut qu'on a rarement occafion de reprocher à ceux qui fe
mêlent d'écrire, c'eft d'être trop court.
Il a voulu, dans quatre ou cinq pages,

(4) *Hiftoire & Recherches des Antiquités de
la Ville de Paris,* par Sauval, Tom. II, pag.
493, &c.
(5) On peut voir fa *Précellence du langage
François,* pag. 12, & fes *Hypomnefes de Gallica
lingua,* pag. 6, &c.
(6) *De Francicæ linguæ recta pronuntiatione
Tractatus.* Genevæ, 1584.

B

renfermer ce qui demandoit néceſſairement un plus long détail.

J'en étois là de mes recherches, lorſqu'il m'eſt tombé entre les mains un (7)
petit volume du fameux d'Aubigné, où,
dans une Préface qu'il met à la tête de
quelques Pſaumes traduits en vers me-
ſurés, il dit que cette maniere de vers n'a
point été inventée par Jodelle, ou par
Baïf, comme on le prétend : mais qu'il
ſe ſouvient d'avoir vu l'Iliade & l'Odyſſée
traduites en vers examètres par un nommé *Mouſſet*, & imprimées avant que ni
Baïf ni Jodelle fuſſent au monde. Que
penſer, après cela, de Paſquier, auteur
contemporain, qui nous vante le Diſtique
fait en 1553, comme le premier eſſai
de cette poéſie ? Que penſer de Ramus,
qui, dans ſa Grammaire publiée en 1562,
dit que pour rendre les regles de la Proſodie familieres aux François, il faut ſou-
haiter que nous ayons des Poëtes, qui
meſurent leurs ſyllabes à la maniere des
Anciens ? Ramus, dix ans après, dans
une nouvelle édition de cette même
Grammaire, charmé de voir ſes vœux
accomplis, ſe récrie avec une ſorte d'en-

(7) *Petites œuvres meſlées du Sieur* (Théodore
Agrippa) *d'Aubignè.* Genève, 1630.

thoufiafme fur deux pieces qui venoient·
de paroître, l'une en vers élégiaques ;
l'autre en vers faphiques. Pouvoit-il donc
ignorer une Traduction entière de l'Iliade
& de l'Odyffee ? Mais peu nous importe
de favoir la vraie époque des vers mefurés.
Quoi qu'il en foit, nous voyons évidemment que nos ancêtres ont cru avoir des
principes fixes fur la Profodie ; & c'eft à
nous, par conféquent, à examiner ce qui
nous en refte.

I I I.

Puifque notre Profodie fut autrefois fi
connue, pourquoi l'eft-elle aujourd'hui fi
peu ? Pour plufieurs raifons, dont la premiere eft fondée fur le peu de befoin
qu'on croit en avoir.

Rien n'étoit plus néceffaire, ni en même temps plus facile aux Grecs & aux
Romains, que de favoir exactement leur
Profodie ; car elle faifoit, non pas un
fimple agrément, mais l'effence même de
leur verfification : & comme la lecture
des Poëtes, étoit un des principaux objets
de leur éducation, ils apprenoient mé-
thodiquement, & dès l'enfance, à bien
prononcer. Un Romain, un Athénien de
la lie du peuple auroit fifflé un Acteur,

qui eût allongé, ou accourci une syllabe
mal à propos. Mais, si toute vérité étoit
bonne à dire, nous avouerions qu'il n'eſt
point rare qu'un François vieilliſſe ſans
avoir, ni appris, ni ſoupçonné qu'il y
ait des ſyllabes plus ou moins longues
les unes que les autres. Pour les Grecs &
les Romains, la Proſodie étoit d'une obli-
gation étroite. Pour nous, ſi l'on veut,
elle ne ſera qu'une délicateſſe, qu'une
beauté acceſſoire, ſoit dans notre prononciation, ſoit dans nos écrits. Je n'en
demande pas davantage, & partant de ce
principe, qu'on doit cependant étendre
plus loin, je dis que nous faiſons mal de
négliger notre Proſodie, puiſque la parole étant l'organe de la penſée, on eſt
louable de s'appliquer à la rendre plus
inſinuante, plus propre à perſuader, plus
capable de peindre ce que nous penſons.

Une ſeconde raiſon, qui fait que notre
Proſodie eſt ſi peu connue, c'eſt que
ceux qui ſeroient le plus en état d'en
approfondir les regles, ſont préciſément
ceux qui apportent à cette étude le plus
de préjugés. Un homme ſavant poſſede
le Grec & le Latin : il admire la beauté
de ces deux langues, & avec raiſon :
mais de croire que notre Proſodie, ſi elle

ne reſſemble pas en tout à la leur, eſt donc
nulle ; c'eſt une erreur. Toutes les langues ont leur génie particulier : & plus
une langue aura été perfectionnée, c'eſt-
à-dire, accommodée aux uſages & au
goût du peuple qui la parle, moins il lui
reſtera de reſſemblance avec la langue,
qu'on ſuppoſe *matrice*, du moins par rapport à elle. Une regle générale dans le
Latin, & qui ne ſouffre point d'exception, c'eſt que toute ſyllabe, qui finit par
une conſonne ſuivie d'une autre, eſt longue : mais en François, au contraire, le
redoublement de la conſonne, preſque
toujours, avertit que la ſyllabe eſt breve.
Pour les voyelles, c'eſt une regle aſſez générale dans le Latin, que toutes les fois
qu'il y en a deux de ſuite, la premiere
abrége la ſyllabe où elle ſe trouve : mais
toutes les fois, au contraire, que notre
E muet finit un mot, où il eſt à la ſuite
d'une autre voyelle, il allonge la pénultieme. Tout ceci deviendra plus clair par
les exemples que je rapporterai un peu
plus bas. Je le répete, il faut qu'un Savant,
pour étudier notre Proſodie, ſe départe
de ſes préjugés. Quinault, à ce qu'on
dit, ne ſavoit que ſa langue maternelle :
& ſes vers, pourtant, étoient meilleurs

à mettre en chant, que ceux des Poëtes qui favoient du Grec & du Latin.

Une troifieme & derniere raifon, qui fait que la connoiffance de notre Profodie fe perd de plus en plus, ce font les changements introduits dans l'ortographe depuis foixante ans. On a fupprimé la plupart des lettres qui ne fe faifoient pas fentir dans la prononciation. Mais, fi nous entrons dans quelque détail, nous verrons que bien loin de nuire à la prononciation, elles fervoient à la fixer. On écrivoit, *il plaift*, *il paift*, pour faire fentir qu'on doit appuyer fur cette fyllabe, au lieu qu'on ne fait que glifler fur celle-ci, *il fait*, *il fait*. On écrivoit par la même raifon, *flûfte*, *croufte*, pour les diftinguer de *culbute*, *déroute*. On redoubloit (8) la voyelle, pour allonger la fyllabe. Au contraire, pour l'abréger, on redoubloit la confonne. Je pourrois, par cent & cent exemples, montrer qu'en matiere d'orthographe nos peres n'avoient rien fait fans de bonnes raifons : & ce

_____

(8) *Aage*, *roole*, *baailler*, *raaler*. On en a même ufé ainfi dans les adverbes, dont la pénultieme doit être appuyée : *exprefféement*, *féparéement*. Voyez les *Hypomnefes* d'Henri Eftienne, pag. 18.

qui le prouve bien, c'eſt que ſouvent, ils ont ſecoué le joug de l'étymologie; comme dans *couronne*, *perſonne*, où ils redoublent la lettre N, de peur qu'on ne faſſe la pénultieme longue en François, ainſi qu'en Latin.

Peut-être y avoit-il des inconvénients dans l'ancienne orthographe : mais à la bouleverſer, comme on voudroit faire aujourd'hui, il y en auroit encore de plus grands. A la bonne heure, par exemple, qu'on ſupprime les lettres muettes, qui marquoient qu'une ſyllabe eſt longue, comme dans *teſte*, dans *paſte*; car on peut mé faire entendre la même choſe par un accent, *tête*, *pâte*. Mais, quoique l'un des T ſoit muet dans *tette*, dans *patte*, c'eſt une néceſſité de continuer à écrire ainſi, parce qu'en pareil cas il n'y a point d'autre ſigne que le redoublement de la conſonne, qui puiſſe marquer la brieveté de la ſyllabe.

Quand je parle de l'ancienne orthographe, il ne faut pas croire que je renvoye à des temps bien éloignés. Je parle de celle que l'Académie Françoiſe adopta d'abord; & qui a été ſuivie dans les deux premieres éditions de ſon Dictionnaire. On a voulu, dans la troiſieme, tenir un juſte milieu :

ne s'obſtinant point à vouloir conſerver des lettres, dont on peut ſe paſſer, & que le Public a tout-à-fait rejetées ; mais fuyant avec ſoin tous ces ridicules excès, où ſe portent l'ignorance des Imprimeurs, & la témérité de quelques Auteurs. Plus l'orthographe eſt menacée d'innovation, plus il devient eſſentiel de fixer, s'il ſe peut, la Proſodie.

ARTICLE SECOND.

Des Accents.

Voyons d'abord ce que c'eſt *qu'Accent*, & nous répondrons enſuite à une objection, qui ſe fait contre l'accent François.

I.

On attache différentes idées à ce mot *Accent*. Mais, en l'accompagnant d'une épithete, on ſauvera l'équivoque. Ainſi diſtinguons l'accent *proſodique*, l'accent *oratoire*, l'accent *muſical*, l'accent *provincial*, l'accent *imprimé*.

Par l'accent *proſodique*, on entend, comme je l'ai dit ci-deſſus, une inflexion de la voix, qui s'éleve, ou qui s'abaiſſe. Quelquefois auſſi, & l'on éleve d'abord

& l'on rabaisse ensuite la voix, sur une même syllabe. Voilà ce qui forme trois accents, que les Grammairiens appellent l'*Aigu*, le *Grave*, & le *Circonflexe*; l'Aigu, qui éleve la voix; le Grave, qui l'abaisse ; & le Circonflexe, qui, étant composé de tous les deux, sert à l'élever d'abord, & à la rabaisser ensuite, sur une même syllabe. Voilà, dis-je, ce qu'enseignent d'une maniere uniforme, & sans autre éclaircissement, ceux qui ont traité de la Prosodie des Grecs. Mais une syllabe n'étant qu'une voyelle, ou seule, ou jointe à d'autres lettres articulées par une simple émission de voix ; quelques Grammairiens modernes ont demandé comment il étoit possible de hausser & de baisser successivement le ton sur une même syllabe ? Apparemment les Grecs n'y trouvoient nulle difficulté : mais le célebre (9) Sanctius, à qui l'on peut bien s'en rapporter, prétend que l'accent *circonflexe* n'a point subsisté dans la langue Latine; & je doute qu'il puisse être d'usage dans la nôtre, si ce n'est dans quelques syllabes où domine une diphtongue.

Il y a, en second lieu, un accent *oratoire*, c'est-à-dire, une inflexion de voix,

(9) *Minervæ, lib. I, cap.* 3.

B v

qui réfulte, non pas de la fyllabe maté-
rielle que nous prononçons, mais du fens
qu'elle fert à former dans la phrafe où
elle fe trouve. On interroge, on répond,
on raconte, on fait un reproche, on
querelle, on fe plaint : il y a pour tout
cela des tons différents; & la voix hu-
maine eft fi flexible, qu'elle prend natu-
rellement, & fans effort, toutes les for-
mes propres à caractérifer la penfée, ou
le fentiment. Car non-feulement elle s'é-
leve, ou s'abaiffe; mais elle fe fortifie,
ou s'affoiblit; elle fe durcit, ou s'amollit;
elle s'enfle, ou fe rétrécit; elle va même
jufqu'à s'aigrir. Toutes les paffions, en
un mot, ont leur accent : & les degrés
de chaque paffion pouvant être fubdivifés
à l'infini, de-là il s'enfuit que l'accent
oratoire eft fufceptib'e d'une infinité de
nuances, qui ne coûtent rien à la nature,
& que l'oreille faifit, mais que l'art ne
fauroit démêler.

A l'égard de l'accent *mufical*, il confifte, ainfi que les précédents, à élever
la voix, ou à la baiffer; mais avec cette
différence effentielle, qu'il en fubordonne
l'abaiffement, ou l'élévation, à des intervalles certains, & qui font tellement
mefurés, que s'en départir le moins du

monde, c'eſt enfreindre les loix de la Muſique.

On entend aſſez ce que c'eſt que l'accent *provincial.* Accent, pris en ce ſens, embraſſe tout ce qui a rapport à la prononciation : & par conſéquent, outre les diverſes inflexions de la voix, il embraſſe la Quantité. Ainſi l'accent Gaſcon, outre qu'il éleve la voix où il ne faut pas, abrége beaucoup de ſyllabes longues : & l'accent Normand, outre qu'il baiſſe ſouvent la voix où il ne faut pas, allonge beaucoup de ſyllabes breves. Pour les fautes qui regardent la Quantité, j'eſpere qu'un homme de province trouvera quelque ſecours dans le quatrieme article de ce Traité. Pour la maniere de gouverner ſa voix, en quoi conſiſte proprement l'accent, elle ne s'enſeigne point par écrit. On peut envoyer un Opera en Canada, & il ſera chanté à Québec, note pour note, ſur le même ton qu'à Paris. Mais on ne ſauroit envoyer une phraſe de converſation à Montpellier, ou à Bordeaux, & faire qu'elle y ſoit prononcée, ſyllabe pour ſyllabe, comme à la Cour. Auſſi eſt ce une ancienne maxime, *Que pour bien parler François, il ne faut point avoir d'accent.* Par-là, ſans doute, on n'a pas voulu nous faire entendre qu'il falloit être monotone. On a seulement voulu dire qu'il ne faut point avoir l'accent de telle ou de telle province; car chaque province a le sien.

Quant à l'accent *imprimé*, personne n'ignore que ce font de petites lignes tracées sur une voyelle. Pour marquer l'*aigu*, on tire la ligne de la droite à la gauche, comme dans *bonté*. Pour le *grave*, on la tire de la gauche à la droite, comme dans *progrès*. Pour le *circonflexe*, en réunissant ces deux lignes, on en fait la figure d'un *V* renversé, comme dans *tôt*. Mais, quoique ces fignes foient précisément les mêmes que ceux qui marquoient l'accent *profodique* des Grecs, ne croyons pas qu'en François ils aient la même deftination. Je m'explique. Toutes les fois qu'une fyllabe Grecque eft marquée d'un accent aigu, cela nous apprend que cette fyllabe, relativement à celles qui la précédent & qui la fuivent, doit être élevée. Toutes les fois au contraire qu'une fyllabe Françoife eft marqué d'un accent aigu, comme dans *bonté*, cela ne m'apprend rien autre chofe fi ce n'eft que l'*E*, qui fe trouve dans cette fyllabe, eft fermé, & doit fe prononcer autrement que

fi c'étoit un *E* ouvert ou un *E* muet.
Pour ce qui eſt de l'accent grave, il ne
nous ſert pareillement, que pour déſigner l'*E* ouvert comme dans *progrès*,
& pour différencier certains mots, qui
s'écrivent & ſe prononcent de même,
mais ſans avoir le même ſens : par exemple, dans la prépoſition *a*, & dans les
adverbes *là*, & *où*, afin qu'on les diſtingue d'*a*, venant du verbe *avoir*; de *la*,
article; & d'*ou*, conjonction. Plus ſouvent encore l'accent circonflexe ne ſert
qu'à marquer la ſuppreſſion d'une lettre,
qui étoit autrefois employée pour rendre
la ſyllabe longue : comme dans *bête*, *tôt*,
aimât, qui s'écrivoient autrefois, *beſte*,
toſt, *aimaſt*. Ainſi en conſervant le nom
& la forme des accents écrits dans le
Grec, nous en avons preſque dénaturé
la valeur & l'emploi.

Revenons donc à l'accent *proſodique*,
puiſqu'on voit maintenant, à ne pouvoir
s'y méprendre, que toutes les difficultés
roulent ſur celui-là ſeul. Avons-nous des
ſyllabes, & quelles ſont-elles, qui, con-
ſidérées à part, & ſans aucune relation
à ce que la phraſe entiere ſignifie, demandent d'être élevées, ou baiſſées dans
une prononciation ordinaire & naturelle?

Voilà, le plus clairement qu'il m'eſt poſſible, l'état de la queſtion.

Théodore de Bèze, le ſeul (1) de nos
François, qui paroiſſe l'avoir examinée,
la décide hardiment. *Toute* (2) *ſyllabe
longue*, dit-il, *demande l'accent aigu, &
toute ſyllabe breve, l'accent grave.* Mais
cette prétendue Regle, à la prendre ſans
reſtriction, eſt viſiblement fauſſe. Pour
y trouver du vrai, il faut la réduire à
ceci : Que pour l'ordinaire ſi nous hauſ-
ſons la voix, c'eſt ſur une ſyllabe longue ;
& ſi nous la baiſſons, c'eſt ſur une breve.

Au ſentiment de Bèze, on peut oppo-
ſer celui (3) d'Eraſme. Car quoiqu'Eraſme

____

(1) Quand j'ai écrit ceci, je n'avois pas encore vu la ſavante Lettre que M. l'Abbé Bat-
teux m'a fait l'honneur de m'adreſſer, & qui
eſt imprimée dans ſes *Principes de Littérature*,
tout à la fin du Tome V.

(2) *Illud autem certò dixerim, ſic concurrere in
Francica lingua tonum acutum cum tempore longo,
ut nulla ſyllaba producatur, quæ itidem non
attollatur : nec attollatur ulla, quæ non itidem
acuatur : ac proinde ſit eadem ſyllaba acuta quæ
produčta, & eadem gravis quæ correpta,* pag. 74.

(3) *De rečta græci latinique ſermonis pronuntiatione Dialogus.* Edition de Lyon, 1531.
Pag. 79. *Accentus igitur incertus eſt index
ſpatii ſyllabici.* Et pag. 81. *Unde nos ſumus uſque
adeò* ἄμϰσοι, *ut omnes acutas ſyllabas ſonemus
produčtiore morâ, graves omnes corripiamus ?*

n'ait en vue que la prononciation du grec & du latin, cependant fon principe, *Qu'entre Accent & quantité il n'y a nulle relation, nulle dépendance eſſentielle*, ne regarderoit-il pas toutes les langues en général ?

Qu'un habile Muſicien prenne une page de François, peu importe de quel livre. Qu'il la faſſe lire à haute voix, & bien diſtinctement, par cinq ou ſix femmes, dont l'accent ſoit pur. Qu'elles liſent chacune en différents temps, en différents lieux, & l'une à l'inſcu de l'autre, ſans qu'elles ſachent ce qu'on veut d'elles. Que ce Muſicien ait l'art de nous bien marquer ſur quelles ſyllabes elles auront hauſſé, ou baiſſé le ton. Alors, ſi l'uniformité s'y rencontre, non-ſeulement nous ſerons perſuadés, comme peut-être nous le ſommes déja, que nous avons des ſyllabes, qui, priſes matériellement, demandent qu'on éleve la voix, ou qu'on la baiſſe ; mais de plus, nous reconnoîtrons par le mélange des éléments, voyelles & conſonnes, quelle eſt la cauſe phyſique, qui fait que l'organe varie ainſi ſes inflexions.

Jamais pareille épreuve ne s'eſt faite, ni ne pourra réuſſir. Non qu'il n'y ait dans toute lecture, dans tout diſcours,

beaucoup de tons que l'on peut noter ;
parce qu'au moyen des intervalles fort
fenſibles, ils deviennent commenſurables.
Mais combien d'autres, qu'il ne ſera pas
poſſible de ſaiſir, & de graduer ? Je dis,
graduer : car, ſi nous avons des longues
plus ou moins longues, & des breves
plus ou moins breves, nous avons également des inflexions de voix tantôt plus
fortes, tantôt moins.

Tout détail plus ample ſur notre accent
ſe montre à moi comme un labyrinthe,
où je craindrois de me perdre ; & par la
même raiſon je dois me taire ſur les
accents *nationaux*. Telle eſt, à cet égard,
l'illuſion de l'habitude, que perſonne n'eſt
mécontent du ſien. On fait plus, on trouve
dans tout autre accent quelque choſe qui
déplaît. Une nation (4) ſe croit la ſeule
qui ſache prononcer, qui ſache chanter : & ſi nous avons quelquefois cenſuré
l'accent de nos voiſins, ceux-ci uſent de
repréſailles.

Parmi les reproches qu'ils nous font,
j'en choiſis un, qui ſe répete volontiers

(4) *Angli concinendo jubilare, Hiſpani fletus
promere, ululatus Germani ; Itali capriẓare,
Galli ſoli cantare.* Le P. Merſenne, dans ſes
Quæſtiones in Geneſim, pag. 1610.

depuis quelques années, & qui mérite un examen plus que superficiel.

II.

On prétend que (5) *notre langue est la seule qui ait des noms terminés par des E muets, & que ces E qui ne sont pas prononcés dans la déclamation ordinaire, le sont dans la déclamation notée, & le sont d'une maniere uniforme,* gloi-reu, victoi-reu, barbari-eu, furi-eu. *Voilà,* dit-on, *ce qui rend la plupart de nos airs, & notre récitatif insupportable à quiconque n'y est pas accoutumé.*

Que l'Auteur célebre, dont je cite les paroles, nous permette d'examiner ces deux points. 1°. Est-il bien vrai que notre langue soit la seule qui ait des mots terminés par le son résultant de notre E muet ? 2°. est-il bien vrai que ce son, dans la Musique, doive être celui d'*eu* ?

Posons d'abord un principe, qui n'est pas contesté : Que dans aucune langue, ni vivante, ni morte, il n'est possible de prononcer une consonne sans le secours d'une voyelle, ou écrite, ou sous-entendue ; & qu'au défaut de toute autre voyelle,

(5) *Voltaire*, Article des Musiciens, dans son Siècle de Louis XIV.

c'eſt ce que nous appellons l'*E* muet, écrit ou non écrit, qui nous ſert à prononcer une conſonne, quand cette conſonne eſt finale, comme dans *David*, ou immédiatement ſuivie d'une autre, comme dans *arbre*. On prononce néceſſairement comme ſi l'orthographe de ces mots étoit *David-de*, & *are-be-re*. Ue femme, il n'y a pas long-temps, m'écrivoit que le Régiment de ſon fils alloit à *Seteraceboure*, pour dire, *à Strasbourg*. Où l'uſage ne reconnoît que deux ſyllabes, ſon oreille en trouvoit ſix, & la plume obéiſſoit à l'oreille.

Or de ce principe concluons que ſi notre langue a quelque choſe de ſingulier, & qui n'appartienne qu'à elle, c'eſt que ce ſon foible, ſans lequel on ne peût prononcer une conſonne iſolée, ou finale, nous le marquons ſouvent par la lettre *E*, qui perd alors ſa valeur naturelle, & qui, pour ainſi dire, demeure muette; au lieu que les autres langues, pour faire retentir leurs conſonnes, ſe paſſent d'un pareil ſecours. Ainſi l'oculaire peut nous être particulier, mais l'auriculaire eſt le même pour tous. Quand on nous parlera du *luxe*, ou d'un *Ruſſe*, mots françois, l'oreille les diſtinguera-t-elle de *lux*, & de *rus*, mots latins?

Mais nous-mêmes, pour faire retentir nos confonnes ifolées, ou finales, nous ne les accompagnons pas toujours de notre *E* muet. Car nous écrivons *David*, & avide, un *bal*, & une balle; un *afpic*, & une pique, le *fommeil*, & il fommeille; *mortel*, & mortelle; *caduc*, & caduque; un *froc*, & il croque, &c. Jamais un aveugle de naiffance ne foupçonneroit qu'il y eut une orthographe différente pour ces dernieres fyllabes, dont la définence eft abfolument la même.

Auffi les Etrangers ont-ils peine à diftinguer quand la confonne finale a befoin, ou non, d'être accompagnée d'un *E* muet. On peut en juger par les vers fuivants :

6 *La nuit compagne du Repos,*
De fon crêp*, couvrant la lumiere,*
Avoit jeté fur ma paupiere
Les plus léthargiques pavots.

Vous y voyez *crêp*, au lieu de *crêpe*, qui eft le feul ufité. Affurément, fi ces vers font du Poëte à qui le Public les attribue, cela prouve que la fupériorité du génie & des lumieres, à quelque degré qu'elle foit portée, ne fupplée point à la

____

(6) *Lettre à Voltaire*, parmi les Œuvres du Philofophe de Sans-fouci.

connoiſſance de ces petits riens, qui tiennent uniquement à l'uſage. Il n'y a, en
effet, que l'uſage, & l'uſage actuel, qui
puiſſe nous apprendre que dans ce mot
crêpe, la conſonne finale n'eſt prononcée
qu'à l'aide d'un *E*, quoiqu'elle s'en paſſe
dans *cep*, dans *Alep*, dans *cap*, dans
hanap, &c.

Ronſard, dans ſon Art Poëtique, nous
fait voir que l'uſage de ſon temps accordoit bien d'autres licences qui concernent
l'*E* muet. On étoit maître alors, non-ſeulement de le ſupprimer où il étoit de trop,
mais encore de l'introduire où la meſure
du vers le demandoit. Tantôt les verſifi-
cateurs mettoient *Hercul'*, *Ulys'*, *hom'*,
el', *jou'*, pour *Hercule*, *Ulyſſe*, *homme*,
elle, *joue*, &c. Tantôt, au lieu *d'eſprit*,
larcin, *ſoupçon*, *guerdon*, ils mettoient
eſperit, *larrecin*, *ſoupeçon*, *guerredon*,
pour en faire des triſſyllabes : & *d'orphelin*,
au contraire, ils faiſoient *orflin*.

Par là, du moins, nous concevons que
notre *E* muet, n'eſt pas tant une lettre
qu'un ſigne proſodique, lequel ſigne auroit pu être telle autre figure qu'on auroit
voulu, comme en effet nous venons de
voir que les contemporains de Ronſard
y employoient une apoſtrophe.

Mais, dira-t-on, pourquoi *David* &
avide, *froc*, & *croque*, ne riment-ils pas?
Parce que nos Poëtes, jaloux de l'oculaire, n'ont voulu (7) compter pour rimes
féminines que celle où l'*E* muet seroit
écrit.

Voici ma seconde question, & la plus
importante. Est-il vrai que dans le chant
on doive prononcer *gloi-reu*, *victoi-reu*,
&c. Il s'agit, non du fait, mais du droit.

J'ai cherché à m'éclaircir là-dessus avec
des Maîtres de l'art, & il ma paru qu'en
géneral, si le Grammairien sait peu de
Musique, le Musicien sait encore moins
de Grammaire. Quoi qu'il en soit, j'éle-
verai des doutes qu'un plus habile résou-
dra. Tout consiste, si je ne me trompe,
dans la nature du son que l'*E* muet produit. Je le définis, une pure émission de
voix, qui ne se fait entendre qu'à peine;
qui ne peut jamais commencer une syllabe; qui, dans quelque endroit qu'elle se

(7) Pure convention. Car, selon l'oreille,
il y aura quatorze syllabes dans

    N'est point le fruit tardif d'une lente vieillesse,

puisque la finale *dif*, n'est pas moins sonore
que celle de *griffe*, dissyllabe. Mais la convention étant si ancienne, il n'est plus temps de
réclamer.

trouve, n'a jamais le fon diftinct & plein des voyelles proprement dites ; & qui même ne peut jamais fe rencontrer devant aucune de celles-ci, fans être tout-à fait élidée. Au contraire, le fon *eu*, tel qu'on l'entend deux fois dans *heureux*, eft auffi diftinct & auffi plein, il a même force & même confiftance que le fon des voyelles proprement dites : & delà vient qu'il eft compté par nos meilleurs Grammairiens au nombre des vraies voyelles françoifes.

Que fi l'on chante *gloi-reu*, cette définence acquiert tout les droits des voyelles, modulation, tremblement, tenue, port de voix : & par conféquent on pourra fredonner fur la derniere de *gloi-reu* ? Oui fans doute, fi l'on fe permet de prononcer ainfi.

Allons plus loin. Puifque l'*E* muet écrit, ou nôn écrit, ne fait qu'une différence oculaire, voyons de conféquence en conféquence, où céci nous conduira. Voici des paroles à mettre en chant.

Efprits, qui portez le tonnerre,
Impétueux tyrans des airs,
Qui faites le péril des mers,
Et les ravages de la terre,
Vents, &c. Ode du P. de la Rue.

J'avoue que mon oreille n'en fait point affez pour diftinguer le fon de ces quatre rimes. Je n'entends qu'*erre* par-tout, en fuppofant qu'on ne fera pas mal-à-propos, & contre l'ufage, fonner les *s*, d'*airs* & de *mers*, où elles ne font que fignes du pluriel. Ainfi la même raifon, s'il y en avoit une, qui fait chanter *gloi-reu*, fera chanter *tonne-reu* : & l'oreille qui goûtera *tonne-reu*, demandera *me-reu*, *ai-reu*.

Allons encore plus loin. Si cela fe pratique dans le françois, pourquoi n'en fera-t-il pas de même dans toutes les langues, dont les finales font retentiffantes? Attendons-nous donc à entendre chanter, *Patè-reu*, *noftè-reu*, *qui-effeu*, &c. On croira que je plaifante; mais non, je ne veux que raifonner conféquemment.

Quoiqu'il foit inutile, & peut-être ridicule, de chercher l'origine de cette prononciation, *gloi-reu*, ailleurs que dans la bouche de nos villageois; j'ai cependant eu la curiofité de favoir fi nos vieux livres n'en difoient rien : & j'ai appris qu'un Muficien, qui écrivoit en 1668, fe glorifie (8) de l'avoir introduite dans le

____

(8) *Remarques curieufes fur l'Art de bien chanter,* &c. *Par B. D. B. Page* 226. Je ne vois rien de fi général, que de mal prononcer l'*E* muet,

chant françois. On le croira, fi l'on veut.
Au moins eft-il certain qu'au Théâtre ce
n'eft pas chofe rare qu'un Acteur, & fur-
tout une Actrice, dont les talens font ad-
mirés, faffe adopter un mauvais accent,
une prononciation irréguliere, d'où naiffent infenfiblement des traditions locales,
qui fe perpétuent, fi perfonne n'eft attentif
à les combattre.

J'en demeure là, fans toucher aux différents fervices que l'*E* muet nous rend dans
l'écriture. Je n'en voulois qu'à cette abfur-
dité, dont notre Mufique eft la victime.

ARTICLE TROISIEME.

De l'Afpiration.

Aspirer, c'eft, fuivant le Dictionnaire
de l'Académie, prononcer de la gorge,
en forte que la prononciation foit forte-
ment marquée. Toutes les langues peuvent, à cet égard, avoir leurs ufages par-
ticuliers : mais puifque l'afpiration eft fi
fréquente dans le Grec, & fur-tout dans
le dialecte Attique, croirons-nous qu'alors

à moins que d'obferver foigneufement le remede
que je crois avoir trouvé, qui eft de le prononcer
à peu près comme la voyelle compofée *eu*.

ce

ce fût un effort violent du gofier & de la
poitrine, tel qu'aujourd'hui nous l'entendons dans la bouche des Florentins & des
Allemands ? Quoi qu'il en foit, la langue
Françoife qui n'aime & ne cherche rien
tant que la douceur, n'attribue nul autre
effet à l'afpiration, que celui de commu-
niquer à la voyelle afpirée les propriétés
de la confonne, & c'eft là tout ce qu'o-
pere la lettre *H*, par où fe diftingue la
voyelle afpirée.

Prononçons *abeille*, & *haquenée*. Quant
au fon naturel de l'*A*, il eft le même dans
ces deux mots. Toute la d'fférence confifte en ce que l'*A* n'eft pas afpiré dans le
premier, & qu'il l'eft dans le fecond. Par
conféquent, le fecond ayant les propriétés
d'une confonne, il arrive de là que fi c'eft
une voyelle qui finiffe le mot précédent,
elle ne s'élide point; & que fi c'eft une
confonne, cette confonne n'eft point fonore. Ainfi, quoiqu'on prononce *u n-a-
beille, dè-z-abeilles*, on dira fans élifion,
une haquenée; & fans liaifon, *des haquenées.*

Rien ne feroit plus fimple, plus aifé
à concevoir, fi l'*H* étoit toujours dans
notre écriture, le figne de l'afpiration.
Mais nos peres l'ont reçue comme figne
d'étymologie dans une infinité de mots,

où elle demeure absolument muette. *Honneur* & *honte* commencent par le même caractere, purement étymologique dans l'un, mais Prosodique dans l'autre. Plusieurs de nos Grammairiens auroient voulu établir des Regles là-dessus : mais leurs prétendues Regles font, & difficiles à retenir, & sujettes à trop d'exceptions. Il fera plus court & plus sûr de rapporter une lifte exacte des mots qui s'afpirent, au commencement, au milieu, ou à la fin. C'eft ce que je vais faire d'abord. Je parlerai enfuite des mots douteux, & de ceux où fe trouve l'équivalent d'une afpiration, quoiqu'elle n'y foit pas marquée.

I.

Voici les mots où le Dictionnaire de l'Académie (*troifième édition*) avertit que l'*H* initiale doit être afpirée. Je me borne à ceux-là ; quoiqu'il fût aifé d'y en ajouter, mais dont la plupart font des mots techniques, qui n'entroient pas dans le plan de l'Académie.

Ha !	*haillon.*	*halbrené.*
hablet.	*haine.*	*hâle.*
hache.	*haïr.*	*halener.*
hagard.	*haire.*	*haler.*
haie.	*halage.*	*haleter.*
haïe !	*halbran.*	*halle.*

hallebarde.	*hase.*	*hochet.*
hallebreda.	*hâter.*	*hola !*
hallecret.	*haubert.*	*homard.*
hallier.	*have.*	*hongre.*
halte.	*havir.*	*honnir.*
hameau.	*havre.*	*honte.*
hampe.	*havresac.*	*hoquet.*
hanap.	*hausser.*	*hoqueton.*
hanche.	*haut.*	*horion.*
hangar.	*hé !*	*hors.*
hanneton.	*héaume.*	*hotte.*
hanter.	*hem !*	*houblon.*
happelourde.	*hennir.*	*houe.*
happer.	*héraut.*	*houille.*
haquenée.	*hère.*	*houlette.*
haquet.	*hérisser.*	*houlle.*
harangue.	*hérisson.*	*houppe.*
haras.	*hernie.*	*houppelande.*
harasser.	*héron.*	*hourvari.*
harceler.	*héros.*	*housard.*
hardes.	*herse.*	*house.*
hardi.	*hêtre.*	*houseaux.*
hareng.	*heurter.*	*houspiller.*
hargneux.	*hibou.*	*houspillon.*
haricot.	*hic.*	*houssaie.*
haridelle.	*hideux.*	*housse.*
harnois.	*hie.*	*housser.*
haro.	*hiérarchie.*	*houssine.*
harpailler.	*ho !*	*houx.*
harpe.	*hobereau.*	*hoyau.*
harper.	*hoc.*	*huche.*
harpie.	*hoca.*	*hucher.*
harpon.	*hoche.*	*huer.*
hart.	*hochepot.*	*huit.*
hasard.	*hocher.*	*hulotte.*

humer.   *huppe.*   *hurler.*
hune.   *hure.*   *hutte.*

Tous les mots dérivés des précédents & qui commencent par *H*, conservent leur aspiration initiale, excepté ceux de *Héros*, qui sont *héroïne*, *héroïsme*, *héroïde*, *héroïque*, *héroïquement*, où l'*H* n'étant que signe étymologique, demeure absolument muette.

I I.

Au milieu des mots qui sont composés de quelqu'un des précédents, comme *déharnacher*, *enhardir*, *rehausser*, l'*H* s'y conserve aspirée comme elle l'étoit au commencement du mot primitif. Il n'y a d'exception que pour *exhausser*, *exhaussement*, où *l'H* redevient muette.

Quand il s'en trouve une au milieu des mots simples & non dérivés des précédents, elle n'y est que l'équivalent du *tréma* pour séparer les deux voyelles, & pour empêcher que ces deux voyelles ne se présentent à l'œuil, comme si c'étoit une diphtongue : car dans le passage de la pénultième à la finale, on prononce *trahir*, *envahir*, de même que *jouïr*, *haïr*, & le son de l'*H* y étant imperceptible, cette lettre muette ne tire à conséquence, ni pour la versification, ni pour l'harmonie.

I I I.

A la fin des mots, l'*H* n'eſt aſpirée que dans ces trois interjections, *ah! eh! ho!* ſuivant la Grammaire de M. l'Abbé *Regnier*, la plus ample & la plus ſavante que nous ayons.

I V.

Quant aux mots douteux, c'eſt-à-dire, ſur leſquels on pourroit croire l'Uſage partagé, les voici, avec de courts éclairciſſements.

Henri. On doit l'aſpirer dans un diſcours oratoïre, & dans la Poéſie ſoutenue : mais hors de là, ce ſeroit une affectation.

Héſiter. Quoique nos auteurs les plus exacts aient toujours aſpiré l'*H* dans *héſiter*, cependant la négligence de la converſation a tellement prévalu, que ce n'eſt plus une faute d'écrire *j'héſite, je n'héſite pas*, avec éliſion.

Hideux. Voici ce qui ſe lit dans les Obſervations de l'Académie ſur Vaugelas, pag. 221. *Le mot* Hideux *aſpiré a fait peine à quelques-uns dans la converſation, & ils aimeroient mieux dire,* l'hideuſe image que vous nous avez tracée, *que la* hideuſe image. *Ce dernier,* ajoute t-on, *eſt cependant le plus sûr.* Puiſque c'eſt le plus sûr, il n'y a donc pas à balancer ſur le choix.

Hollande. On doit toujours aſpirer *Hollande,* & *Hollandois,* ſi ce n'eſt dans ces phraſes, *toile d'Hollande, fromage d'Hollande,* qui ont paſſé du peuple dans le langage commun.

Hongrie. On dit de même, & par une ſemblable raiſon, *de l'eau de la Reine d'Hongrie, du point d'Hongrie,* quoique l'aſpiration y ſoit néceſſaire en toute autre occaſion.

Onze. Remarquez, comme en avertit le Dictionnaire de l'Académie, » qu'en-
» core que ce mot, & celui *d'onzieme,*
» commencent par une voyelle, cepen-
» dant il arrive quelquefois, & ſur tout
» quand il eſt queſtion de dates, qu'on
» prononce, & qu'on écrit ſans éliſion,
» l'article ou la prépoſition qui les précede.
» *De onze enfants qu'ils étoient, il en eſt*
» *mort dix. De vingt, il n'en eſt reſté*
» *que onze. La onzieme année.*

Oui, particule affirmative, ſe prononce quelquefois comme s'il y avoit une **H** aſpirée. Quoiqu'on diſe, *Je crois qu'oui,* cependant on dit, le *oui,* & *le non;* un *oui;* tous vos *oui* ne me perſuadent pas;

& alors cette particule eſt priſe ſubſtanti-
vement.

V.

Pour ne rien oublier de ce qui a rapport à l'aſpiration, il me reſte à parler
de l'effet que font certaines terminaiſons
ſourdes ou *naſales*, lorſqu'elles ſe trouvent devant un mot qui commence par
une voyelle, comme dans ce vers :

Ah ! j'attendrai long-temps : la nuit eſt loin encore.

Je commence par dire que cette obſervation ne regarde point ceux qui écrivent
en proſe. Car la proſe ſouffre les *hiatus*,
pourvu qu'ils ne ſoient ni trop rudes,
ni trop fréquens. Ils contribuent même à
donner au diſcours un certain air naturel : & nous voyons en effet, que la
converſation des honnêtes gens eſt pleine
(9) d'*hiatus* volontaires, qui ſont tellement autoriſés par l'uſage, que ſi l'on

(9) Par exemple, lorſqu'un acteur récite ces
vers de la premiere ſcene d'Athalie, *Je viens....
célébrer avec vous la fameuſe journée*, &, *Pen-
ſez-vous être ſaint*, il prononce comme s'il y
avoit, *Célébrer-avec vous*, & *Penſez-vou-z-être.*
Mais dans la ſimple converſation, l'uſage veut
qu'on prononce comme s'il y avoit, *Célébré avec
vous.... Penſez-vou être*, &c.

C iv

parloit autrement, ce'a feroit d'un pédant, ou d'un provincial.

Mais il s'agit ici de ce qui doit être
permis dans le vers. C'eſt aux Poëtes à
examiner, ſi dans le choc des ſyllabes
dont nous parlons, il n'y a pas cette ſorte
de cacophonie, que l'on doit appeller
hiatus, puiſqu'elle ne peut être ſauvée,
ni par l'éliſion, ni par l'aſpiration. Je vais
donc leur remettre devant les yeux ce que
feu M. l'Abbé de Dangeau, excellent Académicien, a parfaitement bien remarqué
dans ſon *Diſcours des Voyelles*, où il
prétend que nos cinq terminaiſons, *an*,
en, *in*, *on*, *un*, ſont des ſons ſimples,
& de véritables voyelles, dont, par conſéquent, la rencontre avec d'autres voyelles faits des bâillements, qui ne ſont pas
ſupportables dans les vers.

» Remarquez, dit-il, à Meſſieurs de
» l'Académie, ce qui arrive à ceux qui
» récitent ſur le Théâtre, ou à ceux qui
» veulent chanter. Quand un Muſicien
» voudra chanter ce vers :

Ah! j'attendrai long-temps : la nuit eſt loin encore.

» il fera tout ce qu'il pourra pour éviter
» le bâillement. Ou il prendra une pro-
» nonciation Normande, & dira : *La nuit*

» *est loin-n-encore :* ou il mettra un petit
» *g* après *loin*, & dira, *la nuit est loing*
» *encore :* ou il fera une petite pause
» entre *loin* & *encore.* La même chose
» arrive aux Comédiens dans des ren-
» contres femblables. Mais, quelque ex-
» pédient que prennent le Muficien ou
» le Comédien, ils tomberont dans de
» nouveaux inconvéniens, en voulant
» éviter celui du bâillement. Et les tem-
» péraments qu'ils cherchent, montrent
» feulement que mon fyftême eft vrai. La
» nature toute feule leur en fait fentir la
» vérité, fans qu'ils aient étudié, comme
» nous, la nature des fons.

Voilà, ajoûte M. l'Abbé de Dangeau,
comme j'avois raifonné l'autre jour de-
» vant vous. En fortant de l'Académie,
» je penfai en moi-même, que fi ce que
» je vous avois dit, étoit vrai, un Poëte
» Normand s'appercevroit moins qu'un
» autre de ces fortes de bâillements :
» & pour voir fi j'avois bien rencontré,
» je lus le Cinna de Corneille, & le
» Mithridate de Racine ; je marquai foi-
» gneufement tous les endroits où le choc
» de mes voyelles *fourdes* avec d'autres
» voyelles faifoient des bâillements ; j'en
» trouvai *vingt-fix* dans Cinna, & je n'en

» trouvai qu'*onze* dans Mithridate ; &
» même la plupart de ceux de Mithri-
» date font dans des occafions, où la pro-
» nonciation fépare de néceffité le mot
» qui finit par une voyelle fourde, d'avec
» celui qui commence par une autre
» voyelle. Je fus affez content de voir
» mon raifonnement confirmé par cette
» expérience, & je voulus pouffer plus
» loin. Je jugeai qu'en prenant une pièce
» d'un homme qui fût en même-temps
» acteur & auteur, j'y trouverois encore
» moins de ces bâillements : je lus le
» Mifantrope de Moliere, & je n'y en
» trouvai que *huit*. Continuant toujours à
» raifonner de la même manière, je crus
» que je trouverois encore moins de ces
» rencontres de voyelles, fi je lifois des
» pièces faites pour être chantées, &
» faites par un homme qui connût ce
» qui eft propre à être chanté. Dans
» cette vue, je lus un volume des Opera
» de *Quinault*, qui contenoit quatre piè-
» ces : & de ces quatre pièces, il y en
» avoit une toute entiere, où je ne trou-
» vai pas un feul de ces bâillements : il y
» en avoit fort peu dans les trois autres
» pièces ; encore étoient-ils prefque tous
» dans des endroits où le chant fufpend

» de néceſſité la prononciation, & ſépare
» ſi fort les voyelles ſourdes d'avec les
» autres, que leur concours ne peut faire
» aucune peine à l'oreille.

Joignons à l'autorité de M. l'Abbé de
Dangeau, celle de M. l'Abbé Regnier.
La preuve indubitable, dit ce dernier
dans ſa Grammaire, « que ces ſons, *an*,
» *en*, *in*, *on*, *un*, ſont des ſons ſim-
» ples équivalents à de pures voyelles,
» eſt que dans la Muſique on ne peut faire
» aucune modulation, aucun tremble-
» ment, aucune tenue, aucun port de
» voix que ſur une pure voyelle. Or on
» peut faire des modulations & des tenues
» ſur tous les ſons qu'on vient de mar·
» quer, de même que ſur quelque voyelle
» que ce ſoit. Il eſt vrai que ces modula-
» tions ne ſont pas ſi agréables que les
» autres, par la raiſon que le ſon en eſt
» plus étouffé, & plus ſourd, & qu'il
» vient un peu du nez. Mais comme le
» plus ou moins d'agrément ne change
» pas la nature des choſes, cette diffé-
» rence n'empêche pas que ces ſons ne
» doivent être conſidérés comme de pures
» voyelles.

Après de telles autorités, il eſt à croire
que cette obſervation tiendra déſormais

lieu de précepte. C'eſt peu à-peu, & de loin à loin, que l'oreille du François a reconnu les fineſſes, qui rendent notre vers harmonieux. Depuis le ſiecle de Marot, on en a trouvé pluſieurs. Celle-ci ſe doit à l'Opéra : & il étoit bien juſte que le chant ſervît à rendre le vers plus délicat en quelque choſe, puiſqu'il a, vraiſemblablement, contribué à lui faire perdre de ſa force & de ſon énergie.

V I.

Voilà ce qu'on liſoit dans la premiere édition de ces Remarques, & ce pourroit bien être l'opinion la plus ſûre. Je vais cependanr (1) haſarder une idée qui m'eſt venue depuis. Pour peu qu'elle fût goûtée, elle ſerviroit à diminuer le nombre des entraves poétiques, & à ne pas voir des *hiatus* où Malherbe, où Racine, où Deſpréaux, & Quinault n'en ont pas vu.

Quelle eſt donc la nature des voyelles naſales ? Je les reconnois pour des ſons vraiment ſimples & indiviſibles ; mais de là s'enſuit-il que ce ſoient de pures & franches voyelles ? Pas plus, ce me ſem-

____

(1) *Poteſt non ſolùm aliud mihi ac tibi ; ſed mihi ipſi aliud aliàs videri.* Cic. Orat.

ble, que fi l'on attribuoit cette dénomination aux voyelles afpirées. Toute la différence que j'y vois, c'eft que dans les afpirées, la confonne *H* les précede; au lieu que dans les nafales, la confonne *N* les termine.

Pour caractérifer les premieres, nous avons le terme d'*afpiration* : & puifqu'il n'y en a point encore d'établi pour les fecondes, on me permettra celui de *nafalité*. Par l'afpiration, la voix remonte de la gorge dans la bouche. Par la nafalité, elle redefcend du nez dans la bouche. Ainfi le canal de la parole ayant deux extrémités, celle du bas produit l'afpiration ; & celle d'en haut produit la nafalité.

Or, fi l'afpiration empêche l'*hiatus*, la nafalité ne l'empêchera-t-elle pas ? C'eft-là, précifément, où j'en veux venir. Je me perfuade que les voyelles afpirées & les nafales étant les unes auffi bien que les autres, non des voyelles pures & franches, mais des voyelles modifiées, elles peuvent les unes comme les autres empêcher l'*hiatus*.

Il y a, dit-on, *des occafions* (2) *où la Poéfie s'émancipe, comme dans ce vers,*

(2) *Opufcules fur la langue Françoife,* par *divers Académiciens,* pag. 261.

Elle a le teint uni, belle bouche,
beaux yeux.

*Il semble que pour éviter l'*hiatus, *on pourroit prononcer le* T , *& dire,* elle a le tein-t-uni. *Mais la Poéfie,* ajoute-t-on, *prononce* le tein uni, *& fouffre cette cacophonie.*

À quoi bon biaifer ? Ou il faut adopter le fyftême de M. l'Abbé de Dangeau ; & alors le *tein-uni* fait un *hiatus,* que la Poéfie ne peut fouffrir. Ou la nafalité aura les mêmes prérogatives que l'afpiration ; & dès-lors point de cacophonie, point d'*hiatus* dans le *tein-uni,* quoique la derniere confonne de *teint* foit muette.

Quand je récite à haute voix, *Souvent de tous nos maux la raifon* eft *le pire,* ou, *Jeune & vaill*ant héros, je ne trouve pas plus de rudeffe entre *ʒon-eſt,* qu'entre *ant-hé :* d'où je conclus qu'afpiration & nafalité, qui fe partagent les deux extrémités du même canal, operent le même effet.

Autre obfervation : ces terminaifons nafales, qu'on nous donne pour de fimples voyèlles, confervent tellement la confonne N , que c'eft de la pofition qu'il dépend que cette confonne foit muette, ou fonore. *On arriva hier ;* la voilà fonore. *Arriva t-on hier,* la voilà muette. Puis-je donc me figurer que ce mot, *on*, foit pure voyelle dans l'une de ces phrafes, lorfque dans l'autre j'entends diftinctement fa confonne?

Au refte, l'ufage le plus certain & le plus conftant a décidé quand cette confonne devoit être muette, quand elle devoit être fonore, dans les terminaifons nafales. On reproche aux Normands de prononcer *du vin-n-admirable, mon coufin-n-eft venu.* Peut-être que cette province ayant fourni aux Théâtres de Paris & des Auteurs & des Actrices du premier ordre, fa mauvaife prononciation deviendroit contagieufe, fi l'on perdoit de vue le principe qui tranche la difficulté. Et le voici, ce principe. Jamais ne faire fonner la terminaifon nafale, à moins que le mot où elle fe trouve, & le mot qui la fuit, ne foient immédiatement, néceffairement, & inféparablement unis. Tel eft *on* avant fon verbe, *on arrive, on eft arrivé.* Tels font les adjectifs, qui précèdent leurs fubftantifs, *bon ange, certain auteur.* Tel eft le monofyllabe *en*, foit prépofition, *en Italie, en honneur*, foit pronom, *je n'en ai point.* Tels font *bien, & rien*, adverbes, mais non fubftantifs, *il eft bien élevé, il n'a rien oublié.*

Je me souviens, à ce sujet, d'un conte que j'ai entendu faire au savant Evêque d'Avranches, M. Huet, dont ma plume n'écrit point le nom sans que la reconnoissance me parle au fond du cœur. François I, le pere des Lettres en France, disons plus, l'ami des gens de Lettres, avoit permis à Melin de Saint-Gelais, son Bibliothécaire & son Aumônier, de parier que toutes les fois qu'il plairoit-au Roi d'ouvrir le discours en vers, lui Saint-Gelais acheveroit la phrase sur les mêmes rimes. Un jour donc le Roi mettant le pied à l'étrier, & ayant regardé Saint-Gelais, apostropha ainsi son cheval :

Joli, gentil, petit cheval,
Bon à monter, bon à descendre ;

& à l'instant, Saint-Gelais ajouta :

Sans que tu sois un Bucéphal,
Tu portes plus grand qu'Alexandre.

Venons à M. Huet. Son illustre compatriote M. de Segrais lui écrivit au nom de l'Académie de Caen, pour inviter l'Académie Françoise à décider s'il falloit dire, *bo-n à monter, bon-n à descendre*, ou ne point faire tinter la consonne finale de *bon.* Sur quoi l'Académie Françoise

répondit que, puifqu'on pouvoit introduire un adverbe entre *bon*, & la particule *à*, comme fi, par exemple, on
vouloit dire, *bon* rarement *à monter, bon*
cependant, *bon* quelquefois *à defcendre*,
de là il s'enfuivoit que *bon* doit être prononcé fans liaifon avec la particule *à*.
Mézerai, en qualité de Normand, fut
feul d'un avis contraire. Mais, comme
Secrétaire de la Compagnie, il fut contraint de rédiger la décifion, à laquelle
il ajouta, en riant, *Et fera ainfi prononcé nonobftant clameur de haro.*

ARTICLE QUATRIEME.

De la Quantité.

On a déja vu qu'il ne falloit pas confondre Quantité & Accent : car l'Accent
marque l'élévation, ou l'abaiffement de
la voix, dans la prononciation d'une
fyllabe ; au lieu que la Quantité marque
le plus ou le moins de temps, qui s'emploie à la prononcer.

Puifqu'on mefure la durée des fyllabes,
il y en a donc, & de longues, & de
breves, mais relativement les unes aux
autres ; en forte que la longue eft longue

par rapport à la breve ; & que la breve eſt breve par rapport à la longue. Quand nous prononçons *matin*, partie du jour, la premiere ſyllabe eſt breve, comparée à celle de *mâtin*, eſpece de chien.

Une breve ſe prononce dans le moins de tems poſſible. Quand nous diſons, *à Strasbourg*, il eſt clair que la premiere ſyllabe, qui n'eſt compoſée que d'une ſeule voyelle, nous prendra moins de temps que l'une des deux ſuivantes, qui, outre la voyelle, renferment pluſieurs conſonnes. Mais les deux dernieres, quoiqu'elles prennent chacune plus de temps que la premiere *à*, n'en ſont pas moins eſſentiellement breves : pourquoi ? parce qu'elles ſe prononcent dans le moins de temps poſſible.

Il y a donc (3) des breves moins breves les unes que les autres ; & par la même raiſon il y des longues plus ou moins longues : ſans cependant, que la moins breve puiſſe jamais être comptée parmi

____

(3) Voyez Denys d'Halicarnaſſe, dans ſon Traité *de l'arrangement des mots*, chap. 15, & G. J. Voſſius, *De arte Grammatica*, liv. II, chap. 12, où il a oublié ce paſſage formel de Quintilien, *Et longis longiores, & brevibus ſunt breviores ſyllabæ*, IX, 4.

les longues, ni la moins longue parmi les breves.

On mettra dans un rang à part notre fyllabe féminine, plus breve que la plus breve des mafculines : je veux dire celle où entre l'*e* muet, dont je n'ai déja que trop parlé. Quoiqu'on l'appelle *muet*, il ne l'eft point ; car il fe fait entendre, mais à fa maniere, foit qu'il faffe la fyllabe entiere, comme il fait la derniere du mot *armée* ; foit qu'il accompagne une confonne, comme dans les deux premières du mot *revenir*. Ainfi, à parler exactement, nous aurions cinq temps fyllabiques, puifqu'on pourroit divifer nos fyllabes en muettes, breves, moins breves, longues, & plus longues. Mais il eft inutile de tant anatomifer les fons : & nous n'avons qu'à fuivre l'exemple des Grecs & des Latins, qui ne connoiffoient que breves, longues, & douteufes.

Quant à celles-ci, diftribuons-les en deux claffes. Il y en a qui tiennent une efpèce de milieu entre longue & breve, parce que l'oreille ne peut jufqu'à un certain point les apprécier : d'où il arrive que nos Poëtes les font pencher de quel côté ils veulent. Il y en d'autres, que l'Ufage a décidé qu'on devoit faire tantôt breves, tantôt longues ; mais de maniere que ni leur briéveté, ni leur longueur n'eſt arbitraire, & qu'elle dépend abſolument du lieu où la ſyllabe eſt placée.

Je ne m'aſſujétirai pourtant pas à ſpécifier toujours de quelle claſſe eſt telle ou telle douteuſe, parce que cela demanderoit des explications également inutiles, & à ceux qui entendent la matiere, & à ceux qui ne l'entendent point.

Une choſe à ne pas oublier, c'eſt qu'on meſure les ſyllabes, non pas relativement à la lenteur, ou à la vîteſſe accidentelle de la prononciation ; mais relativement aux proportions immuables, qui les rendent, ou longues, ou breves. Ainſi ces deux Médecins (4) de Moliere, l'un qui allonge exceſſivement ſes mots, & l'autre qui bredouille, ne laiſſent pas d'obſerver également la Quantité ; car, quoique le bredouilleur ait plus vîte prononcé une longue, que ſon camarade une breve, tous les deux ne laiſſent pas de faire exactement breves celles qui ſont breves, & longues celles qui ſont longues ; avec cette différence ſeulement, qu'il faut à l'un ſept ou huit fois plus de temps qu'à l'autre, pour articuler.

(4) Dans l'Amour Médecin. *Acte II.*

Tâchons préfentement de faire connoître nos *breves*, nos *longues*, & nos
douteufes. Pour exécuter ce deffein, ou
du moins pour montrer qu'il ne feroit pas
impoffible de l'exécuter, je vais parcourir
nos différentes terminaifons, & infifter
principalement fur les pénultiemes fyllabes, qui font toujours faifies avec le plus
d'avidité par l'oreille, dans notre langue
fur-tout, où il y a beaucoup de finales
muettes. Je ne dois, au refte, confidérer
ici que la prononciation foutenue, fans
toucher aux licences de la converfation.

A

Quand *A* fe prend pour la premiere lettre
de l'Alphabet, il eft long : *un petit ā, une panfe
d'ā, il ne fait ni ā ni b.*

Quand il eft prépofition, il eft bref : *je fuis
à Paris, j'écris ă Rome, j'ai donné ă Paul*; &
de même quand il vient du verbe avoir : *il ă
de beaux livres, il ă été, il ă parlé.*

Au commencement du mot l'*A* eft long,
dans *ācre, āge, āffre, āgnus, āme, āne, ānus,
āpre, ārrhes, ās.* Hors de là il eft bref, foit que
tout feul il compofe la premiere fyllable du mot,
comme dans *ăpôtres*; foit qu'il foit fuivi d'une
confonne redoublée, comme dans *ăpprendre*;
foit que les confonnes foient différentes, comme
dans *ăltéré, ărgument,* &c.

A la fin du mot il eft très-bref, dans les
prétérits, & dans les futurs : *il aimă, il aimeră,*

il chantă, *il chanteră*. Dans l'article *lă*. Dans les pronoms, *mă*, *tă*, *să*. Dans les adverbes, *çă*, *là*, *déjă*, *oui-dă*. On appuie un peu davantage ſur les ſubſtantifs empruntés des langues étrangeres : *ſofă*, *hocă*, *duplicată*, *agendă*, &c.

ABE. Toujours bref, excepté dans *aſtrolābe*, & dans *crābe*, poiſſon de mer.

ABLE. Bref dans tous les adjectifs : *aimăble*, *raiſonnăble*, *capăble*, &c. Long dans la plupart des ſubſtantifs : *cāble*, *ſāble*, *diāble*, *rāble*, *ſāble* ; & dans ces verbes, *on m'accāble*, *je m'enſāble*, *il hāble*.

ABRE. Toujours long : *ſābre*, *cinābre*, *il ſe cābre*, *tout ſe delābre*. Et cette ſyllabe conſerve ſa longueur dans la terminaiſon maſculine : *ſe cābrer*, *délābré*.

Ac. Regle générale. Toute ſyllabe, dont le derniere voyelle eſt ſuivie d'une conſonne finale, qui n'eſt ni *s*, ni *z*, eſt breve : *ſăc*, *nectăr*, *ſĕl*, *ſĭl*, *pŏt*, *tŭf*, &c.

Une fois pour toutes, faiſons ici mention de cette autre Regle, qui eſt ſans exception. Toute ſyllabe maſculine, qu'elle ſoit breve ou non au ſingulier, eſt toujours longue au pluriel : *des ſācs*, *des ſēls*, *des pōts*, &c.

On doit même étendre cette Regle juſqu'aux ſinguliers maſculins, dont la finale eſt l'une des caractériſtiques du pluriel : *le tēmps*, *le nē{*, &c.

ACE. Long dans *grāce*, *eſpāce*, *on lāce* (5) *Madame*, *on la delāce*, *on entrelāce ſes cheveux de perles*. Hors de là, toujours bref : *audăce*, *glăce*, *préfăce*, *tenăce*, *vorăce*, &c.

(5) Pourquoi *la* eſt-il long dans *lacer*? A cauſe du primitif *lacqs*.

Ache. Long dans (6) *lāche, tāche,* entre-
prife, *gāche, relāche, je māche, on me jāche.*
Et la même quantité fe conferve avec la terminaifon mafculine : *mācher, relācher,* &c. Hors
de là, bref : *tăche,* fouillure, *mouftăche, văche,
il fe căche,* &c.

Acle. Long dans *il rācle,* & *il débācle.* Hors
de là douteux : *orăcle, mirăcle, obftăcle, taber-
năcle, fpectăcle,* &c.

Acre. Long dans *ācre,* piquant ; mais bref
dans tout le refte : *Diăcre, năcre, ăcre* de terre
le *Săcre* du Roi, *făcre* oifeau, &c.

Ade. Toujours bref, *aubăde, cafcăde, jăde,
il perfuăde, il s'évăde,* &c.

Adre. Bref dans *lădre.* Long dans *cādre,
efcādre, cela ne cādre pas.* Et cette fyllabe eft
pareillement longue avec l'*E* fermé : *mādré,
encādrer.*

Afe. Aphe. Toujours bref : *carăfe, épităphe,
agrăffe,* &c.

Afre. Affre. Long dans *āffre,* frayeur, &
dans *bāfre,* mot bas. Ailleurs bref : *balăfre,
făfre,* &c.

Afle. Long : *rāfle, j'érāfle.* Et la même
quantité fe conferve quand l'*E* fe ferme : *rafler,
érāfler.*

Age. Long dans le mot, *āge.* Mais tellement bref dans tous le refte, qu'on appuie un
peu (7) fur la pénultieme.

***

(6) Pour montrer que ces fyllabes font longues, autrefois on écrivoit *lafche, tafche,* &c. Aujourd'hui du moins
on n'y doit pas oublier l'accent circonflexe : *lâche, tâche,*
&c.

(7) *Pronunciationem habent talem, ut penultima fyllaba
produci potiùs quàm corripi dicenda fit ; fed tamen ita*

Agne. Toujours bref, excepté ce feul mot, *je gāgne, gāgner.*

Ague. Toujours bref : *băgue, dăgue, văgue, il extravăgue,* &c.

Ai, fauſſe diphtonge, qui ne rend qu'un ſon ſimple. Quand c'eſt le ſon d'un *e* ouvert, la ſyllabe eſt douteuſe : *vrăi, eſſăi.* Mais breve, quand le ſon approche plus de l'*e* fermé : *j'ăi, je chantăi.*

Aie. Toujours long : *hāie, plāie, vrāie,* &c. Voyez, ſous la terminaiſon *Ée*, la Regle générale.

Mais elle n'a pas lieu à l'égard des mots, dont la derniere ſyllabe eſt mouillée : cette derniere ſyllabe alors n'étant pas compoſée de l'*e* muet tout ſeul, puiſqu'il y entre auſſi un *i.* Car l'*y* dans *je paye, il bégaye,* tient lieu de deux *i,* dont l'un affecte une ſyllabe, & l'autre une autre ; comme ſi l'on écrivoit, *je pai - ïe il bégai-ïe.* Et peu importe que la derniere ſoit feminine ou maſculine, la pénultieme n'en eſt pas moins breve : *je păi-ïe, il bégăi·ïe, nous pă·ïons, vous bégăi-ïez,* &c.

Aigne. Toujours bref : *chatăigne, je dăigne, il ſe băigne, on le ſăigne,* &c.

Aigre. Toujours bref : *ăigre, măigre.*

Ail. Regle générale. Quand un mot finit par *l* mouillée, la ſyllabe eſt breve : *évantăil, vermĕil, avrĭl, quenŏuille, fautĕuil.*

Aille. Bref dans *méăĭlle,* & dans ces verbes, *je détăille, j'émăille, je travăille, je băille,* pour dire je donne. Mais long dans tout autre

<hr>

ut aures hanc productionem vix ſentiant. Ainſi parle H. Eſtienne dans ſes *Hypomneſes,* pag. 9. On peut en dire autant des adjectifs terminés en *Able.*

mot

mot, quand même l'*e* devient fermé : *je räille,
räillé, il se débräille, débräillé, il rimäille, ri-
mäilleur.*

AILLET. AILLIR. Brefs. *mäillet, päillet, jäillir,
aßäillir.* On n'entend que l'*a* dans les pènultie-
mes, & l'*i* n'y eft que pour mouiller la confonne
fuivante ; non plus que dans les deux articles
précédens, & dans le fuivant.

AILLON. Bref dans *médäillon, batäillon, nous
émäillons, détäillons, traväillons.* Hors de là
il eft long : *hillon, bäillon, pénäillon, nous
täillons,* &c.

AIM. AIN. Voyelles nafales. Regle fans exception. Quand elles font fuivies d'une confonne
qui n'eft pas la leur propre, c'eft-à-dire, qui
n'eft ni *m*, ni *n*, & qui commence une autre
fyllabe, elles rendent longue la fyllabe où elles
fe trouvent : *jämbe, jämbon, cräinte, trēmbler,
pēindre, joīndre, tōmber, hūmble,* &c.

AIME. Cette terminaifon, ainfi ortographiée,
n'a lieu que dans le verbe *Aimer,* où elle eft
breve.

AINE. Long dans *haïne, chaïne, gaïne, je
traïne,* & leurs dérivés. Hors de là, bref : *capi-
täïne, fontäïne,* &c.

AIR. AIRE. Le premier eft douteux au fingulier : *l'äir, chäir, écläir, päir,* &c. Le fecond
eft long : *une äire, une päire, chäire, on m'é-
cläire,* &c.

AIS. AIX, AISE AISSE. Tous longs : *paläis,
päix, fournäife, qu'il pläife, cäiffe, qu'il fe
repäiffe,* &c.

AIT. AITE. Brefs : *läit, atträit, il fäit, par-
fäite, reträite,* &c. Il faut excepter, *il pläit, il
näit, il repäît, fäîte,* fommet.

D

AITRE. Toujours long : *trâître*, *mâître*, & autres terminaisons semblables, quoique l'orthographe soit différente, *parôître*, *connôitre*, &c. Voyez *ÊTRE*.

ALE. ALLE. Toujours brefs : *cigăle*, *fcandăle*, *une mălle*, &c. Il en faut excepter (8) ces mots : *hāle*, *pāle*, *un māle*, *un rāle*, *il rāle*. Et quand la finale de ces mots est masculine, leur pénultieme conserve fa longueur : *hāler*, *pāleur*, *rāler*.

AM. AN. Voyez ci-deffus la Regle des nafales, où il faut ajouter que fi leurs propres confonnes, *M*, ou *N*, fe redoublent, cela rend breve la fyllabe à laquelle appartient la première des confonnes redoublées, qui demeure alors muette, & n'est plus nafale : *epigrămme*, *qu'il prënne*, *confŏnne*, *perfŏnne*, &c. Il n'y a d'exception que *flāmme*, dont la pénultieme est longue.

AME. Toujours bref : *Dăme*, *eflăme*, *răme*, *on le diffăme*, *un cerf qui brăme*, &c. Il en faut excepter *āme*, *infāme*, *blāme*, *il fe pāme*, *un Brāme Indien*.

Joignez-y les Aoriftes, *nous aimāmes*, *nous chantāmes*, & de même fous les autres terminaifons, *nous écrivīmes*, *nous répondīmes*, *nous reçūmes*.

ANE. ANNE. Toujours brefs : *cabăne*, *orgăne*, *pănne*, &c. Il en faut excepter, *āne*, *crāne*, *les Mānes*, *de la mānne*, *une mānne*, & *je dānne*, *je condānne*, qu'il feroit plus régulier d'écrire, *damne* & *condamne*, non-feulement à caufe de l'étymologie, mais de peur que la confonne

____

(8) On y mettoit autrefois une *s* muette, *pafle*, *mafle*, ou la voyelle s'y redoubloit, *raale*. Aujourd'hui un accent circonflexe.

redoublée ne donne lieu de prononcer mal.

ANT. Voyez fous *AIN* la Regle des nafale . Mais dans ce mot, *comptant*, il y a cette différence, qu'employé comme gérondif, il est long : *je me fuis trompé en comptānt de l'argent;* & il est bref, quand on l'emploie fubstantivement, ou adverbialement : *il a du comptănt, j'aime à payer comptănt.*

AP. Voyez la Regle fous *Ac.*

APE. APPE. Toujours bref : *Păpe, făpe, frăppe.* Exceptez *rāpe,* & *rāper,* où il est ouvert, & long.

APRE. Toujours long.

AQUE. Toujours bref, à l'exception de *Pāques* & *Jāques.*

AR. Voyez la Regle fous *Ac.*

ARBE. Regle genérale. Toute fyllabe qui finit par *R,* & qui est fuivie d'une fyllabe commençant par toute autre confonne, est breve : *bărbe, bărque, bĕrceau, infirme, ŏrdre,* &c.

ARE. Long : *barbāre, je m'égāre, je prépāre,* &c. Mais quand la derniere fyllabe n'est plus muette, il redevient bref : *égăré, prépărant, barbărie,* &c.

ARRE. Regle générale. Quelle que foit la voyelle qui précde deux *R,* quand les deux enfemble ne forment qu'un fon indivifible, la fyllabe est toujours longue : *ārrét, bārre, bifārre, tonnērre, éclōrre,* &c.

ARI. ARRI. Toujours brefs : *mări, pări, Mărie, barbărie.* Exceptez *hourvāri, mārri, équārri.*

AS. Ordinairement long, car il y a peu de mots ainfi terminés, où l'*A* ne foit très-ouvert, soit qu'on prononce l's, comme dans *Pallas*, un *as*, soit qu'on ne la prononce point, comme dans *tas*, *gras*, *tu as*, *tu joueras*, &c.

Ase. Toujours long : *bāse*, *Pégāse*, *emphāse*, *extāse*, *rāser*, &c. Regle générale, qu'entre deux voyelles dont la derniere est muette, les lettres *s* & *z*, allongent la pénultieme, *bāse*, *extāse*, *diocēse*, *il pēse*, *bétīse*, *franchīse*, *rōse*, *époūse*, *rūse*, *reclūse*, &c.

Mais si la syllabe qui commence par une de ces lettres est longue de sa nature, elle conserve sa quantité, & souvent l'antépénultieme devient breve : *il s'extăsie*, *pĕsée*, *époŭsée*, &c.

Aspe. Regle générale. Une *s* prononcée, qui suit une voyelle, & précede une autre consonne, rend la syllabe toujours breve : *jăspe*, *măsque*, *ăstre*, *burlĕsque*, *funĕste*, *pĕste*, *rĭsque*, *pòste*, *brŭsque*, *jŭste*.

On a vu sous Arbe la même Regle.

Asse. Bref, excepté dans les substantifs, *bāsse*, *cāsse*, *clāsse*, *échāsse*, *pāsse*, *nāsse*, *tāsse*, *chāsse* de Saint, & *māsse*, terme de jeu ; & dans les adjectifs feminins *bāsse*, *grāsse*, *lāsse* ; & dans ces verbes, *il amāsse*, *enchāsse*, *cāsse*, *pāsse*, *compāsse*, & *sāsse*, avec leurs composés.

Tous ces mots conservent leur quantité, lors même qu'au lieu de la terminaison muette, ils en prennent une masculine : *chāssis*, *cāsser*, *pāsser*, &c.

Joignez-y la premiere & la seconde personne du singulier, avec la troisieme du pluriel, terminées en *āsse*, *āsses*, & *āssent* ; au subjonctif : *que j'aimāsse*, *que tu aimāsses*, *qu'ils aimāssent*.

AT. Long dans (9) ces fubftantifs : *bât* de mulet, *mât ; appât, dégât ;* & dans les troifiemes perfonnes du fingulier au fubjonctif, *Qu'il aimât, qu'il chantât,* &c. Bref dans tous-les autres fubftantifs, dans les adjectif, & au Préfent de l'indicatif : *avocăt, éclăt, plăt, chocolăt,* on *fe băt,* &c.

ATE. ATES. Toujours brefs, excepté dans *hāte, pāte, il appāte. il gāte, il māte, il démāte ;* & dans les fecondes perfonnes du pluriel, terminées en *ātes,* à l'Aorifte : *vous aimātes, vous chantātes.*

ATRE. ATRE. Brefs dans *quătre,* & dans *băttre,* avec fes dérivés. Hors de là, toujours longs : *idolātre, théātre, opiniātre, emplātre,* &c.

AU, fauffe diphtongue. Quand il forme une fyllabe fuivie de la terminaifon muette, il eft long : *āuge, āutre, āune, āube, tāupe.* Il eft long pareillement, lorfque dans la derniere fyllabe du mot il eft fuivi d'une confonne : *hāut, chāud, chāux, fāux.* Exceptez *Paul.* Mais il eft douteux, quand il précede une fyllabe mafculine : *ăubade, ăudace, ăutonne, ăugmenter, ăuteur ;* & quand il eft final : *Joyău, cotéău,* &c.

AVE. Bref dans *răve, căve, on păve,* &c. Plus fouvent long : *entrāve, grāve, conclāve,* &c. Mais lorfqu'au lieu de la voyelle muette, il en fuit une mafculine, l'*A* eft bref : *grăvier, conclăvifte, aggrăver,* &c.

(9) Auffi ces fyllabes, & celles de la terminaifon fuivante, prenoient elles toutes autrefois une *s* muette, *baft, maft, qu'il aimaft, vous aimaftes.* On n'y doit pas oublier aujourd'hui l'accent circonflexe.

Quand *brave* précede fon fubftantif, il eft bref, *un brăve homme*, mais long, s'il ne vient qu'après, *un homme brāve*.

Aᴠʀᴇ. Toujours long : *cadāvre*, &c.

Ax. Axᴇ. Toujours brefs : *Ajăx*, *thorăx*, *tăxe*, *parallăxe*, &c.

E

On diftingue trois principales fortes d'ᴇ, qui expriment divers fons, & dont la différence eft fenfible dans *fermeté*, dans *honnêteté*. On appelle ᴇ *ouvert*, celui qui fe préfente le premier dans ces deux mots : ᴇ *muet*, celui du milieu ; ᴇ *fermé*, celui qui eft à la fin. On ne met point d'accent fur l'ᴇ muet ; on met l'aigu fur l'ᴇ fermé : on met le grave ou le circonflexe fur l'ᴇ ouvert, & fouvent on n'y en met point du tout, comme ici fur la premiere fyllabe de *fermeté*.

Quand on dit ᴇ féminin, cela regarde uniquement l'ᴇ muet ; & quand on dit ᴇ mafculin, cela regarde indifféremment les deux autres.

A l'égard de l'ᴇ muet, il fuffit d'en favoir deux chofes : La premiere, Qu'il ne commence jamais un mot : La feconde, Qu'il ne fe trouve jamais en plufieurs fyllabes confécutives : ou que s'il s'y trouve, comme dans quelques mots compofés, tels que *revenir*, *redevenir*, *entretenir*, c'eft du moins ce qui n'arrive jamais à la fin d'un mot. Ainfi les verbes, dont la pénultieme eft muette à l'infinitif, comme, *appeler*, *pefer*, *mener*, *devoir*, *concevoir*, prennent dans les temps qui finiffent par l'ᴇ muet, ou un ᴇ mafculin, ou la diphtongue *cı*. *J'appelle*,

il pese, il mene, ils doivent, ils conçoivent.
Prenez, ils prennent. Venez, qu'il vienne. On
dit *chapelain, chapelle : chandelier, chandelle ;*
celui, celle. Par la même raison, quoiqu'on
dise, *j'aime, je chante,* nous disons, *aimé-je,*
chanté-je ? Tel est le génie de notre langue ;
& l'on doit, ce me semble, conclure de son
uniformité sur ce point, qu'elle ne se gouverne
nullement selon les loix d'un Usage arbitraire
& aveugle ; mais qu'elle a, de temps immémorial, consulté les principes de l'Harmonie,
qui demandent, ou que la pénultieme soit fortifiée, si la derniere est muette ; ou que la pénultieme soit foible, si la derniere est le siége
où se trouve le soutien de la voix.

Il n'est donc plus question ici que de ce qui
regarde nos *e* masculins. Celui qui est ouvert,
peut être plus ou moins ouvert. Il l'est peu dans
ferme : il l'est tout-à-fait dans *procès.* Le moins
ouvert est souvent bref : le très-ouvert est toujours
long.

Éble. Ebre. Ec. Ece. Toujours brefs : *hièble,*
funèbre, bĕc, nièce.

Eche. Long, & très-ouvert dans *bêche lêche,*
griêche, pêche action de pêcher, *pêche* fruit,
revêche, il empêche, il dépêche, il prêche. Bref,
& peu ouvert dans *calĕche, flĕche, mĕche, crĕche,*
sĕche, brĕche, on pĕche, lorsqu'il signifie, on
fait un péché.

Ecle. Ect. Ecte. Ede. Eder. Tous brefs :
siĕcle, respĕct, insĕcte, tiĕde, remĕde, cĕder,
possĕder, &c.

Ee. Regle générale. Tous les mots qui finissent par un *e* muet, immédiatement précédé
d'une voyelle, ont leur pénultieme longue :

*penſēe, armēe; je lĭe, je me fĭe; jōie, j'envōie,
je lōue, il jōue; la nŭe, la rŭe.*

Mais, ſi dans tous ces mêmes mots, l'*e* muet
ſe change en *e* fermé, alors la pénultieme, de
longue qu'elle étoit, devient breve : *lĭer, jŏyeux,
lŏuer, nŭer*, &c.

Eé. Regle générale. Quand une voyelle finit la
ſyllabe, & qu'elle eſt ſuivie d'une autre voyelle
qui n'eſt pas l'*e* muet, la ſyllabe eſt breve : *crĕé,
ſĕal, aĉtĭon, hăir, dŏŭé, tŭer*, &c.

Ef. Effe. Le premier eſt bref : *chĕf, brĕf.*
Le ſecond eſt long : *grēffe.*

Effle. Il eſt long dans *nēffle*, & bref dans *trĕffle.*

Ege. Egle. Le premier long : *ſacrilēge, col-
lēge, ſiēge*, &c. L'autre bref : *rĕgle, ſĕigle*, &c.

Egne. Eigne. Le premier eſt douteux : *rĕgne,
douĕgne.* L'autre bref : *pĕigne, enſĕigne, qu'il
ſĕigne*, &c.

Egre. Egue. Brefs : *Nĕgre intĕgre, bĕgue,
collĕgue, il allĕgue*, &c.

Eil. Eille. Brefs : *Solĕil, ſommĕil, abĕille.*
Voyez la Regle ſous Ail. Il n'y a d'exception
ſous Eille, que *viēille, viēillard, viēilleſſe.*

Ein. Eint. Voyelles naſales.

Eine. Bref : *vĕine, pĕine*, &c. Ce ſeul mot,
Rēine, eſt long.

Einte. Toujours long : *attēinte, dépēinte,
ſēinte*, &c.

Eitre. Nous n'avons qu'un mot ainſi terminé,
Rēitre, long.

El. Toujours bref : *ſĕl, autĕl, cruĕl.*

El. Elle. Longs (1) dans *ʒēle, poēle, frēle;*

---

(1) Voilà pourquoi anciennement toutes ces longues
prenoient une *s* muette *poēſle, meſle*, &c. Exceptez *ʒèle*,
dont l'orthographe a toujours ſuivi l'étymologie.

pêle-mêle, *grêle*, *il fe fêle*, mouton qui *bêle.* Hors de là, bref : *modèle*, *fidèlle*, *rebèlle*, *mortèlle*, &c.

Eᴍ. Eɴ. Je n'ajoute rien ici à la Regle des voyelles nafales, fi ce n'eſt que la confonne finale eſt fonore dans ces mots : *itĕm*, *Béthléĕm*, *amĕn*, *hymĕn*, *examĕn*, &c.

Eᴍᴇ. Douteux dans *crĕme*. Bref dans *je fĕme*, *il fĕme*. Long par-tout ailleurs : *baptême : chrême*, *mĕme*, &c.

Eɴᴇ. Eɴɴᴇ. Longs, dans *chêne*, *cêne*, *fcêne*, *gêne*, *alêne*, *rêne*, *frêne*, *arêne*, *pêne*, & dans les noms propres, *Athênes*, *Diogêne*, *Mécêne*, &c. Bref dans *phénomĕne*, *ébĕne*, *étrĕnne*, *qu'il prĕnne*, *apprĕnne*, & par-tout où la confonne eſt redoublée.

Eᴘᴇ. Eᴘʀᴇ. Toujours longs : *Guêpe*, *crêpe*, *Vêpres*. Exceptez *lĕpre*.

Eᴘᴛᴇ. Eᴘʀᴇ. Toujours brefs : *précĕpte*, *il accĕpte*, *fcĕptre*, *fpĕĉtre*.

Eǫᴜᴇ. Eᴄǫᴜᴇ. Longs dans *Evêque*, & *Archevêque*. Bref hors de là : *Grĕque*, *bibliothĕque*, *obfĕques*, &c.

Eʀ. Il eſt bref dans *Jupitĕr*, *Lucifĕr*, *éthĕr*, *chĕr*, *clĕrc*, *cancĕr*, *patĕr*, *magiſtĕr*, *fratĕr*, & quelques autres, ou noms propres, ou noms étrangers. Il eſt bien plus ouvert, & long, dans *fĕr*, *enfêr*, *légêr*, *mêr*, *amêr*, *hivêr*. Il eſt douteux dans les Infinitifs, lorfqu'on fait fonner l'ʀ avec la voyelle fuivante, comme il le faut toujours en lifant des vers.

Eʀʙᴇ. Eʀᴄᴇ. Eʀꜱᴇ. Eʀᴄʜᴇ. Eʀᴄʟᴇ. Eʀᴅᴇ. Eʀᴅʀᴇ. Tous brefs. Voyez fous la terminaifon Aʀʙᴇ la Regle générale.

Eʀᴅ. Eʀᴛ. Douteux : *il pĕrd*, *concĕrt ouvĕrt*, *défĕrt*, &c.

ERE. Douteux, & l'E un peu ouvert : *chimĕre, pĕre, sincĕre, il espĕre,* &c. Long au pluriel de l'Aoriste : *ils allērent, ils parlērent,* &c.

ERGE. ERGUE. ERLE. ERME. ERNE. ERPE. Tous brefs. Regle générale sous la terminaison ARBE.

ERR. Toujours long, suivant la Regle générale, quand les deux R ne forment qu'un son indivisible, comme dans *guērre, tonnērre, nous vērrons* : mais bref, lorsqu'elles se font entendre chacune séparément, comme dans *ĕrreur, tĕrreur, ĕrrant, ĕrronné, ĕrrata.*

ERTE. ERTRE. ERVE. Voyez la Regle sous la terminaison ARBE.

ESSE. Long dans *Abēsse, profēsse, confēsse, prēsse, comprēsse, exprēsse, cāsse, lēsse, on s'emprēsse, il profēsse* Hors de là bref : *tendrĕsse, parĕsse, carĕsse,* &c.

ESQUE. ESTE. ESTRE. Voyez ASPE.

ET. Long. (2) dans *arrēt, benēt, forēt, genēt, prēt, apprēt, acquēt, intérēt, tēt, protēt, il ēst.* Hors de là, bref : *cadĕt, bidĕt, ĕt* conjonction, *sujĕt, ochĕt,* &c.

ETE. Long dans *bēte, fēte, arbalēte, boēte, tempēte, quēte, conquēte, enquēte, requēte, arrēte, crēte, tēte.* Bref par-tout ailleurs, & le T s'y redouble, à moins que l'étymogie ne le defende : *prophĕte, poëte, comĕte, tablĕtte, houlĕtte, il tĕtte, il cachĕtte,* &c.

Honnête, bref, dans *honnēte homme,* mais long, dans *un homme honnēte,* &c.

---

(2) Tout ce qu'il y a de long dans cet article, & dans les deux suivans, s'écrivoit autrefois avec une *s* muette, qui ne s'est conservée que dans *est,* troisieme personne du verbe *être,* au Présent de l'Indicatif.

Vous êtes, seconde personne du Verbe *être*, au présent de l'Indicatif, est au gré du Poëte, long, ou bref.

Être. Long dans *être, salpêtre, ancêtre, fenêtre, prêtre, champêtre, hêtre, chevêtre, guêtre, je me dépêtre*. Bref par-tout ailleurs, & le *T* s'y redouble, à moins que l'étymologie ne s'y oppose : *diamètre, il pénètre, lettre, mettre*, &c.

Eu, diphtongue oculaire, qui ne forme qu'un son unique. Bref au singulier : *feu, bleu, jeu*, &c

Eve. Long dans *trève, la grève, il rêve*; & la pénultieme de ce verbe demeure longue dans tous ses temps : *rêver, je rêvois*. Douteux dans *fève, brève, il achève, il crève, il se lève*, & la pénultieme de ces verbes, suivie d'une syllabe masculine, devient muette : *achever, il se levoit, il creva*. Voyez page. 78.

Euf. Bref : *veuf, neuf, un œuf, un bœuf*. On prononce l'*F* dans tous ces mots au singulier, mais non au pluriel, si ce n'est dans *veuf*.

Euil. Voyez Ail.

Eule. Long dans *meule* & *veule*. Hors de là, bref : *seule, gueule*, &c.

Eune. Il est long dans *jeûne*, abstinence; & bref dans *jeune*, qui n'est pas vieux.

Eur. Eure. Le premier est bref au singulier, *odeur, peur, majeur*; & long au pluriel : *odeurs*, &c. Mais le second est douteux; car si le mot en fait nécessairement attendre un autre, la syllabe est breve : *une heure entiere, la majeure part*; & s'il ne fait rien attendre, elle est longue : *cette fille est majeure, j'attends depuis une heure*.

Evre. Douteux : *lèvre, chèvre, lièvre, orfèvre*, &c.

Eux. Euse. Longs : *dēux*, *préciēux*, *préciēuſe*, *quēteuſe*, *crēuſer*.

Ex. Toujours breve : *ĕxemple*, *ĕxtirper*, *ſĕxe*, *perplĕx*. Voyez Ax.

I

Une obſervation, que l'on a déja pu faire, mais qui deviendroit encore plus ſenſible dans les trois voyelles, dont il reſte à parler, c'eſt que le nombre des breves l'emporte de beaucoup ſur celui des longues. Pour abréger donc, je ſupprimerai déſormais toutes les terminaiſons, ſous leſquelles il ne ſe trouve que des breves.

Idre. Long : *hĭdre*, *cīdre*. On écrit *hydre*, à cauſe de l'étymologie.

Ie. Diphtongue. Douteux : *mĭel*, *fĭel*, *fĭer*, *amitĭé*, *moitĭé*, *carrĭere*, *pouſſĭere*, *tĭen*; *mĭen*, *Dĭeu*, &c.

Ie, diſſyllabe. Long : *vīe*, *ſaiſīe*, *il prīe*, &c. Voyez la Regle générale, ſous la terminaiſon Ee, ci-deſſus.

Ien. Quand il eſt diſſyllabe, les deux ſyllabes ſont breves : *lĭĕn*, *Parisĭĕn*. Quand il eſt diphtongue, la ſyllabe eſt douteuſe : *le mĭen*, *ſoutĭen*, *rĭen*.

Ige. Douteux : *tĭge*, *prodĭge*, *litĭge*, *preſtĭge*, *je m'oblĭge*, *il s'afflĭge*, &c. Mais bref dans les temps de ces verbes, qui ne finiſſent point par un E muet, *s'obliger*, *s'affliger*, &c.

Ile. Long : dans *īle*, *huīle*, *ſtyle*, *tuīle*, & *preſqu'īle*.

Im. In.** Voyez ſous Aim.

** Henri Eſtienne, dans ſes *Hypomneſes*, page 42, traite de licence outrée les Rimes de *Vain*, & *Vin*, de *Pain*, & *Pin*.

Iᴍᴇ. Long dans *abyme*, & *dīxme*. Joignez-y ces pluriels de l'Aoriſte : *nous vīmes, nous répondīmes*, &c.

Iʀᴇ. Douteux : *empīre, Sīre, écrīre, il foupīre*. Long à l'Aoriſte : *ils punīrent, ils fīrent*, &c. Mais bref devant le maſculin : *foupĭrer, deſĭrer*.

Iꜱᴇ. Long : *remīſe, furprīſe, j'épuīſe, Qu'ils līſent, ils dīſent*. Voyez Aꜱᴇ.

Iꜱꜱᴇ. Toujours bref, excepté dans le Subjonctif : *Que je fīſſe, que tu écrivīſſes, qu'ils fīſſent*, &c.

Iʟ. Il n'eſt (3) long qu'au ſubjonctif : *Qu'il dīt, qu'il fīt*.

Iᴛᴇ. Long dans *bénīte, gīte, vīte*, & dans ces ſecondes perſonnes de l'Aoriſte : *vous fītes, vous vītes*.

Iᴛʀᴇ. Long dans *epītre, huītre, regītre*. Que ſi l'on écrit *regiſtre*, qui eſt le plus régulier, alors la pénultieme eſt breve.

Iᴠᴇ. Long dans les adjectifs féminins, dont les maſculins ſe terminent en ɪғ : *ta dīve, captīve, Juīve*, &c.

Iᴠʀᴇ. *Vivre*, ſubſtantif, long.

O

Quand il commence le mot, il eſt fermé, & bref, excepté dans *ōs, ōſer, ōſier*, & *ōter*, où il eſt ouvert, & long : auſſi-bien que dans *hōte*, quoiqu'on diſe *hŏtel* & *hŏtellerie*.

Oʙᴇ. Long, & ouvert dans *glōbe*, & *lōbe*. Bref, & fermé ailleurs.

***

(3) Autrefois on écrivoit *qu'il fiſt, qu'il diſt*. On doit remplacer l's par un accent circonflexe.

Ode. Long dans *je rôde*. Bref par-tout ailleurs : *môde*, *antipôde*, &c.

Oge. Long dans ce seul mot, *le Dōge*, & bref hors de là : *élŏge*, *horlŏge*, *on dérŏge*.

Oi, diphtongue. Douteux à la fin du mot : *Rŏi*, *mŏi*, *emplŏi*, &c.

Oie. Long : *jōie*, *qu'il vōie*, &c.

Oient. Long. Terminaison des troisiemes personnes du pluriel, dans quelques temps des verbes où il n'est pas diphtongue : *ils avōient*, *ils chantōient*; au lieu que le singulier est bref : *il avŏit*, *il chantŏit*.

Oin. Voyez la Regle des nasales.

Oir. Oire. Le premier, douteux : *espŏir*, *terrŏir*, &c. L'autre, long : *bōire*, *glōire*, *mémōire*, &c.

Ois. Toujours long, soit que la diphtongue s'y fasse sentir, comme dans *fōis*, *bourgeōis*, *Danōis*; soit que ces lettres ne rendent que le son de l'*e* ouvert, comme dans (4) certains temps des verbes : *j'étōis*, *je chanterōis*; & dans certains noms de nation *un Françōis*, *les Anglōis*.

Oise. Oisse. Oitre. Oivre. Tous longs : *frambōise*, *parōisse* substantif, *clōitre*, *pōivre*, &c. De ces quatre terminaisons, la seconde & la troisieme ne sonnent que comme l'*e* ouvert, dans tous les temps de ces deux verbes, *paroître*, & *connoître*, avec leurs dérivés.

Oit. Long dans *il parōit*, *il connōit*, & *il crōit*, venant de *croître*.

Ole. Toujours bref, excepté dans ces mots :

(4) Par la Grammaire de Ramus, qui vouloit conformer son orthographe à la prononciation de son temps, nous voyons qu'alors on prononçoit, *j'étoès*, *je chanteroès*, *Polonoès*, &c. Car voilà comme il orthographie,

*drôle, pôle, geôle, môle, rôle, contrôle, il enjôle,
il enrôle.*

Pour mettre de la différence entre *il vole*, il
vole en l'air, & *il vole*, il dérobe, plufieurs
le font long dans le dernier fens.

OM. ON. Voyez la Regle des nafales fous
la terminaifon AIN.

OME. ONE. Longs : *atôme, axiôme, phantôme,
matrône, Amazône, thrône, prône, aumône,* &c.
Rŏme eft à excepter. Pour les mots où la confonne
eft redoublée, ils fuivent la Regle générale,
fŏmme, pŏmme, confŏnne, courŏnne.

ONS. Toujours long : *nous aimôns, fônds,
pônts,* &c. Regle des pluriels.

OR. Toujours bref : *caftŏr, butŏr, encŏr,
fonner du cŏr, un cŏr au pied, bŏrd, effŏrt.* Mais
fuivi d'une *s*, il eft long : *hôrs, alôrs, tréfôrs,
le côrps,* &c. Voyez AC.

ORE. ORRE. Longs : *encôre, pécôre, Aurôre,
éclôrre.* Mais avec cette différence, que les pénultiemes des verbes où il n'y a qu'une R, &
qui font longues au Préfent de l'Indicatif, *je
décôre, elle s'évapôre,* deviennent breves, quand
elles font fuivies d'une terminaifon mafculine :
décŏré, évapŏré; au lieu que l'R étant redoublée,
ces pénultiemes deviennent longues : *j'éclôrrois,
j'éclorrai.*

OS. OSE. Longs : *ôs, propôs ; dôfe, chôfe,
il ôfe.* Voyez AS, & ASE.

OSSE. Long dans *grôffe, fôffe, endôffe ; il
désôffe, il engrôffe;* & fi la fuivante devient
mafculine, ces mots gardent leur quantité : *fôffé,
endôffer, grôffeur, grôffeffe,* &c.

OT. Long (5) dans *impôt, tôt, dépôt, entrepôt,
fuppôt, rôt, prévôt.*

(5) Pour marquer la longueur de ces mots & de ceux

Oᴛᴇ. Long dans *hôte*, *côte*, *maltôte*, *j'ôte*. Et la quantité des trois derniers, eſt la même devant une finale maſculine : *côté*, *maltôtier*, &c.

Oᴛʀᴇ. Nous n'avons que trois mots ainſi terminés, *Apôtre*, *nôtre*, & *vôtre*. Quant au premier il eſt toujours long. Pour les deux autres, ils ſont douteux : non que leur briéveté ou leur longueur ſoit arbitraire, car elle dépend de la place qu'ils occupent. Ils ſont brefs, quand ils précèdent leurs ſubſtantifs ; & longs, quand ils ſuivent l'article. On dit : *Je ſuis vŏtre ſerviteur.* On répond : *Et moi le vōtre. C'eſt-là vŏtre avis, mais le nōtre eſt que,* &c. *Les nōtres ſont excellens, mais les vōtres ne valent rien.*

Quand on voudra étudier d'où vient cette différente prononciation du même mot, il ne ſera pas difficile de voir que cela dépend des principes établis ci-deſſus, au ſujet de l'ᴇ muet. Si la finale eſt muette, comme dans cette phraſe, *je ſuis le vôtre,* après laquelle mon oreille n'entend plus rien, alors la voix a beſoin d'un ſoutien ; & ne le trouvant pas dans la finale, elle le prend dans la pénultième. Mais dans cette autre phraſe, *je ſuis votre ſerviteur,* où j'attends néceſſairement le ſubſtantif de *vôtre,* ce ſubſtantif eſt deſtiné à ſoutenir ma voix, parce qu'il ne m'eſt pas permis de mettre le moindre intervalle entre *votre* & *ſerviteur.*

qui ſont dans l'article ſuivant, autrefois on y mettoit une *s* muette : *impoſt*, *roſt*, *ſuppoſt*, *hoſte*, *coſte*. Et dans les brefs on a toujours redoublé la conſonne : *hotte*, *cotte*, &c.

Peut-être n'y a-t-il point de principe qui ait plus d'étendue que celui-là dans notre Profodie. On en a déja vu beaucoup d'autres applications. Une fyllabe douteufe, & qu'on abrège dans le cours de la phrafe, eft allongée, fi elle fe trouve à la fin. Quelquefois même, & dans le difcours ordinaire, auffi-bien que dans la déclamation, une longue devient breve par la tranfpofition du mot : car on dit, *un homme honnête, un homme brāve*, mais on dit, *un brăve homme, un honnête homme.* J'ai déja rapporté ces deux exemples ailleurs. Mais combien d'autres obfervations faudroit-il pour déterminer quand, & où la pofition change la quantité ?

OUDRE. OUE. Longs : *pōudre, mōudre, réfōudre,* &c. *bōue, jōue, il lōue,* &c. Mais fuivis d'une terminaifon mafculine, ils deviennent brefs: *pŏudré, mŏulu, rŏué, lŏué.*

OUILLE. Long dans *rōuille, il dérōuille, j'embrōuille, il débrōuille.* Mais bref, quand la terminaifon devient mafculine : *rŏuiller, brŏuillon.*

OULE. Long dans *mōule, elle eft fōule, il fe fōule, il jōule, la jōule, il rōule, écrōule.*

OURE. OURRE. Le premier eft douteux : *bravŏure, ils cŏurent.* Le fecond eft long : *de la bōurre, il bōurre, il fōurre, qu'il cōurre.* Mais la fyllabe féminine devenant mafculine, alors la précédente eft breve, contre la Regle générale rapportée fous la terminaifon ARRE : *cŏurrier, bŏurrade, rembŏurrré,* &c. Ajoutons le futur de l'Indicatif, & l'imparfait du Subjonctif, *je mŏurrai, je cŏurrai, je mŏurrois, je cŏurrois,* où chacune des deux R, fe fait entendre.

OUSSE. Long dans *je pōuffe,* & bref dans

tout le reste ; auſſi-bien que dans les terminaiſons, qui en ſont formées, comme *toŭſſer*, *coŭſſin*, &c.

Our. Long dans *Aōut*, *cōut*, & *gōut*, & *mōut*.

Our. Long dans *absōute*, *jōute*, *crōute*, *vōute*, *il cōute*, *il brōute*, *je gōute*, *j'ajōute*. Mais le plus ſouvent bref au maſculin : *ajŏuter*, *cŏuter*, &c.

OUTRE. Long dans *pōutre*, & dans *cōutre* : bref par-tout ailleurs.

U

Il ne s'agit ici que de l'*u* voyelle ; car l'*v* conſonne, par lui-même, ne produit aucun ſon, qui puiſſe être l'objet de la Quantité.

UCHE. Dans *băche*, *embăche*, *on débăche*, l'u eſt long. Mais il devient bref dans *bŭcher*, *débŭcher*, &c.

UE, diphtongue, qui ne ſe trouve que dans *ecŭelle*, où elle eſt auſſi breve que peut l'être une vraie diphtongue.

UE, diſſyllabe. Toujours long : *vūe*, *tortūe*, *cohūe*, *je diſtribūe*, &c.

Voyez la Regle générale ſous la terminaiſon ÉE, ci-deſſus.

UGE. Douteux : *délŭge*, *refŭge*, *jŭge*, *ils jŭgent*; & abſolument bref, quand la ſyllabe devient maſculine : *jŭger*, *réfŭgier*, &c.

UI, diphtongue. Bref devant une ſyllabe maſculine : *bŭiſſon*, *cŭiſine*, *rŭiſſeau*, &c.

UIE. Long : *plūie*, *trūie*, *il s'ennūïe*, &c. Voyez la Regle générale ſous la terminaiſon ÉE, ci-deſſus.

ULE. Long dans le verbe, *brūler*.

Um. Un. Voyez fous Ain, la Regle générale des nafales.

Umes. Long dans les premieres perfonnes de l'Aorifte au pluriel : *nous reçûmes, nous ne pûmes,* &c.

Ure. long : *augûre, verdûre, parjûre, on afsûre,* &c. Long à l'Aorifte : *ils fûrent, ils voulûrent.* Mais bref devant le mafculin, *augŭrer, parjŭrer,* &c.

Use. Toujours long : *Mûfe, excûfe, inclûfe, rûfe, je recûfe,* &c. On dit pareillement, *rûfé.* Mais on dit, *excŭfer, refŭfer, recŭfer,* &c.

Usse. Au lieu que la terminaifon Uce, réfervée pour des fubftantifs, eft toujours breve, *pŭce, aumŭce, aftŭce;* celle-ci, à l'exception de quelques noms propres, comme *la Pruffe, les Ruffes,* où elle eft breve auffi, n'a lieu que dans les verbes, où elle éft toujours longue : *Que je pûffe, que je connûffe, qu'ils accourûffent.*

Ut. Bref dans tous les fubftantifs, excepté *fût,* tonneau, & *affût.* Bref dans tous les verbes à l'Indicatif, *il fût, il vécŭt,* &c. Mais long au Subjonctif, *Qu'il fût, qu'il mourût.*

Ute. Utes. Brefs dans tous les fubftantifs, excepté *flûte.* Mais toujours longs dans les verbes : *vous lûtes,* &c.

RÉCAPITULATION.

Pourroit-on encore, après avoir vu tant d'analogies fi marquées, fi palpables, douter que notre Profodie n'ait fes principes, qu'il feroit fou d'attribuer au caprice ? Car le caprice ne connoît rien d'uniforme, rien d'immuable. Mais, pour asseoir là-dessus un jugement plus certain, il est à propos de rassembler ici les Regles éparses dans cette longue liste qu'on vient de parcourir.

1. Page 70. *Toute syllabe, dont la derniere voyelle est suivie d'une consonne finale, qui n'est ni* s, *ni* z, *est breve.*

2. Page 70. *Toute syllabe masculine, qu'elle soit breve ou non au singulier, est toujours longue au pluriel.*

3. Page 70. *Tout singulier masculin, dont la finale est l'une des caractéristiques du pluriel, est long.*

4. Page 72. *Quand un mot finit par* L *mouillée, la syllabe est breve.*

5. Page. 73. *Quand les voyelles nasales sont suivies d'une consonne qui n'est pas la leur propre, c'est-à-dire, qui n'est ni* M, *ni* N, *& qui commence une autre syllabe, elles rendent longue la syllabe où elles se trouvent.*

6. Page 74. *Quand les propres consonnes des voyelles nasales, c'est-à-dire,* M, *ou* N, *se redoublent, cela rend breve la syllabe à laquelle appartient la premiere des consonnes redoublées, qui demeure alors muette, & n'est plus nasale.*

7. Page 75. *Quelle que soit la voyelle*

qui précede deux R *, quand les deux ensemble ne forment qu'un son indivisible,
la syllabe est toujours longue.*

8. Page 76. *Entre deux voyelles, dont
la derniere est muette, les lettres* S, *&* Z,
allongent la syllabe.

9. Page 75, & 76. *Une* R, *ou une* S,
*prononcées, qui suivent une voyelle, &
précèdent une autre consonne, rendent la
syllabe toujours breve.*

10. Page 79. *Tous les mots qui finissent par un* E *muet, immédiatement précédé d'une voyelle; ont leur pénultieme
longue.*

11. Page 80. *Quand une voyelle finit
la syllabe, & qu'elle est suivie d'une autre
voyelle, qui n'est pas l'*E *muet, la syllabe
est breve.*

Je ne réponds pas que ces Regles soient
toutes sans exception. Tant de combinai-
sons auroient demandé plus de lumieres,
&, s'il faut que je m'accuse moi-même,
plus de patience que je n'en ai. Ce n'est
pas que je me reproche d'avoir trop peu
consulté : mais je doute encore souvent.
Je n'ai guère trouvé mes Oracles d'accord entre eux, & j'ai eu de plus à me
défier de mes premieres impressions. Vaugelas, éternellement digne de marcher

à la tête de ceux qui ont le mieux connu, & le mieux fervi notre Langue, n'avoit-il pas toute fa vie confervé (6) l'accent de fa nourrice ? Quelle leçon pour moi perfonnellement ! Combien dois-je avoir de fautes ? Mais j'efpere que d'habiles gens fe feront un devoir de les relever, & qu'enfin, puifque nous avons certainement une Profodie, on parviendra tôt ou tard à la bien connoître.

Pour finir fur ce qui regarde la Quantité, voici ceux de nos *Homonymes*, dont elle fert à diftinguer les différentes fignifications : & de peur qu'on ne s'y méprenne, le latin accompagnera le françois.

(6) Voiture, dans une de fes Lettres à Mademoifelle de Rambouillet, parlant du danger qu'il avoit couru dans un lieu du Piémont, où il y avoit une garnifon Efpagnole : *On m'a, dit-il, interrogé. J'ai dit que j'étois Savoyard ; & pour paffer pour tel, j'ai parlé le plus qu'il m'a été poffible comme M. de Vaugelas. Sur mon mauvais accent, on m'a laiffé paffer.* Voiture, fans doute, vouloit plaifanter, à fon ordinaire ; mais fans doute auffi, ce n'étoit pas fans quelque fondement.

ăcre, acer.	*ăcre*, jugerum.
alēne, fubula.	*halĕine*, fpiritus.
băiller, ofcitare.	*băiller*, dare.
bāt, clitellæ.	il *băt*, verberat.
băteleur, ludio.	*bătelier*, navita.
beāuté, forma.	*bŏtté*, ocreatus.
bēte, pecus.	*bĕte*, beta.
boīte, pyxis.	il *bóite*, claudicat.
bōnd, faltus.	*bŏn*, bonus.
chaīr, caro.	*chĕr*, carus.
chāffe, capfa.	*chăffe*, venatio.
claīr, clarus.	*clĕrc*, clericus.
cŏrps, corpus.	{ *cŏr*, cornu.
	{ *cŏr*, gemurfa.
cōte, cofta.	
cŭte, collis.	*cŏtte*, crocota.
cuīre, coquere.	*cŭir*, corium.
faīte, culmen.	
fēte, feftum.	*făite*, facta.
faīx, onus.	*faït*, factum.
le *foīe*, jecur.	la *foï*, fides.
une *foīs*, femel.	le *fouĕt*, flagrum.
forēt, filva.	*forĕt*, terebra.
je *goūte*, gufto.	une *goŭtte*, gutta.
grāve, gravis.	je *grăve*, fçalpo.
hāle, folis ardor.	*halle*, forum.
hōte, hofpes.	*hŏtte*, fporta.
jeūne, jejunium.	*jeŭne*, juvenis.
lācs, laqueus.	*lăc*, lacus.
lēgs, legatum.	{ *lăid*, deformis.
	{ *laït*, lac.
līs, lilium.	*lĭt*, cubile.
maître, magifter.	*mèttre*, ponere.

māle , mas.	*mălle* , arca.
māſſe , luſoris pignus.	*mǎſſe* , moles.
māt , malus.	*mǎ* , mea.
mātin , canis.	*mǎtin* , mane.
moїs , menſis.	*mŏi* , ego.
mūr , maturus.	*mŭr* , murus.
il naїt , naſcitur. *il n'eſt* , non eſt.	*nĕt* , nitidus.
pāte , farina depſita.	*pătte* , pes.
pāume , palma.	*pŏmme* , malum.
pēcher , piſcari. *pēcher* , perſica.	*pĕcher* , peccare.
pēne , peſſulus.	*pĕine* , pœna.
rōt , caro aſſa.	*rŏt* , ructus.
ſās , cribrum.	*ſǎ* , ſua.
ſcēne , ſcena. *cēne* , cœna.	*ſaїne* , ſana. *la Sĕine* , Sequana.
tāche , conatus.	*tǎche* , macula.
tēte , caput.	*tĕtte* , mamma.
vērs , metrum. *vērs* , verſùs.	*vĕr* , vermis. *vĕrd* ou *vert* , viridis.
vērre , vitrum.	

ARTICLE CINQUIEME.

Utilité de la Proſodie.

Puisque la Proſodie nous enſeigne la juſte meſure des ſyllabes, elle eſt donc utile, elle eſt néceſſaire pour bien parler. Mais ce ſeroit parler très-mal, que d'en obſerver les regles avec une exactitude,

qui

qui laisseroit entrevoir de l'affectation, ou de la contrainte. Tout respire une aimable liberté dans la conversation des honnêtes-gens. Vivacité & douceur, c'est ce qui fait le caractere du François, & il faut que son caractere se retrouve dans son langage. Aussi ceux qui formèrent peu à peu notre Langue, se proposerent-ils évidemment ces deux fins. Pour la rendre vive, ou ils ont abrégé les mots empruntés du Latin, ou, lorsqu'ils n'ont pu diminuer le nombre des syllabes ; du moins ils en ont diminué la valeur, en faisant breves la plupart de celles qui étoient longues. Pour la rendre douce, ils ont multiplié l'*E* muet, qui rend nos élisions coulantes : & comme les articles & les pronoms reviennent souvent, ils en ont banni (7) l'*hiatus*, jugeant une cacophonie pire qu'une irrégularité.

Toutes les syllabes paroissent breves dans la conversation. Cependant, si l'oreille se rend attentive, elle sent que la Prosodie est observée par les personnes qui parlent bien. Les femmes, ordinairement, parlent mieux que les hommes.

(7) *L'épée* pour *la épée. Mon amitié* pour *ma amitié.* Impetratum est à consuetudine, ut peccare suavitatis causâ liceret. *Orat.* 47.

E

Si l'on en croit Cicéron, cela vient de ce qu'étant (8) moins répandues, elles conservent plus fidélement l'accent d'une bonne éducation, & risquent moins de le corrompre par un accent étranger. Cette raison pouvoit être bonne pour les Dames Romaines ; mais il y en a une meilleure pour celles de la Cour & de Paris : c'est qu'elles ont les organes plus délicats que nous, & plus d'habitude à discerner ce qui plaît, ou ne plaît pas.

Plus la prononciation est lente, plus la Prosodie devient sensible. On lit plus lentement qu'on ne parle ; ainsi la Prosodie doit être plus marquée dans la lecture ; & bien plus encore au Barreau, dans la Chaire, sur le Théâtre. Mais les bornes que je me suis prescrites, ne permettent pas que je m'arrête à ce qui distingue la conversation, la lecture, la déclamation ; & je ne considere l'utilité de la Prosodie, que par rapport à la Poésie & à l'Eloquence.

I.

Quand j'ai parlé de nos vers mésurés à la maniere des Grecs & des Latins, j'ai seulement voulu en conclure que notre

(8) *De Orat.* liv. III, chap. 21.

Profodie avoit été fort connue dès le temps de Charles IX. Je n'ai prétendu dire, ni que cette forte de verfification fût poffible en notre Langue, ni en la fuppofant poffible, qu'elle nous convînt.

Premiérement, elle ne me paroît pas poffible. Car, quoique notre Langue nous fournifle des longues & des breves, ce n'eft pas avec le pouvoir de les placer à notre gré. Telle eft la conftruction de nos phrafes, que l'ordre naturel **y** doit être toujours obfervé, en vers comme en profe. On fait marcher le nominatif avant le verbe ; il faut que l'adjectif touche immédiatement le fubftantif, avant ou après ; & lors même qu'en faveur de la netteté, ou de l'énergie, nous faifons de légeres inverfions, elles ont auffi leurs regles, qui nous ôtent la liberté de les glifler où il nous plaît. Un de nos Poëtes n'eft donc pas maître d'arranger fes paroles comme bon lui femble, pour attraper la mefure dont il a befoin : & quand, par hafard, il auroit rencontré la mefure d'un vers Saphique, ou Alcaïque, ce n'eft pas à dire qu'il pût en faire un fecond, ni, à plus forte raifon, une Ode entiere, comme les Poëtes du feizieme fiecle l'avoient entrepris. Parmi plus de mille vers

E ij

mesurés, que j'ai eu la curiosité de lire, je n'en ai pas trouvé un seul de bon, ni même de supportable.

Mais en second lieu, quand même les vers mesurés seroient pour nous quelque chose de possible, & si l'on veut, de facile : où Jodelle & Baïf avoient-ils pris que cette espece d'harmonie nous convînt ? Quand, dis-je, notre Langue nous permettroit de faire des vers mesurés, sur quel fondement a-t-on voulu que les mesures des Grecs (9) fussent aussi les nôtres ? Il est aisé de voir que nos François, il y a cent cinquante ans, n'étoient point encore assez en garde contre les abus de l'érudition, qui ne faisoit proprement que de naître chez eux. L'érudition, sans doute, est nécessaire pour former, & pour assurer le goût : mais le goût, à son tour, est nécessaire pour digérer l'érudition, si j'ose ainsi parler, & pour empêcher que l'esprit ne convertisse en poison ce qui est destiné à être sa plus saine nourriture. On doit également

—————

(9) Vers *coriambique-dimétre-hypercatalectique.* Vers *dactylo-trochaïque-tétrametre-brachycatalectique.* Termes employés par Baïf. Peut-on rien imaginer de plus burlesque dans la bouche d'un François ?

craindre, & l'ignorance, & le pédantifme. Ceux qui négligent de s'inftruire avec l'Antiquité, rifquent d'être bien neufs toute leur vie : & ceux qui ne veulent connoître que l'Antiquité, ne font jamais, ni de leur temps, ni de leur nation.

Voyons donc en quoi, & jufqu'à quel point nous pouvons tourner à nos ufages, les fecours que nos Anciens tiroient de leur Profodie. Il eft clair que fa vertu confifte dans ce qu'ils appelloient le *Rythme,* c'eft-à-dire, *l'affemblage de plu-fieurs temps, qui gardent entre eux certain* ordre, *ou certaines* (1) *proportions.* Or il y a ici deux chofes à diftinguer : la pre-miere, *Que c'eft un affemblage de plu-fieurs temps :* la feconde, *Que ces temps gardent entre eux certaines proportions.* Quant à la premiere, nous fommes tout-à-fait de niveau avec les Anciens, puif-que nous avons, comme eux, nos temps fyllabiques. Quant à la feconde, *Que ces temps gardent entre eux certaines propor-tions,* je demande fi cette contrainte étoit préférable à notre liberté ? Un arrange-ment régulier des temps fyllabiques, mais

(1) C'eft la définition d'Ariftide-Quintilien ; rapportée dans les Mémoires de l'Académie des Belles-Lettres, *Tome V, page 152.*

E iij

perpétuellement le même dans la même
efpèce de Poéfie, valoit-il mieux, &
donnoit-il plus de jeu à l'efprit? Au moins
conviendra-t-on que le Poëte François fe
trouve précifément dans le cas où étoient
les Orateurs, & Grecs & Latins. Ils n'a-
voient point de regles fixes pour la diftribution des longues & des breves dans
leur profe; mais ils ne laiffoient pas de
les diftribuer avec art; & nos Poëtes ont
la même facilité, d'où réfultent les mêmes
avantages.

Arrêtons-nous, cela étant, à l'effet que
le Rythme eft capable de produire. Or,
fon effet propre & unique, c'eft de rendre le difcours, ou plus lent, ou plus vif.
Plus lent, fi l'on multiplie les pieds, où
dominent les longues : plus vif, fi l'on
multiplie les pieds, où dominent les
breves; car les pieds font dans les vers,
ce que font les pas dans la danfe. Il eft vrai
que les Anciens étant maîtres de l'arrangement des mots, pouvoient faire tout de
fuite autant de vers qu'ils vouloient, compofés des mêmes pieds. Mais ce n'eft
pas de quoi il s'agit; & nous ne leur
difputons pas cet avantage, fi c'en eft un.
Peut être, au fond, que ce retour uniforme de la même cadence, quelque

réguliere qu'elle foit, ne fait qu'une forte
de beauté, qui, tout préjugé à part, ne
tient pas moins que la Rime, à l'arbitraire.
Quoi qu'il en foit, l'utilité réelle de leur
Profodie, c'eft de pouvoir donner au difcours, ou de la vivacité, ou de la lenteur, & nous le pouvons auffi-bien qu'eux.
J'irois même jufqu'à dire que nous le pouvons plus aifément; puifque nous ne fommes pas obligés, comme eux, d'affembler
des pieds, & de tels pieds; mais qu'il
nous fuffit de mettre enfemble, ou un peu
plus de breves, ou un peu plus de longues,
fuivant le befoin.

On peut, dit pofitivement le P. Merfenne, *tranfporter dans nos vers rimés
toute la richeffe, la variété, & la beauté
des mouvements, qui font dans les Poëfies
des Grecs, fans qu'il foit néceffaire* (2) *de
pratiquer les vers mefurés.* Un aveu fi formel eft glorieux à notre Langue; car le
P. Merfenne paroît d'ailleurs l'homme du
monde le plus entêté du rythme ancien,
foit dans fon Traité de l'*Harmonie univerfelle*, foit dans fes Commentaires fur
la Genèfe, où il rapporte, avec des élo-
ges infinis, quelques morceaux de la Mufique faite fur les vers mefurés de Baïf.

(2) *Harmonie univ.* Liv. VI, Propof. 17.

Tels vers, dit le Sieur d'Aubigné, *de peu de grâce à les lire & prononcer, en ont beaucoup à être chantés*; *comme j'ai vu en de grands concerts faits par les Mufiques* (3) *du Roi.* Un Auteur que Sauval (4) ne cite point, & qui étoit, dit-il, contemporain de Baïf, nous donne encore une plus grande idée de ces vers mefurés, & des effets admirables qu'ils produifoient, accompagnés du chant. Voffius (5) nous invite à en reprendre la méthode : que s'ils ont échoué autrefois, c'eft parce que de mauvais Poëtes s'en mêloient, mais aujourd'hui nous en aurions de plus habiles.

Je conclus de toutes ces autorités, non pas que nous faffions des vers mefurés, car la chofe eft démontrée impoffible ; mais qu'on pourroit quelquefois rendre nos airs plus conformes qu'ils ne font ordinairement, à la Profodie. On eft content du Muficien, lorfque fon Air exprime le fens des paroles : peut-être qu'en même temps il pourroit répondre à la Profodie ; & ce feroit une nouvelle fource d'agréments. Pourquoi le Muficien

(3) Dans l'Ouvrage cité, page 15.
(4) *Antiquités de Paris*, Tome II, page 493.
(5) *De viribus Rythmi*, page 131.

ne le pourroit-il pas, puifque le Poëte
le peut parfaitement, comme le P. Merfenne l'avoue, & comme je vais le
prouver ?

Qu'on me permette d'effayer fur Defpréaux ce que Scaliger & beaucoup d'autres ont fait fur Homere & fur Virgile.
Prenons, au hafard, les quatre vers, par
où finit le fecond Chant du Lutrin.

> *Du moins ne permets pas ...... La*
> *   Molleffe oppreffée*
> *Dans fa bouche à ce mot fent fa langue*
> *   glacée ;*
> *Et laffe de parler, fuccombant fous*
> *   l'effort,*
> *Soupire, étend les bras, ferme l'œil,*
> *   & s'endort.*

Quel eft ici l'objet du Poëte, d'achever
le portrait de la Molleffe. Et comment
la peindroit-il mieux, qu'en la fuppofant
hors d'état de finir fa phrafe ? Des cinq
derniers mots qu'elle articule, il y en a
quatre de monofyllabes. *Du moins ne*
permets *pas*, & fi peu de chofe fuffit pour
épuifer ce qui lui refte de forces. Ajoutons
que ces deux finales, *mets*, *pas*, marquent
bien fa laffitude.

Oppreffée, eft moins un mot qu'une
E v

image. Deux syllabes traînantes, & la derniere qui n'est composée que de l'*E* muet, ne font-elles pas sentir de plus en plus le poids qui l'accable.

Tant de monosyllabes dans le vers suivant, continuent à me peindre l'état de la Mollesse, & je vois effectivement *sa langue glacée*, je le vois par l'embarras que cause la rencontre de ces monosyllabes, *sa*, *ce*, *sent*, *sa*, qui augmente encore par *langue glacée*, où *gue*, *gla* me font presque à moi même l'effet qu'on dépeint.

Je cours au dernier vers. Commençons par en marquer la quantité.

Soŭpīre, ĕtēnd lĕs brās ; fĕrmĕ l'œïl, & s'ēndōrt.

Assurément, si des syllabes peuvent figurer un soupir, c'est une longue précédée d'une breve, & suivie d'une muette, *soŭpire*. Dans l'action d'étendre les bras, le commencement est prompt, mais le progrès demande une lenteur continuée, *étend les bras*. Voici qu'enfin la Mollesse parvient où elle vouloit, *ferme l'œil*. Avec quelle vîtesse ? Trois breves. Et de là, par un monosyllabe bref, suivi de deux longues, *& s'endort*, elle se précipite dans un profond assoupissement.

On peut lire fur ce fujet un excellent Difcours (6) de M. Racine le fils, où il cite ces deux autres vers de Defpréaux :

N'attendoit pas qu'un bœuf, preffé de
*   l'aiguillon,*
Traçât à pas tardifs un pénible fillon.

» On eft contraint, dit-il, de les pronon-
» cer avec peine & lenteur ; au lieu qu'on
» eft emporté malgré foi dans une pronon-
» ciation douce & rapide par celui-ci :

Le moment où je parle eft déja loin de moi.

Je ne prétends point que Defpréaux ait eu de pareilles attentions. Je n'en foupçonne pas plus Homere ni Virgile, quoique leurs Interpretes foient en poffeffion de le dire. Mais ce que je croirois volontiers, c'eft que la Nature, quand elle a formé un grand Poëte, un grand Orateur, le dirige par des refforts cachés, qui le rendent docile à un art, dont luimême il ne fe doute pas, comme elle apprend au petit enfant d'un Pâtre fur quel ton il doit prier, appeler, careffer, fe plaindre.

Pardonnons à un grave Philofophe de

____

(6) Parmi les Mémoires de l'Académie des Belles-Lettres, *Tome XV*, *page 223.*

méprifer, & même d'ignorer les avantages de la Profodie : mais un Poëte, mais un Muficien peut il en avoir une connoiffance trop étendue ?

Quoique notre Poéfie, dit M. Burette aux Muficiens, *ne fe mefure point fuivant les longues & les breves, cela n'empêche pas que le chant ne doive faire fentir exactement par la durée des fons, la quantité de chaque fyllabe, & c'eft ignorance ou négligence au Muficien* (7) *d'en violer les regles.*

Que les Comédiens, fur-tout, n'oublient pas le reproche que leur fait M. de Voltaire, à la tête de fa derniere Tragédie. *La miférable habitude*, dit-il, *de débiter des vers comme de la profe, de méconnoître le rythme & l'harmonie, a prefque anéanti l'art de la déclamation.*

Pour les Poëtes, ne favent-ils pas que la Rime ne les difpenfe jamais d'obferver les loix de la Profodie ? Une breve, à la rigueur, ne doit rimer qu'avec une breve, ni une longue qu'avec une longue. Toute la licence qu'on peut prendre, ne regarde que les fyllabes douteufes. Je n'entrerai point ici dans un détail,

(7) Voyez les Mémoires de l'Académie des Belles-Lettres, *Tome V, page* 164.

qui déplairoit à nos Poëtes. Mais enfin, s'ils trouvent qu'on les gêne trop, je les conjure de faire attention à leurs propres intérêts, qui leur défendent févérement de fe relâcher fur la rime. Car ne croyons point que ce foit, comme quelques-uns l'ont dit, une invention de nos fiécles barbares, puifqu'elle fe trouve ufitée parmi les plus anciens (8) peuples de l'Afie, de l'Afrique, & de l'Amérique même. Tout le mal qu'on dit d'elle, n'eft vrai, qu'entre les mains d'un homme fans génie, ou qui plaint fa peine. Elle a enfanté mille & mille beaux vers. Souvent elle eft au Poëte, comme un génie étranger, qui vient au fecours du fien. Je comprends qu'elle fe fait quelquefois acheter : mais ceux qui joignent un grand courage à un grand talent, ces hommes rares que la Renommée divinife, quelquefois même pendant leur vie, doivent être charmés que leur art foit entouré

(8) *Confuetudinem hanc fervant, non Arabes tantùm, & Perfæ, & Afri, fed & Tartari, & Sinenfes, & complures quoque Americanæ gentes, ut dubitari vix poffit, quin ipfa natura unà cum cantu hanc poëfeos rationem mortalibus tradiderit.* Ifaac Voffius, de Poëmatum cantu & viribus Rythmi, pag. 25.

de grandes difficultés, qui le rendent inacceſſible aux eſprits médiocres, & qui maintiennent la Poéſie dans la poſſeſſion où elle eſt depuis l'origine des Arts, d'être le langage des Dieux.

Je finis par quelques obſervations, qui concernent l'Orateur.

I I.

Avant que de rechercher en quoi la Proſodie eſt utile à l'Orateur, pour qu'il donne de l'harmonie au diſcours, c'eſt une néceſſité de faire voir, mais en peu de mots, que cette harmonie eſt quelque choſe de réel.

Perſonne, je crois, ne peut nier que les trente plus méchans vers de Chapelain, & les trente meilleurs vers de Racine ou de Deſpréaux, ne faſſent à l'oreille un effet bien différent. On juge ceux-ci plus harmonieux que ceux-là. Or eſt-il, que tout jugement, qui ſe fait par comparaiſon, ſuppoſe qu'on a de quoi former un jugement abſolu. Par conſé-quent il porte ſur des principes, leſquels nous fuſſent-ils entiérement inconnus, ou même impénétrables, n'en feroient pas moins certains, & n'en prouveroient pas moins la réalité (9) de l'harmonie dans le discours.

Mais bien loin que ce soit un myftere difficile à pénétrer, Ariftote & Cicéron en ont parlé très-clairement. Tous les deux adoptent les mêmes principes; & s'ils n'en font pas toujours la même application, c'est que leurs langues ne font pas les mêmes. Voyons, à leur exemple, ce que la nôtre demande, ce qu'elle défend. Je m'attacherai à Cicéron, qui eft ici (1) plus étendu, plus méthodique même qu'Ariftote. On apprend de lui, premiérement, à qui font dues les plus anciennes obfervations, que l'on ait faites fur l'harmonie de la profe : en fecond lieu, fur quel fondement, & à quelle occafion elles fe firent : troifiémement, en quoi cette harmonie confifte : & enfin comment on doit en ufer. Voici donc, fur ces quatre points, le précis de fa doctrine, mais dépouillé de ce

(9) *Effe igitur in oratione numerum quemdam, non eft difficile cognofcere ; judicat enim fenfus. In quo iniquum eft, quod accidit, non agnofcere, fi, cur id accidat, reperire nequeamus.* Orat. cap. LV.

(1) Voyez le dernier livre *de Oratore*, depuis le chap. XLIX, & l'*Orator*, depuis le chap. LII jufqu'à la fin.

qui n'a rapport qu'au Latin, & accompagné de ce qui regarde le François.

Premiérement, il est certain que le nombre oratoire n'a été trouvé, ou du moins réduit en art, que long-temps après la mesure du vers. Cicéron en reconnoît Isocrate pour le principal Auteur. Isocrate n'a vécu que plus de six cents ans après Homère. Pour ce qui est des Romains, il paroît que Cicéron, à cet égard, fut leur Isocrate. Quoi qu'il en soit, les Romains n'ont jamais su que ce qu'ils apprirent des Grecs. Aujourd'hui encore, quoique tous les siecles & tous les peuples nous soient connus, il faut convenir qu'en ce qui concerne les beaux Arts, les Grecs du bon siecle, qui fut celui de Philippe & d'Alexandre, sont toujours eux seuls, ou du moins préférablement à tous autres, les précepteurs du genre humain. Puisqu'une nation, si attentive d'ailleurs aux grâces du langage, tarda si long-temps à trouver le nombre oratoire; c'est une consolation pour nous, qui ne connoissons ce genre d'harmonie, que depuis Malherbe dans les vers, & depuis Balzac dans la prose. Je parle de Malherbe, parce qu'en effet le *nombre* dont il s'agit ici, n'est nullement la *mesure* du vers : & au reste je dis indifféremment, *nombre*, *harmonie*, *cadence*, pour exprimer la même idée, qui dans un moment se débrouillera tout-à-fait.

Mais, en second lieu, comment le nombre oratoire fut-il observé, & sur quel fondement ? Rien de plus simple, dit Cicéron, & je m'étonne, ajoute-t-il, que cette découverte ait été faite si tard, puisqu'il suffisoit pour cela de remarquer une chose toute naturelle, Qu'une phrase bien cadencée, comme le hasard en produit souvent, est plus agréable qu'une autre, dont le tour n'aura rien d'harmonieux. Telle est en effet la justesse de l'oreille, ou plutôt de l'esprit, à qui l'oreille fait son rapport, qu'ayant la mesure des mots en nous-mêmes, d'abord nous sentons s'il y a dans la phrase du trop ou du trop peu ; quelque chose d'excédent, ou de tronqué. Voilà par où l'on parvint (2) à déterminer la mesure du vers : ce ne fut point par des démonstrations mathématiques, ni par de grands efforts de raisonnement ; l'oreille jugea : & de même qu'elle avoit elle seule trouvé la juste mesure du vers, elle fit aussi, quoique

_____

(2) *Neque enim ipse versus ratione est cognitus, sed naturâ atque sensu.* Orat. cap. LV.

long-temps après., obſerver le nombre oratoire, par la comparaiſon d'une phraſe bien tournée, bien cadencée, avec une phraſe ſans cadence & ſans tour.

Qu'eſt-ce donc préciſément que cette cadence ? Troiſiéme point à examiner dans l'ordre de Cicéron, & ſur lequel ni lui ni Ariſtote n'ont jugé à propos de rien dire de formel, parce qu'une définition ſeche eſt ſouvent plus capable d'embrouiller que d'éclaircir les idées, qui tiennent immédiatement au goût, & au ſentiment. Quelque danger qu'il y ait à vouloir faire ce que ces grands Maîtres n'ont point voulu, il me ſemble pourtant qu'on peut, en rapprochant leurs principes, définir le nombre oratoire, *Une ſorte de modulation, qui réſulte, non-ſeulement de la valeur ſyllabique, mais encore de la qualité, & de l'arrangement des mots.* Peſons tous ces termes.

Je dis, *une ſorte de modulation*, parce que c'eſt une ſuite de pluſieurs tons inégaux, qui n'ont pas été diſtribués arbitrairement, mais où il doit ſe trouver de certaines proportions, ſans leſquelles ce ne ſeroient que des ſons indépendans les uns des autres, & dont l'aſſemblage confus ne formeroit rien de flatteur pour l'oreille.

Je donne pour premiere caufe de cette modulation, *la valeur-fyllabique* des mots, dont une phrafe eft compofée : c'eft-à-dire, leurs longues & leurs breves, non point affemblées fortuitement, mais afforties de maniere qu'elles précipitent, ou ralentiffent la prononciation, au gré de l'oreille.

J'ajoute qu'il faut avoir égard à la *qualité* des mots. Et par-là je n'entends point ce qui en caractérife la nobleffe, la baffeffe, l'énergie, la foibleffe : c'eft l'affaire de la Rhétorique. Quant à la Profodie, elle ne les confidere que matériellement, & comme des fons, ou éclatants, ou fourds ; ou lents ou rapides ; ou rudes, ou doux. Or nous ne créons pas les mots : c'eft une néceffité de les employer tels qu'ils font : & il y auroit une délicateffe outrée, il y auroit même de la bifarrerie à vouloir en rejeter quelques-uns ; fous prétexte que notre oreille ne s'en accommode pas. Un des plus importants fecrets de la Profodie, c'eft de tempérer les fons l'un par l'autre. Il n'y a point de fi rude fyllabe, qui ne puiffe être adoucie ; il n'y en a point de fi foible, qui ne puiffe être fortifiée ; tout cela dépend des fyllabes qui précèdent, ou qui fuivent celle dont l'oreille fe plaint.

J'ai donné (3) pour derniere caufe de l'harmonie, *l'arrangement* des mots. Car, quoique notre langue aime un arrangement fimple, naturel, & régulier, cela n'exclut que les inverfions, qui font violentes : & fouvent on eft obligé de tranfpofer, ou des mots, ou même des membres de phrafes, non-feulement pour être plus clair, ou plus énergique, mais encore pour attraper un tour harmonieux. Je ne finirois point, fi j'en voulois rapporter des exemples. Qu'on prenne au hafard quelque période un peu fonore, ou dans Fléchier, ou dans Boffuet : que l'on en conferve toutes les paroles, mais quon les dérange feulement : le fens demeurera le même, & l'harmonie difparoîtra.

Une phrafe bien cadencée eft donc un tiffu de fyllabes bien choifies, & mifes dans un tel ordre, que les organes, foit de celui qui parle, foit de celui qui écoute, foient agréablement flattés par une forte de modulation, qui fait que le difcours n'a rien de dur, ni de

____

(3) *Non numero folùm numerofa oratio, fed & compofitione fit.* Orat. LXV.

lâche ; rien de trop long, ni de trop court ;
rien de pefant ni de fautillant.

Quatrieme & dernier point à éclaircir,
l'ufage que l'on doit faire du nombre oratoire : c'eft-à-dire, quelle eft fa véritable
place ; s'il doit être varié, & comment ;
en quoi il s'éloigne du nom poétique,
& jufqu'où il peut en approcher.

Que la véritable place du nombre oratoire, ce foit le commencement & la
fin d'une période, j'avoue que Cicéron
en fait une loi : d'autant plus fenfée,
qu'en effet l'attention de l'auditeur eft
plus vive au commencement de la phrafe ;
& que l'oreille, fi d'abord on ne la contente pas, veut bien fufpendre un peu
fon jugement, dans l'efpérance qu'on ne
finira point fans la contenter. Mais en
notre langue ce n'eft pas tout-à-fait la
même chofe. On ne fauroit exiger de
nous, que nous gardions pour la fin de
la phrafe les termes les plus fonores ; car
nous fommes forcés de fuivre l'ordre
naturel ; & comme l'oreille du François
ne s'attend point qu'on la dédommage à
la fin de la période, auffi ne permet-elle
pas d'en négliger le milieu.

Toutes nos phrafes, d'un bout à l'autre, doivent donc être nombreufes. Mais

la cadence doit perpétuellement varier : car, d'être uniforme dans fon harmonie, ou de n'en avoir point, ce font deux extrémités aufli vicieufes l'une que l'autre. Tantôt la période fera de deux membres, tantôt de trois, tantôt de quatre. Quelquefois elle ira même plus loin : car il faut de toute néceflité, que la marche du difcours fe proportionne à celle de l'efprit, qui peut de temps en temps avoir befoin d'un plus grand efpace pour fe déployer. Quelquefois aufli, & plus fouvent encore, il lui arrive de fe renfermer dans l'efpace le plus court. Un mot lui fuffit. Un mot fera toute la phrafe.

On voudroit inférer de là, que tout eft donc arbitraire dans le ftyle : puifque, fuivant les Maîtres de l'Art, il nous eft permis de faire de nos phrafes, & aufli longues, & aufli courtes qu'il nous plaît : puifque nous pouvons y faire entrer toute forte de mots, & les plus rudes aufli-bien que les plus coulants : puifqu'enfin la diftribution des longues & des breves n'a rien, ni de borné quant au nombre, ni de fixe quant au lieu.

Je conviens des principes. Ariftote & Cicéron les reçoivent, les établiflent. Je nie feulement les conféquences, qu'on en veut tirer. Rien n'eſt déterminé, ni preſcrit ; cela eſt vrai. Tout eſt donc arbitraire ; cela eſt faux. Ici nos Métaphyſiciens auroient beau ſe récrier : ils ont affaire à un Juge qui en ſait plus qu'eux, & qui même (4) pouſſe l'orgueil encore plus loin qu'eux. Quel eſt-il ? l'oreille. Juge, en effet, le plus orgueilleux qu'on puiſſe imaginer : car il prend ſon parti dans l'inſtant, & ſans daigner, ni écouter aucune remontrance, ni rendre aucune raiſon de ſes arrêts.

Pour obéir à l'oreille, jamais ne négligeons le nombre, mais varions-le ſouvent. Elle demande qu'on ſoit attentif à lui plaire, ſans que cette attention ſe faſſe remarquer. Une ſuite de périodes, toutes de la même étendue, dont les membres ſeroient également partagés, & qui produiroient un nombre uniforme, ne manqueroit pas de fatiguer, & décéleroit un art odieux. Il faut couper nos phraſes à propos. Mais il y a une maniere de les couper, qui, bien loin d'interrompre l'harmonie, ſert à la continuer, & la rend plus agréable. Car ne confondons pas le ſtyle qui n'eſt pas périodique, avec

(4) *Aures, quarum eſt judicium ſuperbiſſimum.* Orat. cap. XLIV.

le ſtyle qui n'eſt point lié. On peut n'être pas toujours périodique ; il y a même plus de grâce à ne l'être pas toujours : mais on doit toujours lier ſes phraſes, de maniere qu'elles ſoient enchaînées l'une avec l'autre. Je porte envie aux Grecs, dont la langue étoit ſi abondante en conjonctions : au lieu que la nôtre n'en conſerve que très-peu ; encore voudroit-on nous en priver. Rien de plus contraire à l'harmonie, que des repos trop fréquents, & qui ne gardent nulle proportion entre eux. Aujourd'hui pourtant c'eſt le ſtyle qu'on voudroit mettre à la mode. On aime un tiſſu de petites phraſes iſolées, découſues, hachées, déchiquetées. Il ſemble que la valeur d'une ligne ſoit une immenſe carrière, qui ſuffiſe pour épuiſer les forces de l'Auteur ; & qu'enſuite, tout hors d'haleine, il ait beſoin de faire une pauſe, qui le mette en état de recommencer à penſer. Ordinairement ces ſortes de gens ont des idées auſſi bornées, & auſſi peu liées, que leurs phraſes. Vraies copies de cet Hégéſias, dont Cicéron (5) dit, que

_____

(5) *Quam* (numeroſam comprehenſionem) *perverſe fugiens Hegeſias* .... *ſaltat, incidens particulas : & is quidem non minùs ſententiis peccat, quàm verbis : ut non quærat quem appel-*

ſi quelqu'un cherche un *ſot* écrivain, il n'a qu'à prendre celui-là.

Par tout ce qu'on vient de lire, il eſt aiſé de voir en quoi les loix de l'harmonie ſont les mêmes pour le Poëte, & pour l'Orateur; en quoi elles ſont différentes. L'un doit comme l'autre, donner à ſon diſcours cette ſorte de modulation, *qui réſulte, non ſeulement de la valeur ſyllabique, mais encore de la qualité, & de l'arrangement des mots.* L'un doit comme l'autre, varier toujours ſon harmonie, & de maniere que jamais elle ne ſoit interrompue. Juſque-là l'Orateur & le Poëte François marchent de compagnie. Mais deux choſes aiſées à remarquer, la Meſure & la rime, diſtinguent eſſentiellement le Poëte, & lui font une eſpèce particuliere d'harmonie, qui n'a plus rien de commun avec celle de l'Orateur. Auſſi eſt-il permis au Poëte, il lui eſt même ordonné de faire bien ſentir ſon harmonie : tandis que l'Orateur, s'il eſt ſage, fuira les cadences poétiques, autant qu'il recherchera celles qui lui ſont propres. De là vient qu'en faveur de ces ſons mélodieux, que le Poëte ſeul a droit de nous

let ineptum, qui illum cognoverit. Orat. cap. LXVII.

F

faire entendre, non seulement nous lui pardonnons des inversions plus fortes & plus fréquentes; mais pour le rendre inexcusable, s'il manque à nous flatter l'oreille, nous lui accordons, & plus de liberté dans le choix des mots, & moins de contrainte dans la structure de ses phrases, & plus de hardiesse dans ses tours.

Poëtes, & Orateurs, écoutez comment vous parle Denys d'Halicarnasse à la fin d'un (6) ample Traité, où il démêle admirablement, & pour sa Langue, ce que je n'ai fait qu'entrevoir pour la nôtre.

» On auroit tort, dit-il, de trouver » mauvais qu'un aussi grand homme que » Démosthène, dont le mérite a obscurci » la gloire de tous ceux qui s'étoient mon- » trés avant lui dans la carriere de l'Elo- » quence, voulant composer des écrits » immortels, & ayant le courage de se » livrer à l'examen (7) de l'*Envie* & du » *Temps*, Juges fomidables, il ait ap- » porté une attention si scrupuleuse, non

(6) *De l'arrangement des mots*, chap. 25.

(7) De ces deux Juges, l'un est à mépriser pour un honnête homme. Mais plus un Auteur sera honnête homme, plus il fera d'efforts pour se concilier l'autre. *Servi igitur iis etiam Judicibus, qui multis post seculis de te judicabunt.* Cic. pro Marcello, cap. 9.

» feulement à la folidité & à l'ordre des
» penfées, mais encore au choix & à
» l'arrangement des mots. On ne trou-
» vera rien là d'étonnant, fi l'on confi-
» dere que les Auteurs de fon temps fe
» piquoient, non pas fimplement d'écrire,
» mais de buriner, & de fculpter leurs
» ouvrages. Ifocrate employa dix années,
» au moins à compofer fon (8) Panégy-
» rique. Platon, à l'âge de quatre-vingts
» ans, retouchoit encore fes Dialogues,
» & fans ceffe travailloit à y mettre de
» l'élégance. Quoi, ne loue-t-on pas un
» Peintre, un Graveur, de retoucher
» leurs ouvrages avec la derniere exacti-
» tude? Un Orateur doit, à bien plus
» forte raifon, fe donner les mêmes foins.
» Outre que ces foins ne font, ni péni-
» bles, ni ingrats, du moment que l'ex-
» périence les rend familiers : & fur-tout
» lorfqu'à l'exemple de Démofthène, une
» jeuneffe ftudieufe aura bien fait tout
» ce qu'il faut pour fe former le goût &
» l'oreille.

(8) *Le Panégyrique d'Ifocrate* n'eft pas l'éloge
de cet Orateur : mais le titre d'un de fes plus
fameux Difcours : & c'eft un terme confacré
en notre langue, comme l'a rémarqué M. Defpréaux fur le chap. III. de Longin.

Ainſi parle ce Docte Rhéteur, dont les ſages réflexions pourroient n'être pas inutiles dans le ſiecle où nous ſommes, bien différent de ce ſiecle où l'on ne ſouffroit que des ouvrages *ſculptés & burinés.* On veut trop écrire aujourd'hui, on ne veut prendre ni le temps, ni les ſoins néceſſaires pour produire du bon; & parce qu'on lit peu les originaux, peu de gens ont l'idée du parfait. Au moins ne devroit-on pas négliger ce qui réſulte plutôt de l'art, que du génie. On n'eſt pas maître de ſe donner des talents, on eſt maître de ſe donner des connoiſſances, qui toutes ſeules, à la vérité, ne feront pas un bon Ecrivain, mais ſans leſquelles auſſi on ne ſauroit bien écrire. Telle eſt la ſcience de la Proſodie : la plus facile & la moindre des ſciences pour qui veut l'acquérir, mais auſſi une de celles dont l'ignorance peut le plus nuire. Quatre ou cinq de nos Poëtes nous ont fait ſentir parfaitement, que notre langue ſe prêtoit à l'harmonie : quelques morceaux choiſis de nos Orateurs ne laiſſent pas lieu d'en douter : pourquoi donc ne pas étudier les moyens de perfectionner un Art, dont nous connoiſſons le prix, & dont nous voyons que les progrès ont été déja ſi heureux ?

ESSAIS

DE

GRAMMAIRE.

ON veut que j'écrive sur nos quatre espèces de mots déclinables, qui sont les *Noms*, l'*Article*, les *Pronoms*, & les *Participes*.

Un nouvel ouvrage sur ces sortes de matieres, s'il ne contenoit rien de neuf dans le fond, ni dans la forme, seroit inutile. Plus inutile encore, si j'en allois exclure le nécessaire, sous prétexte qu'il a été dit mille & mille fois. Je dois donc me proposer d'y faire entrer tout ce qui m'aura paru digne d'attention ; mais en moins de mots, &, si je puis, avec plus d'ordre qu'on ne l'eût trouvé ailleurs.

F iij

CHAPITRE PREMIER.

Des Noms.

TROIS points à difcuter. I. Ce que c'eſt que *Nom*. II. Les différentes efpèces de *Noms*. III. Quelle place les *Noms* occupent dans le difcours.

I.

Un *Nom* eſt le mot qui fert à défigner, ou à qualifier une perfonne, une chofe, dans la langue qu'on eſt convenu de parler. Mais il s'agit d'une définition grammaticale. Pour·me borner donc à notre Langue, le nom eſt un mot *fufceptible de nombre & de genre; qui, s'il eſt fubſtantif, peut régir, ou être régi; & s'il eſt adjectif, doit toujours être régi par le fubſtantif.*

1. On appelle *Nombre*, ce qui diſtingue un Nom qui exprime unité, *le Roi*, d'avec lui-même exprimant pluralité, *les Rois*. Il y a donc deux nombres, le *fingulier*, & le *pluriel* : celui ci ne différant de l'autre que par une efpèce d'augment, qui confiſte dans une lettre (1) caracté-

(1) Ou la lettre *s*, comme dans *noms*, pluriel de *nom*. Ou *x*, comme dans *loix*, pluriel de

riſtique. Quelques noms, mais en très-petite quantité, manquent les uns de ſingulier, & les autres de pluriel.

2. On appelle *Genre*, ce qui diſtingue un nom d'avec un autre, conformément à la différence que la Nature a miſe entre les deux ſexes. Ainſi, ſelon cette idée, nous avons deux genres en Grammaire : le *maſculin*, comme quand nous diſons, *le ſoleil*; & le *féminin*, comme quand nous diſons *la Lune*. Tout nom, quel qu'il ſoit, eſt dē l'un des deux : car nous ne connoiſſons point le *neutre*, dont le Grec & le Latin font un troiſieme genre.

3. On appelle *Subſtantif*, le nom qui par lui même, & ſans avoir beſoin d'être accompagné d'un autre mot, ſignifie quelque être, ou réel, comme *le Soleil*, *la Terre*; ou réaliſé en quelque ſorte par l'idée que nous nous en faiſons, comme *l'abondance*, *la blancheur*, *le grand*, *le médiocre*.

4. On appelle *Adjeſtif*, le nom qui s'ajoute au ſubſtantif pour le qualifier, c'eſt-à-dire, pour marquer ce qu'il a de

loi. Ou z, comme dans *bontez*, que d'autres depuis quelque temps écrivent *bontés*, pluriel de bonté.

F iv

propre, ou d'accidentel. Ainsi le subflantif nomme une chose, & l'adjectif la qualifie. *Une fleur* jaune, *un* aimable *Prince*, on voit que *jaune* & *aimable* font des adjectifs.

5. *Régir*, c'est obliger un mot à occuper telle ou telle place dans le discours : & si ce mot est (2) *déclinable*, c'est-à-dire, susceptible de plusieurs terminaisons, lui imposer la loi d'en prendre l'une, & non l'autre, dans l'endroit où il est placé.

Que si quelques-unes de ces notions paroissent un peu obscures, j'y reviendrai ; & avant la fin de ce premier Chapitre, elles feront éclaircies.

I I.

Voilà d'abord les deux principales espèces de Noms, *Subflantifs* & *Adjectifs* : mais elles se divisent chacune en plusieurs autres.

On divise les Subflantifs en noms

(2) Un mot est *déclinable*, lorsqu'il peut & doit varier sa terminaison. C'est ce qui n'arrive en notre Langue, que lorsqu'un Nom passe du singulier au pluriel, ou du masculin au féminin. Gardons-nous donc bien de croire que la valeur de ce terme, *Déclinaison*, soit en François la même qu'en Latin, ou en Grec.

propres, & noms *communs*, autrement dits *appellatifs*. Noms propres, *Alexandre*, *Céfar*, *Louis*, tous ceux qui fignifient quelque individu. Noms communs, *homme*, *oifeau*, *arbre*, tous ceux qui conviennent généralement à chaque individu de la même efpèce.

On met dans la claffe des noms communs les termes *abftraits*, les *collectifs*, les *primitifs*, les *dérivés*, &c. Termes abftraits, *vérité*, *blancheur*, tous ceux qui défignent une qualité confidérée toute feule, & détachée de fon fujet. Termes collectifs, *royaume*, *forêt*, *armée*, tous ceux qui, n'étant qu'au fingulier, défignent plufieurs perfonnes, plufieurs chofes de même efpèce. Termes primitifs, *foldat*, *arbre*, *cheval*, par rapport à *foldatefque*, *arbufte*, *chevalerie*, qui en dérivent.

J'avoue que ces différences peuvent intéreffer la Logique & la Métaphyfique ; car la jufteffe du raifonnement pourroit quelquefois en dépendre. Mais tous nos Subftantifs, à quelque genre, à quelque efpèce qu'ils appartiennent, font regardés (3) du même œuil par la Gram-

(3) *La Grammaire ne confidere dans les mots, que les popriétés qui la regardent*, dit l'Abbé Regnier dans fa Gramm. pag. 191.

F w

maire, qui n'y voit que des mafculins,
ou des féminins, des finguliers, ou des
pluriels.

Paffons à l'Adjectif, qui ne peut jamais
être mis tout feul, & fans porter fur un
Subftantif, parce qu'il n'offriroit, lui feul,
qu'une idée vague & confufe : n'y ayant
rien, faute d'un Subftantif, à quoi l'efprit
pût attacher cette idée.

On retrouve dans l'adjectif ces mêmes différences que nous avons vues dans
le Subftantif, comme d'être commun,
abftrait, collectif, diftributif, &c. Je ne
mets pas dans une claffe à part les Adjectifs *verbaux*, puifqu'ils ne different des
autres par nul endroit. J'avertis feulement,
qu'il ne faut pas les confondre avec les
Participes actifs, puifque ceux-ci (4) font
indéclinables.

(4) Voyez dans les *Opufcules fur la langue*, page 341, la décifion de l'Académie, du
3 Juin 1679, confirmée vingt-cinq ans après,
dans fes Obfervations fur Vaugelas, où il eft
dit : *Il n'y a que les participes paffifs, comme*
aimé, aimée, *qui aient un fingulier, & un*
pluriel. Les participes actifs, comme aimant, font
indéclinables. Que fi on oppofe qu'on dit fort bien
des femmes jouiffantes de leurs droits, des
maifons appartenantes à un tel, *on répond que*
ces mots, jouiffants, & appartenants, *font des*

Rien ne diſtingue plus eſſentiellement l'Adjectif, que la propriété qu'il a d'être ſuſceptible de plus ou de moins. Un homme eſt un homme, une fleur eſt une fleur; mais un tel homme *eſt plus ſavant* qu'un autre; une telle fleur eſt *plus belle* qu'une autre. Pluſieurs langues donnent à l'Adjectif certaines inflexions, qui le rendent *comparatif*, ou *ſuperlatif* : mais dans la nôtre nous n'avons de vrais comparatifs que *meilleur*, *pire* & *moindre* : ſi cependant on ne les regarde pas comme de ſimples adjectifs, qui ont, ainſi que tous autres, leur ſignification particuliere. Pour les ſuperlatifs, nous n'en avons que dans quelques titres d'honneur, *Illuſtriſſime*, *Eminentiſſime*, *Séréniſſime*, que nous devons à la politeſſe de l'Italie. Hors de là, tous nos degrés de comparaiſon ſe

adjectifs verbaux, & *non pas des participes actifs*.

Pour les diſtinguer, il ſuffit de ſavoir qu^e l'adjectif va très-bien avec le Verbe *être*; mais le Participe, nullement. On dit très-bien, *je ſuis prévenant, vous êtes raviſſant, il eſt ſéduiſant.* On ne dira pas, *je ſuis liſant, vous êtes ſoupant, il eſt dormant.*

Ailleurs nous verrons ſi le nom de *Gérondif* ne conviendroit pas mieux à ce qu'on appelle Participe actif.

F vj

marquent (5) avec des particules, qui précèdent les adjectifs, & qui font *plus*, *mieux*, ou *moins* pour le comparatif; *très*, ou *fort* pour le fuperlatif.

Mais en quelle claffe mettrons-nous les *Noms de nombre* ? Tantôt ils font adjectifs; tantôt fubftantifs : comme tantôt ils fervent à compter, tantôt ils peuvent être comptés eux-mêmes. Quand ils fervent à compter, ce font de purs adjectifs, & ils précèdent leurs fubftantifs : *une piftole*, *quatre écus*, *dix louis*. Quand ils peuvent être comptés, ce font de vrais fubftantifs, précédés eux-mêmes par un autre nom de nombre, ou par un article : *un trois & un quatre de fuite en chiffre Arabe, font trente - quatre. Vous avez le fix de cœur, le fept de pique*, &c.

Par rapport au genre, il n'y a dans la claffe des noms de nombre qu'*un*, dont la terminaifon varie, felon qu'elle doit être mafculine, ou fémine : *un tableau*, *une bouteille*. Par rapport au *nombre*, il n'y a que *vingt*, & *cent*, qui, lorfqu'ils font au pluriel, en reçoivent la lettre

(5) Dans le Chapitre fuivant on verra quand l'additon de l'Article fait du comparatif un fuperlatif. Voyez auffi la Remarque fur Racine, *Rêm.* LII.

caractériftique : *quatre-vingts ans , deux cents hommes.* A cela près, tous les autres noms de nombre font indéclinables, dans quelque fens qu'on les emploie , fubftantifs , ou adjectifs. *Trois , quatre , dix mille.*

I I I.

Voyons maintenant quelle place chaque Nom doit occuper dans le difcours : & là-deffus confultons la Logique , qui feule doit nous apprendre ce que c'eft que parler.

Parler, c'eft rendre ma penfée par des fons diftincts & articulés, qu'on appelle des mots. Une penfée ainfi rendue eft ce que la Logique appelle une *propofition*. Or nulle propofition ne fera intelligible , fans qu'on y emploie (6) l'équivalent de trois mots pour le moins. Un mot, qui fignifie la perfonne ou l'objet dont je veux parler : & c'eft ce que les Logiciens nomment le *fujet* de la propofition. Un mot, qui fignifie ce que je penfe de cet objet : & c'eft ce qu'ils nomment l'*attribut* de la propofition. Un mot

(6) Deux mots, *je lis ,* font une propofition complète : mais la Logique enfeigne que ces deux mots en valent trois.

enfin, qui lie ces deux idées, en affir-
mant que ce qui eſt *l'attribut*, appartient
à ce qui eſt le ſujet : & c'eſt ce que fait
le Verbe, dont il ſera parlé ailleurs.

Par exemple, *Cicéron eſt éloquent.*
Voilà trois mots, dont le premier déſigne l'objet de ma penſée, & dont le
dernier exprime la qualité, que j'attribue
à l'objet de ma penſée. Quant au premier,
c'eſt, en termes de Logique, le *ſujet* de
ma propoſition ; & en termes de Grammaire, *le nominatif* (7) du Verbe. Quant
au dernier, c'eſt *l'attribut*, en termes de
Logique, & *le régime* du Verbe, en
termes de Grammaire. Mais pour lier ces
deux idées, j'ai eu beſoin d'un Verbe,
ſans quoi ma phraſe n'offroit pas un ſens
complet, qui affirme, ou qui nie.

Un *Nom*, pour le définir philoſophi-
quement, eſt donc *un mot qui ſert à exprimer, ou le ſujet, ou l'attribut d'une
propoſition, & ſouvent auſſi une des circonſtances qui tiennent à l'un ou à l'autre.*

Mais comment diſtinguer en notre Lan-

---

(7) Je ſuppoſe que *Nominatif* eſt un terme
connu ; car il entre dans quelques phraſes du
langage commun : au lieu que bien des gens
peuvent impunément ne ſavoir ce que c'eſt que
génitif, datif, &c.

gue quand un nom eſt ſujet, ou attribut;
nominatif, ou régime ? Je dis, en notre
Langue, parce qu'elle n'a point les dé-
clinaiſons du Grec & du Latin, dont
elle ſe paſſe aiſément. Rien de plus naturel, rien de plus ſimple que l'arrangement de nos mots : & c'eſt à leur arrangement que leur valeur ſe connoît. On
ſuit l'ordre des idées; c'eſt-à-dire, la parole peint les idées à meſure que l'eſprit
les conçoit. Or il s'enſuit de là, que le
tiſſu de nos mots n'eſt nullement arbitraire. Tout mot, dans la phraſe dont il
fait partie, a ſa place marquée : & c'eſt
ſeulement par la place où il eſt, que
nous jugeons de ſon emploi grammatical.
Par exemple, dans ces deux phraſes, *le
fils aime le pere*, ou, *le pere aime le fils*,
ce ſont les mêmes mots, mais qui, diffé-
remment arrangés, préſentent un ſens
tout différent. Il eſt donc d'une néceſſité
abſolue, que nous ſachions démêler quel
eſt, dans le tiſſu d'un diſcours, l'emploi
grammatical de chaque mot. Quant à
préſent, il ne s'agit que des Noms. Je
commence par les Subſtantifs, qui ne
ſont guère placés que de cinq manieres
eſſentiellement différentes.

1. Ou ils marchent à la tête d'une

phrafe, & d'abord après leur article &
leur adjectif, s'ils en ont un, *l'éloquent
Cicéron plaira toujours* : & alors leur
fonction eft de repréfenter ce qu'en Logique on nomme le fujet de la propofition,
ou en Grammaire le nominatif du Verbe.

Quelquefois cependant ils ne viennent
qu'après le Verbe : mais ce n'eft que fous
l'une des conditions fuivantes. La premiere, que le Verbe aura pour régime un
pronom, qui le précede : *La nouvelle
qu'apporta le courrier*. Ici *le courrier* eft
nominatif; & *que*, pronom, eft le régime.
La feconde, que le Verbe n'aura nul régime : *Auffi-tôt entrerent le Roi, la Reine*,
&c. La troifieme, que le Verbe formera
une parenthefe : *Pompée*, dit Plutarque,
s'avance, &c. La quatrieme, que la phrafe
fera interrogative : *Que peuvent les richef-
fes pour*, &c. La cinquieme & derniere,
que la phrafe exprimera un fouhait : *Puiffent vos années égaler celles de Neftor!*

2. Ou le fubftantif marche après un
Verbe qui eft précédé d'un autre fubftantif, *Cicéron infpire la vertu* : & la fonction
de ce dernier fubftantif, *la vertu*, eft
d'exprimer ce qu'en Logique on appelle
l'attribut de la propofition, ou plutôt
le complément de l'attribut. Pour m'ex-

primer grammaticalement, l'un eſt le nominatif du Verbe; & l'autre ſon régime.

3. Ou le ſubſtantif ne paroît qu'à la ſuite d'une particule, *Cicéron inſpire la vertu à ſes Lecteurs* : & dans la place où eſt ce ſubſtantif *lecteurs*, je l'appellerai ſubſtantif *particulé*, pour m'épargner une circonlocution. J'aurai ſouvent beſoin, j'en avertis, d'employer ce terme nouveau, *particulé*, mais toujours dans le même ſens, & par la même raiſon. Voudra-t-on bien me le permettre, d'autant plus que je renonce à une infinité d'autres termes, dont juſqu'ici nos Grammairiens avoient cru ne pouvoir ſe paſſer?

4. Ou le ſubſtantif eſt employé dans une apoſtrophe, & par conſéquent ſans article. Alors il eſt toujours iſolé, & pourvu qu'on ne coupe point (8) des mots inſéparables, il ſe place où l'on veut. On dira également , *Seigneur! exaucez ma priere. Exaucez, Seigneur! ma priere. Exaucez ma priere , Seigneur!*

(8) Cette phraſe eſt citée dans l'Encyclopédie, *Tome I, page* 734, au bas de la ſeconde colonne, pour montrer que *point*, négation, peut ne tomber que ſur le Verbe, ſans influer ſur le régime. Il y en aura une preuve des plus fortes dans mes Remarques ſur Racine, *Rem.* XLIII.

5. Ou le substantif n'est accompagné ni de verbe, ni de préposition. *Toutes charges payées, cette Abbaye vaut tant.* On appelle ces sortes de phrases, *Toutes charges payées*, des phrases *absolues*, parce qu'elles paroissent ne dépendre de rien. On pourroit aussi les appeller *elliptiques*, parce que le verbe dont nécessairement elles dependent, est sous-entendu.

À l'égard de *l'Adjectif*, c'est assez de savoir que son unique destination étant de qualifier le substantif, il doit toujours, ou le précéder, ou le suivre immédiatement. Le choix, pour l'ordinaire, est au gré de l'Ecrivain. Il y a cependant des cas où la place de l'Adjectif est fixée par l'Usage : mais ils sont rares. Vaugelas (9) ne trouvant point ici de Regle à établir, se contente d'avertir qu'il n'y a pas un plus grand secret que de consulter l'oreille. Tenons-nous en là.

Que si les Poëtes & les Orateurs se permettent certaines transpositions, qui contribuent infiniment à l'élégance, à l'énergie, à l'harmonie du discours ; ce sont des figures, ce sont d'heureuses licences ; je dois ici me borner à ce qu'il y a de conforme aux loix générales, que le génie de notre Langue nous prescrit.

Remarque CLXXXVI.

CHAPITRE SECOND.

De l'Article.

PUISQUE l'*Article* fert uniquement à modifier les *Noms*, il m'a paru d'une indifpenfable néceffité, que l'on fe fût mis au fait de ce qui concerne les *Noms*, avant que d'étudier ce qui regarde l'*Article*.

Qu'eft-ce donc que l'*Article*? Quand faut-il, ou l'employer, ou l'omettre?

I.

Qu'eft-ce que l'*Article*? Je le définis, *un Adjectif qui précède les noms communs, pour annoncer qu'ils doivent être pris, non dans un fens vague, mais dans un fens déterminé.*

Avant que de mettre ceci dans un plus grand jour, il faut favoir quel eft le mot nommé *Article.* C'eft *le*, pour le fingulier mafculin; *la*, pour le fingulier féminin; *les*, pour les pluriels des deux genres.

Voilà, quant au matériel, le mot nommé *Article*, & le feul qui foit *Article*. Mais comme il eft fouvent précédé d'une particule, à laquelle il s'incorpore, diftinguons Article *fimple*, & Article *particulé*.

Il n'y a que ces deux particules, *à*, & *de*, auxquelles il s'incorpore, & cela par une contraction qui se fait au singulier, mais au masculin seulement, avant les noms qui commencent par une consonne. On dit *au*, pour *à le*; & *du*, pour *de le*. Je vais *au* jardin. Je sors *du* jardin.

Au singulier, tant masculin que féminin, si le nom commence par une voyelle, il n'y a plus de contraction, mais l'Article s'élide, *l'amour*, *de l'amour*, *l'amitié*, *de l'amitié*.

Au pluriel, soit masculin, soit féminin, & quoique le nom commence par une voyelle, la contraction a toujours lieu. On dit toujours *aux*, pour *à les*, & *des*, pour *de les*. Parler *aux* hommes, cultiver *des* fleurs.

Il n'y a qu'un seul mot qui empêche que cette contraction ne se fasse. C'est l'adjectif *tout*, parce qu'il se place toujours entre la particule & l'article. Quoiqu'on dise, *au* monde, & *du* monde, on doit dire, *à* tout *le* monde, & *de* tout *le* monde. *Aux* hommes, *à* tous *les* hommes.

Présentement reprenons notre définition, parce que tout ce qu'il y a de vrai

& de folide à dire fur l'*Article*, doit partir de la définition même, ou peut-être de quelque différence que nous fuppoferions entre l'article *fimple* & l'article *particulé*.

J'ai dit, en premier lieu, que l'Article eft un Adjectif : & fi je n'avois pas craint d'entaffer trop de chofes à la fois, j'aurois volontiers ajouté que cet Adjectif eft tiré de la claffe (1) des *Pronoms*. Quand il précede un fubftantif, on le nomme *Article : la piece nouvelle fe joue demain* ; & quand il précede ou fuit un verbe, *je la verrai, voyez-la*, on l'appelle *pronom*. Mais d'ailleurs, n'eft-ce pas une chofe qui convient à la plupart des *pronoms adjectifs*, d'être mis avant le Nom, à l'exclufion de l'Article, & avec la même propriété, comme quand je dis, *ce papier, cette plume*, &c. *mon frere, votre fœur*, &c. Ainfi l'Article eft un pronom tel que bien d'autres, mais auquel on a donné par excellence le nom d'*Article*, parce

____

(1) Apollonius, page 15. *Articuli, juncti nominibus, vim & poteftatem fuam exferunt : non juncti, tranfeunt in pronomina.* Je cite la Traduction de François Portus, édition de Francfort, 1590.

Prifcien, livre XI. *Stoici articulum & pronomen unam partem orationis accipiebant.*

qu'il eſt d'un plus fréquent uſage qu'aucun des autres.

J'ai dit, en ſecond lieu, qu'il doit précéder le *Nom* : & il le précede immédiatement, à moins que ce nom, étant ſubſtantif, ne ſoit lui-même précédé par un adjectif qu'il régiſſe, *la belle ſaiſon, les beaux vers.* Alors l'Article cede à l'adjectif le voiſinage du ſubſtantif, & il marche avant tous les deux. Hors de là, il n'y a que l'adjectif *Tout*, qui, comme nous l'avons déja remarqué, précede toujours l'Article *ſimple*, & diviſe le *particulé*.

J'ai dit, en dernier lieu, que la propriété de l'Article, c'eſt d'annoncer qu'à des noms *communs*, ou employés comme tels, on a voulu attacher un ſens précis. Car un nom, à le prendre tout ſeul, ne renferme que la ſimple idée de la choſe, à la ſignification de laquelle il eſt deſtiné. Mais cette idée pouvant être vague ou déterminée, générale ou reſtreinte, c'eſt à moi à déſigner quelle érendue je donne à cette idée. Or c'eſt ce que je ne puis faire que par un Article, ou par quelque choſe d'équivalent. *Pain*, ne préſente que l'idée de ce qu'on appelle pain. Mais en diſant, *j'aime le pain*, ou *donnez-moi du pain*, ou *donnez-moi un pain*, je fais concevoir pour quelle idée précise je veux qu'on reçoive ce mot, *pain*.

I I.

Quand faut-il employer l'*Article*? Toutes les fois qu'il faut annoncer que des noms *communs* doivent être pris dans un sens déterminé. Or la quantité de ces noms-là n'est limitée, ni ne peut l'être, puisque l'Article subftantifie & modifie des mots de toute efpèce, conformément à des regles, ou à des ufages qui, comme nous l'allons voir, ne varient pas.

1. *Noms propres.* Quoiqu'ils n'appartiennent qu'à des individus, & que par conféquent leur acception n'ait pas befoin d'être autrement déterminée; cependant ils demandent l'article quand on les accompagne d'un adjectif. Mais il y a cette différence à remarquer : Que fi l'adjectif précede le nom propre, il énonce une qualité qui pourroit être commune à plufieurs; au-lieu que s'il ne vient qu'après, il exprime une qualité diftinctive. Quand je dirai, *Cicéron foupa chez le riche Luculle*, je donne feulement à Luculle la qualité de riche. Mais fi je difois, *chez Luculle le riche*, ce feroit pour le diftinguer des

autres Luculles. Voilà de ces petites différences, qui ne peuvent être imaginées,
ni réduites en principes, que par un peuple
ami de la précifion & de la clarté dans
fon langage.

Quelquefois auffi l'Article fait que le
nom *propre* change de nature, comme
quand nous difons que Moliere eft *le Térence* moderne ; que *l'Alexandre* de Racine eft trop doucereux, &c. On donne
même des pluriels à ces fortes de noms,
les Térences, *les Alexandres*, &c. Telle
eft ici la force de l'Article, qu'il met ces
mots au rang de ceux qu'on appelle *communs*, c'eft-à-dire, dont l'idée eft communicable à plufieurs individus.

Au contraire, l'Article fait (2) que le
nom *commun*, & même l'épithète, deviennent noms *propres*. Quand nos Pré-
dicateurs difent *l'Apôtre*, c'eft Saint Paul ;
le Sage, c'eft Salomon. Perfonne n'ignore
que les Grecs, pour défigner Homere,
difoient *le Poëte* ; & nous apprenons
d'Henri Eftienne (3) qu'anciennement

(2) Apollonius, page 44. *Facit ut epithetum
habeat eamdem proprietatem, quam habet nomen
proprium.*

(3) Traité de la conformité du langage François avec le Grec, page 78.

on a dit, *le Poëte François*, pour défigner Marot : *lequel titre*, ajoute-t-il, *eut depuis tant de compétiteurs, qu'on n'a fu à qui le donner fans faire tort aux autres.*

Que fi l'Article fe trouve dans une infinité de noms *propres*, foit noms de villes ou de village ; *le Catelet, la Fleche, la Rochelle*; foit noms de famille, *le Tellier, le Noir, la Fontaine;* il eft aifé de voir qu'originairement ce furent des noms *appellatifs*, où dans la fuite l'Article ne s'eft confervé que comme une fyllabe inhérente, qui n'a plus de propriété, & qui demeure indéclinable, fans égard au fexe des perfonnes ainfi nommées.

On fe permet quelquefois de mettre l'Article à des noms *propres*, & fur-tout en parlant de certaines femmes extrêmement connues, foit en bien, foit en mal. Ainfi l'on dira, *la Chammeflé*, fameufe actrice; *la Brinvilliers*, célebre empoifonneufe. Mais n'oublions pas que ces manieres de parler ne fortent point de la converfation, ou du moins n'entrent que dans un ftyle qui, comme l'a fagement obfervé M. l'Abbé Regnier, marque de la familiarité, ou du mépris.

Quoique les quatre parties du monde, quelques aftres, les royaumes, les provinces, les rivieres, les montagnes, aient leur nom particulier, dont l'acception semble déterminée par elle-même; nous ne laiſſons pas d'y ajouter ſouvent l'Article, mais ſans regle, ſans uniformité. On dit avec l'Article, *les Rois* du *Japon*, *l'or* du *Pérou*, *la porcelaine de* la *Chine :* mais on dit ſans article, *les Rois de France*, *l'argent d'Allemagne*, *la porcelaine de Saxe.* Je renvoie pour un plus grand détail à la Grammaire de M. l'Abbé Regnier, & je conclus avec lui qu'en ce qui regarde ces ſortes de noms *propres,* tout n'étant guère fondé que ſur le bon plaiſir de l'Uſage, on l'apprendra dans le commerce du monde, & dans les Ouvrages bien écrits.

2. *Adjectifs.* J'ai déja dit que l'Article avoit la vertu de convertir en ſubſtantifs les mots d'une toute autre eſpèce. Ainſi la plupart des adjectifs vont être ſubſtantifiés par l'addition de l'Article. On dira, *le vrai, le beau, le ſublime, le nouveau, le fâcheux, l'affecté, le recherché,* &c. Tous ces mots, de ſimples adjectifs qu'ils étoient, paſſent à la qualité de ſubſtantifs, & ils en acquierent toutes les propriétés, qui ſont de pouvoir être mis ſans adjectifs, *rien n'eſt beau que le vrai :* de pouvoir être

accompagnés d'un adjectif qu'ils régissent, *le vrai seul :* de pouvoir être ce que la Logique nomme le sujet de la proposition, *le vrai seul est aimable.*

Hors de là, jamais l'Article ne précede un adjectif détaché de son substantif, si ce n'est dans les phrases où il y a ellipse. *J'aime la bonne compagnie, mais je hais, ou je crains la mauvaise. Si ce font deux sœurs que la langue Italienne, & l'Espagnole, celle-ci est la prude, & l'autre la coquette.* Ici l'Article n'est pas seulement démonstratif, mais de plus il est corrélatif.

Telle est aussi la vertu de l'Article, que comme en s'unissant à l'adjectif, il le substantifie; de même en se détachant du substantif, nom *commun*, il le réduit à n'être qu'adjectif. *Rarement les Philosophes font poëtes, & plus rarement les Poëtes font philosophes.* Un même mot, *Philosophe*, est sustantif dans la premiere proposition, & adjectif dans la feconde. Un même mot, *Poëte*, est adjectif dans la premiere proposition, & substantif dans la feconde. Ainsi l'acception du nom *commun* est déterminée par l'addition, ou la suppression de l'Article.

Pour former nos superlatifs, il suffit

que le comparatif (4) foit précédé de l'Article, mais toujours précédé immédiatement. Car fi nous difons, *les plus favants hommes*, alors l'Article fert en même temps, & au fubftantif, & au fuperlatif, mais en mettant le fuperlatif après le fubftantif, il faut répéter l'Article, & dire, *les hommes les plus favants*.

Je viens d'avancer, que l'Article fe répete quand le fuperlatif ne fe montre qu'après le fubftantif : & maintenant j'ajoute que c'eft toujours l'Article *fimple*, lors même que fon fubftantif a reçu l'Article *particulé*. Un ou deux exemples me feront entendre. *C'eft la Coutume* des *peuples* les *plus barbares*. *J'ai obéi* au *commandement* le *plus jufte*. Pourquoi d'abord, *des*, & *au*, mais enfuite, *les*, & *le?* Parce que le fuperlatif demande la répétition & la proximité de l'Article, fans lequel il ne feroit pas fuperlatif, mais n'a nul befoin de la particule incorporée dans l'Article du fubftantif.

On voit également cette particule incorporée dans l'Article du Subftantif, quand nous difons : *Voilà* de *l'eau, donnez-moi* du *vin*. Mais l'article difparoîtra quand nous ferons précéder un adjectif : *Voilà*

(4) Voyez ci-deffus, page 132.

de bonne eau, donnez-moi de bon vin. Et l'article reparoîtra, quand l'adjectif ne sera mis qu'après le subſtantif : *Voilà de l'eau claire, donnez-moi du vin pur.*

3. *Verbes.* On lit dans la Grammaire de M. l'Abbé Regnier, que l'uſage de l'Article devant l'Infinitif des verbes, eſt preſque renfermé dans certaines façons de parler, *le boire, le manger, le dîner, le ſouper, le lever & le coucher du ſoleil, être au lever du Roi, au petit coucher du Roi, quand ce vint au fait & au prendre, au partir de là, au pis aller, avoir le rire agréable.* Mais quoi, y auroit-il grand mal à étendre un peu cette liberté de créer (5) des ſubſtantifs dans ce goût-là, puiſqu'elle peut occaſionner des expreſſions neuves & heureuſes ? Témoin la réponſe de *l'Angeli,* ce Fou de la vieille Cour, immortaliſé par Deſpréaux. Un jour le Roi lui ayant demandé pourquoi on ne le voyoit jamais au Sermon : *Sire,* dit-il, *c'eſt que je n'entends pas le raiſonner; & je n'aime pas le brâiller.*

4. *Particules.* J'y renferme tous nos petits mots indéclinables, qui, précédés

____

(5) Appollonius, page 36. *Illud in genere conſtituendum eſt, quemlibet infinitum eſſe nomen verbi.*

de l'Article, s'emploient subftantivement.
Adverbes, *le pourquoi*, *le comment*, &c.
Prépofitions, *le pour*, *le contre*, &c. Con-
jonctions, *les fi*, *les mais*, *les car*, *les*, &c.

Voilà, à peu près, ce qu'il y avoit
à dire pour faire connoître quels noms
reçoivent l'Article. Mais examinons tout
de nouveau, & plus particulièrement,
quel effet il produit fur ces noms. Or
l'effet qu'il produit, confifte, ainfi que
j'ai dit, en ce qu'il détermine leur acception, qui, fans l'Article, demeureroit
vague & incertaine.

Je puis, quand j'emploie un nom *commun*, donner plus ou moins d'étendue à
l'idée qu'il préfente. Je puis, d'abord,
laiffer à cette idée toute l'étendue qu'elle
peut avoir. Je puis, en fecond lieu, la
reftreindre ou à plufieurs, ou à un feul
des individus, que cette idée générale
comprend. Je puis, enfin, ne vouloir
donner à entendre qu'une portion indé-
terminée, ou de toute une efpèce, ou de
quelque individu. Voyons comment notre Article nous fert à marquer ces trois
différentes acceptions d'un même mot.

Premièrement, fi je veux laiffer à un
nom *commun* toute l'étendue de l'acception qu'il peut avoir, je me fers pour cela

de l'Article *simple.* Par exemple, dans ces phrases, *L'homme eſt mortel, la Poéſie eſt attrayante, les villes pendant l'hiver ſont préférables à la campagne,* je préſente l'idée d'*homme,* de *Poéſie,* de *ville,* de *campagne,* ſans reſtriction, & dans toute l'univerſalité, qui peut lui convenir.

Mais, en ſecond lieu, ſi je veux au contraire borner mon idée, & ne l'appliquer qu'à certains individus, ou qu'à un ſeul; comment faire ? Pour cela j'ai beſoin, non-ſeulement de l'Article *ſimple,* mais encore d'une reſtriction tacite, ou exprimée. Reſtriction tacite, & qui naît des circonſtances où je parle : comme quand je dis à Paris, *le Roi,* on voit aſſez que j'entends le Roi de France ; & lorſqu'étant à table, je dirai, *avancez la ſaliere,* on voit aſſez de quelle ſaliere il s'agit. Reſtriction exprimée, ou par un adjectif, *les hommes* vertueux *moderent leurs paſſions;* ou par un pronom ſuivi d'un verbe, *les hommes* qui aiment l'étude, *ſont avares de leur temps.*

On demandera ſans doute à quoi ſert ici l'article, puiſque c'eſt par l'adjectif, ou par le pronom ſuivi d'un verbe, & non par l'Article, que l'acception du nom *commun* eſt déterminée ? Réponſe. C'eſt l'Article feul, qui fonde ici le droit que j'ai d'y faire entrer cet adjectif, ou ce pronom, lefquels ne pourroient (6) fe mettre après un nom fi l'Article ne l'avoit précédé.

Je puis, enfin, vouloir tellement reftreindre mon idée, qu'on l'applique feulement à une portion déterminée, ou de l'efpèce, ou de quelque individu. Alors il faut que j'emploie l'Article *particulé*, qui eft *du* pour le fingulier, & *des* pour le pluriel. *Il y a des voyageurs qui affurent*, &c. *J'ai* du *pain*, de *l'argent*, &c. Mais ces mêmes phrafes, fi d'affirmatives, elles devenoient négatives, perdroient l'Article : *Il n'y a point* de *voyageurs*, *qui*, &c. *Je n'ai point* de *pain*, &c. Il n'y refteroit que la fimple particule, & ce qu'elle opere d'elle-même. Voyons donc en quels cas, & pourquoi l'Article ceffe d'avoir lieu.

I I I.

Quand faut-il omettre l'*Article* ? Premièrement, lorfque des noms *propres*

___

(6) Apollonius, page 22. *Nomina per fe nullam relationem habent, nifi affumant articulum.* C'eft la fameufe Regle de Vaugelas, dont j'ai tant parlé dans mes Remarques fur Racine, *Rem.* XXII, & fuivantes.

s'emploient précifément comme tels. Car, puifqu'ils ne fignifient que des individus, ils n'ont pas befoin qu'on détermine leur acception. Auffi ne leur donne-t-on point (7) d'articles. *Rome, Alexandre, Virgile.* Et de là vient qu'on n'en donne point non plus à des noms *communs*, lorfqu'ils font (8) l'objet d'une apoftrophe. Quelque matériel, & quelque infenfible que puiffe être cet objet, c'eft le perfonnifier que de lui adreffer la parole. Tout nom, de *commun* qu'il étoit, devient alors un nom particulier, & déterminé par la pofition où il eft, à ce qu'on veut qu'il fignifie dans ce moment.

Ajouterai-je que fi l'Article entre quelquefois dans l'apoftrophe; comme quand on dira, *la belle enfant, répondez: l'homme aux rubans verts, en tenez vous?* Ce n'eft que dans des phrafes très familieres, où il eft clair que *vous* eft fous entendu.

Refte à examiner ce qui regarde les noms *communs*, quelque place qu'ils occupent ailleurs que dans une apoftrophe.

(7) Si ce n'eft à quelques noms Italiens, *le Dante, l'Ariofte, le Taffe,* &c.
(8) *Déployez toutes vos rages, Princes, Vents, Peuples, Frimas.*
Despreaux, Ode fur la prife de Namur.

G v

Par le détail où il est nécessaire que j'entre, on verra quand ils demandent la suppression de l'Article.

1. *Quand ils sont employés comme adjectifs.* J'en ai déja cité un exemple : *Rarement les Philosophes sont poëtes.* Mais la traduction de ces paroles qui se lisent dans l'Evangile, *si Filius Dei es*, fournit un exemple plus palpable & plus connu. On les peut rendre ainsi, *Etes-vous Fils de Dieu ?* ou ainsi : *Etes-vous le Fils de Dieu ?* Or ce sont deux propositions essentiellement distinctes, puisque le mot, *fils*, en tant que précédé de l'Article, est dans la seconde, un substantif individualisé ; au lieu que dans la premiere, où il n'a point d'Article, il n'est qu'adjectif, qui marque simplement une qualité, & par conséquent quelque chose de communicable.

2. *Quand le nom commun est précédé d'un nom de nombre.* Par exemple, *Un ami, deux amis, cent pistoles.* Mais cela n'est vrai que dans le cas où ces termes sont employés précisément pour calculer. Ont-ils déja servi au calcul ? Y a-t-il quelque raison de les répéter, ou quelque relation sous-entendue ? Alors il faut l'Article. *Les deux amis que j'attendois. Les cent pistoles n'arrivent pas.*

Puisque nous en sommes aux noms de nombre, je devrois avertir que plusieurs de nos Grammairiens nous donnent mal à propos *un* pour Article. Je ne m'explique pas encore, mais j'y reviendrai dans un moment.

3. *Quand le nom* commun *se trouve précédé d'un adjectif qui est pronom, ou de la même classe.* Tels sont ceux qui par eux-mêmes individualisent le nom commun, *ce, mon, notre, ton, votre, son, leur :* ceux qui le restreignent plus ou moins, *quelque, chaque, certain, plusieurs :* ceux qui nient sans restriction, *aucun, nul :* ou enfin, *tout ,* qui produit l'effet contraire.

4. *Quand le nom, mis après le verbe, ne fait qu'un avec le verbe, dont il restreint l'acception.* Rien de si fréquent. *Avoir peur, avoir pitié, avoir patience, avoir bec & ongles, Faire peur, faire pitié, faire amitié, faire justice,* &c. Même regle à observer si le nom tient au verbe par une particule, *regarder en pitié, donner en spectacle, songer à malice, agir de tête, trembler de froid,* &c. Remarquons qu'en toutes ces phrases, & mille autres semblables, le nom demeure indéterminé.

G vj

5 *Quand l'énumération finit par un mot qui affirme, ou qui nie sans restriction.* Tour oratoire des plus communs. *Parents, étrangers, amis, ennemis, tous l'ont pleuré. Prieres, bienfaits, offres, menaces, larmes d'un pere & d'une mere, rien ne l'a ébranlé.*

Tous autres cas où l'on supprime l'Article, rentreront dans quelqu'un de ceux que je viens d'exposer ici : & il est temps que j'en revienne, comme je l'ai promis, à l'examen de cette opinion, qui nous donne *un* pour Article. Ou plutôt, il est inutile de l'examiner, puisqu'elle porte uniquement sur ce préjugé, que la langue Françoise, à l'exemple de la Latine, connoît des *génitifs*, *datifs*, &c. préjugé, dont il me semble qu'on est assez revenu aujourd'hui, pour qu'il ne soit plus nécessaire de le combattre. *Un* ne fut jamais (9) confondu avec *le.* J'admire

(9) Cette particule * *Un*, s'appelle improprement Article... Tant s'en faut qu'elle soit Article, que même elle lui est opposée.

Voilà un galant. Voilà le galant. On pourra dire, *voilà un galant,* de celui qu'on n'aura jamais vu auparavant, & même dont on n'aura point ouï parler : mais, *voilà le galant,* ne se dira que de celui dont on aura tenu quelque

* Particule *signifie ici*, petit mot.

M. l'Abbé Regnier, qui, convaincu de cette vérité, & après l'avoir folidement prouvée, ne laiffe pas de fe prêter au fyftême de ceux qui déclinent en François comme en Latin, & qui là-deffus ont forgé leur prétendu article *indéfini.* Quelle chimere ! Tenons pour certain qu'il n'y a d'Article que *le*, *la*, *les*, qui fubfifte dans *au*, & *des*, où il eft incorporé à l'une de ces deux prépofitions, *à*, & *de*, lefquelles prépofitions y confervent leur valeur propre, ainfi que l'Article y conferve la fienne.

Autre erreur, de s'imaginer que l'Article ait été inftitué, comme plufieurs de nos Modernes continuent à l'écrire, pour marquer les genres (1) & les nombres des mots qu'ils précedent. Mais ne font-ce pas ces mots, qui, comme fubftantifs, décident le genre & le nombre de l'Article ?

Un rien à remarquer, parce qu'il fait voir combien les Savants avoient médité fur l'Article, c'eft qu'il ne fe met jamais

propos auparavant. *H. Eftienne*, *Conformité*, &c. *pag.* 76.

(1) Appollonius, *pag.* 28. *Nonnulli lapfi funt non leviter, cùm exiftimarent articulos adjungi nominibus, ut genera diftinguant.*

qu'avant des noms dont la fignification foit déja connue de la perfonne à qui l'on parle. Apprend-on l'alphabet (2) à un enfant ? On lui dit, *voilà* A, *voilà* B, &c. Quand il connoîtra fes lettres, on lui dira, s'il fe trompe, *vous prenez* l'A *pour* le B, &c. Ainfi le premier qui apporta le caffé en France, dit fans doute, *les Arabes ont une efpece de fêve, qu'ils appellent* caffé : mais enfuite, *le caffé a telle vertu, le caffé fe prépare ainfi*, &c.

Je dois cette derniere obfervation, & la plupart des précédentes, à un Grammairien du fecond fiecle, *Apollonius* d'Alexandrie. Puifque l'Article nous vient des Grecs, à qui devons-nous recourir, qu'aux Grecs eux-mêmes, pour en connoître les propriétés ?

Au refte, n'oublions pas que l'Article, pris féparément, ne fignifie rien. Une jolie (3) comparaifon, tirée du même Auteur, fervira de preuve. Il y a, dit-il, cette différence entre la confonne & la Voyelle, que celle-ci, fans aucun fecours

(2) Apollonius, *pag.* 34, emploie ce même exemple.

Page 50, il dit : *Articulus adjunctus repetit memoriam rerum jam cognitarum.*

(3) Apollonius, *pag.* 14, & 15.

étranger, fait entendre un son distinct : au lieu que la Consonne a besoin de l'autre, pour pouvoir être articulée. A la Voyelle, il faut, ajoute t-il, comparer le Nom, le Verbe, l'Adverbe & le Participe, qui, par eux-mêmes, offrent à l'esprit une idée précise : mais à la Consonne il faut comparer l'Article, la Conjonction, & la Préposition, tous mots qui, pour être significatifs, doivent être accompagnés d'autres mots.

CHAPITRE TROISIEME.

Des Pronoms

On appelle *Pronom*, un mot qui se met à la place d'un *Nom*, pour signifier l'équivalent. Peut-être la définition ne convient-elle pas *omni*, & *soli* : mais nous ne sommes pas ici sur les bancs de l'Ecole. Quoiqu'il en soit, les Pronoms eux-mêmes sont de vrais noms : les uns, purs *substantifs*; les autres, purs *adjectifs*; & d'autres enfin, tantôt *substantifs*, tantôt *adjectifs*. Je suivrai cette division, qui me paroît la plus grammaticale, & la plus commode pour bien démêler ce que les Pronoms de chaque espèce ont de particulier.

I.

On distingue en Grammaire trois personnes, dont la premiere est celle qui
parle; la seconde, celle à qui l'on parle;
la troisieme, celle dont on parle. Et comme il seroit ennuyeux d'avoir sans cesse à
répéter le nom de la personne dont il
s'agit, c'est pour abréger le discours, sans
nuire à la clarté, qu'on use de certains
Pronoms, qui, parce qu'ils suppléent
au nom des personnes, sont appelés
personnels.

Tous ces Pronoms personnels sont de
vrais substantifs : ni plus ni moins que les
noms mêmes, à la place desquels ils sont
mis.

Pour la premiere personne, au singulier, on en a trois, *je*, *moi* & *me*, qui
présentent absolument la même idée,
mais qu'on ne sauroit cependant mettre
l'un pour l'autre. Ce qui décide du choix,
c'est la place que le pronom doit occuper dans le discours.

Il faut, *je*, s'il est régissant, & à la
tête d'une phrase, ou principale ou inci-
dente : *Je crois que je partirai demain.*
Mais il ne se met qu'après le Verbe, soit
dans une interrogation, *chanterai-je ?*
chanté-je ? soit dans une exclamation,

où suis-je! foit dans une parenthefe, *croyez-moi, vous dis-je :* foit enfin quand le Verbe eft précédé · d'*auffi, encore, peut-être, à peine,* & autres femblables, qui fervent à marquer une conféquence de ce qui vient d'être dit. *Vous me flattez, auffi ne vous crois-je pas. Encore devrois-je,* &c. *Peut-être devrois-je,* &c. *A peine fus-je arrivé,* &c.

Il faut, *moi,* premièrement, lorfqu'on le joint à *je,* ou à *me,* par une efpece d'appofition : *Moi, Je vous tromperois ? Me foupçonner, moi votre ami ?* En fecond lieu, toutes les fois qu'il fuit le Verbe : *C'eft moi, fauvez-moi.* Troifièmement, lorfqu'il tient par une conjonction à un autre nom : *Paul & moi, lui ou moi.* Enfin, lorfqu'il eft précédé d'une particule exprimée, *fiez-vous à moi,* ou fous-entendue, *parlez-moi.*

Il faut, *me,* quand il eft régi par le verbe, & il doit le précéder : *Je vous prie de* me *fuivre, ne* me *trompez pas.* Ce qui eft fi vrai, qu'en faifant deux phrafes de fuite, comme celles-ci, *écoutez-moi, & me croyez;* on dit *moi* dans la premiere, parce qu'il vient après le verbe; & *me* dans la feconde, parce qu'il va devant. Il n'y a qu'un cas où *me* doive être mis après le verbe; mais feulement après le verbe employé dans une apoftrophe; & c'eft quand il eft fuivi de la particule *en*, prife dans un fens pronominal : *Parlez-m'en*. Encore cela n'eft-il vrai que dans les propofitions affirmatives; car dans les négatives le Pronom va toujours avant le verbe : *Ne m'en parlez pas*.

Au refte, il n'en eft pas tout-à-fait de même de la particule *y*. Car quoiqu'*en* fe puiffe mettre après le Verbe, *parlez-m'en*; on ne dira pas, *menez-m'y*, comme on dit très-bien, *vous m'y menerez*. Pourquoi *m'y* après le Verbe n'eft-il pas d'ufage ? Parce que cette définence déplaît à l'oreille : & c'eft fe tourmenter à crédit que d'en chercher une autre raifon.

Quant au pluriel, on dit toujours, *nous*; & il ne differe en rien des autres fubftantifs, par rapport à la place qu'il doit occuper dans le difcours, fi ce n'eft qu'étant régi par le Verbe, il le précede : *nous* nous *flattons fouvent*.

Pour la feconde perfonne, nous avons *tu*, *toi*, *te*, au fingulier, & *vous*, au pluriel, dont la fyntaxe eft abfolument la même que celle du Pronom, qui défigne la premiere perfonne. Remarquons feulement, que *vous*, quoique pluriel,

fouvent ne s'adreffe qu'à une feule perfonne, & alors n'a que la valeur d'un
fingulier.

A l'égard du genre, quoique ni *je*, ni
vous, n'en marquent pas plus l'un que
l'autre par eux-mêmes, ils ne laiffent pas
d'en régir l'un des deux, felon que c'eft
un homme ou une femme qui dit *je*, ou à
qui l'on dit *vous*.

Pour la troifieme perfonne, le mafculin demande, *il*, *lui*, ou *le*, au fingulier;
ils, *eux*, *les*, ou *leur*, au pluriel : & le
féminin demande, *elle*, *la*, ou *lui*, au
fingulier; *elles*, *les*, ou *leur*, au pluriel.
Il s'agit de *leur*, indéclinable, qu'il ne
faut pas confondre avec *leur*, adjectif,
dont je parlerai plus bas.

Ici la fyntaxe eft encore la même pour
il & *elle*, que pour *je*, fi ce n'eft que la
fonction du Pronom, *elle*, ne fe borne
pas toujours à être *régiffant*. Car il eft
fouvent *régi*, foit par une particule, *fans
elle*, *pour elle ;* foit par le verbe, dans
les propofitions négatives, *vous ne voyez
qu'elle*. Par-tout ailleurs, *elle* fe change en
la, & précede le verbe, *vous la voyez*.

Quoique l'analogie de *lui* à *le*, foit
celle de *moi* à *me ;* cependant au lieu
que *moi* fe change en *me* devant les verbes

qui ont un régime particulé, *vous me préterez ce volume*, on ne change point· *lui* en pareil cas, & on dit, *vous lui préterez ce volume*.

Ajoutons qu'il n'y a que le régime particulé, où *lui* appartienne indifféremment aux deux genres. *Parlez-lui*, peut aussi-bien s'entendre d'une femme que d'un homme. Hors du régime où la particule est sous-entendue, *lui* ne peut se prendre qu'au masculin.

On pourroit regarder *eux*, comme le pluriel de *lui* : & véritablement l'analogie est parfaite, lorsqu'il est mis, ou avec *ils* par apposition, *eux, ils n'en feront rien*; ou avec une particule exprimée, *on ne dit rien d'eux, je me fie à eux*. Mais hors de là, *eux* n'est point le pluriel de *lui*. Avec le Verbe, il faut *les*, si c'est un régime simple, *je les vois* : & *leur*, si c'est un régime particulé, *donnez·leur*. Remarquons que ce dernier régime est le seul cas où l'on puisse employer *leur*, substantif.

Pour le pluriel *elles*, la syntaxe est la même que pour *eux*. Ainsi *leur* se dit également pour *à eux*, & *à elles*. Il précede toujours le Verbe, *je leur donnerai*, si ce n'est dans une apostrophe, *donnez·*

leur, quand la propofition eft affirmative. Car fi elle eft négative, il va devant : *Ne leur donnez pas.*

Quand *le*, *la*, & *les*, ne font pas *arti-cle*, mais Pronom perfonnel, leur unique fonction eft de faire le régime fimple d'un Verbe, qu'ils précédent toujours. On parlera d'un homme, *je le connois* : d'une maifon de campagne, *je ne la connois pas* : de quelques volumes, *je les ai lus.*

Une grande différence, & la plus re-marquable qu'il y ait, entre les Pronoms de la troifieme perfonne, & ceux des deux premieres ; c'eft que ceux-ci ne peuvent jamais défigner que des perfonnes : au lieu que ceux-là fervent à défigner, & les perfonnes, & les chofes. Cette diffé-rence influe particulièrement fur *elle*, *lui*, *eux*, & *leur*. On dira indifféremment d'une femme & d'une prairie, *elle eft belle* : mais *elle*, lorfqu'il eft régi, ou par-ticulé, ne fe dit point des chofes inani-mées : non plus que *lui*, *eux*, ni *leur*. On y fupplée par les pronoms, *le*, *la*, *les*, ou par les particules *en*, & *y*. A ces demandes, *eft ce là votre canne ? font-ce vos gants ?* vous répondrez, *ce ne l'eft pas*, *ce les font* ; & non, *ce n'eft pas elle*, *ce font eux.* Vous ne direz pas d'une maifon, *je lui ajoûterai un pavillon ; mais j'y ajoûterai un pavillon.* Vous direz d'un Poëte, *que pense-t-on de lui ?* mais de ses vers il faudra dire, *qu'en pense-t-on ?*

J'aurai quelque éclairciffement à donner là-deffus, en parlant de l'adjectif, *son :* & cela me fait fonger à ne point oublier ici le pronom (4) réciproque *foi*, qui appartient à la troifieme perfonne, fubftantif de tout genre, & feulement du nombre fingulier.

Pour la fyntaxe, il y a la même analogie de *foi*, à *fe*, que de *moi*, à *me :* c'eft à-dire, que *foi* ne fe met jamais qu'après le Verbe, ou après une particule ; & *fe* va toujours devant le Verbe. *Quiconque n'aime que foi ne fe fait guere d'amis.*

Quand *foi* fe dit des perfonnes, il ne va qu'avec des termes collectifs & indéfinis, comme *on*, *quiconque*, *chacun*, &c. Quand il fe dit des chofes, ce n'eft jamais qu'à l'aide d'une particule : *la vertu eft aimable de foi, porte fa récompenfe avec foi.* Et il faut que le nom auquel il fe rapporte, foit au fingulier. Car fi c'eft

(4) J'aurai occafion d'en parler encore dans mes Remarques fur Racine, *Rem.* LXXX, où ceci eft plus détaillé.

un pluriel, on ne peut plus dire de *foi*, mais il faut *d'eux-mêmes*, ou *d'elles-mêmes*, felon le genre de ce pluriel qui régit.

On, Pronom indéfini, appartient encore à la troifieme perfonne, & il eft toujours régiffant : de forte qu'il fe conforme à la fyntaxe du Pronom *je*, par rapport au verbe : *on dit. Vient-on ?* Quoiqu'indéfini, & collectif de fa nature, il ne laiffe pas de fe mettre quelquefois à la place d'une perfonne feule : *on demande à vous parler.* Et quoiqu'il n'appartienne proprement qu'à la troifieme perfonne, il s'emploie quelquefois pour la premiere, ou pour la feconde. Car, à un homme que je n'aurai point vu depuis long-temps, & que je viens à rencontrer, je lui dirai, *il y a long-temps qu'on ne vous a vu :* & à un malade, *fe porte-t-on mieux aujourd'hui ?* Mais, comme il n'y a que les circonftances qui puiffent ainfi déterminer le fens, ces manieres de parler ne peuvent guère fortir de la plus fimple converfation.

Pour éviter un *hiatus*, ou pour rompre la mefure du vers dans la profe, il eft très-permis d'écrire *l'on :* & c'eft le feul de nos Pronoms fubftantifs, qui, par lui-même, & fans que cela change rien à fa nature, souffre quelquefois l'article. Je dis le seul. Car si, dans cette jolie scène où il est question des deux Sosies, *moi* est tant de fois accompagné de l'article, c'est afin de pouvoir lui donner un sens distributif, & qui distingue *le moi battant* d'avec *le moi battu.*

Avant que de quitter cette matiere, il est à propos de nous remettre devant les yeux une remarque importante, sur laquelle je n'ai fait que glisser, & dont l'utilité se fera encore mieux sentir, lorsque j'en serai aux *Participes.* C'est que souvent un Verbe a deux régimes, dont l'un est simple & l'autre particulé. Quand je dis, *payez le tribut à César,* ces derniers mots, *à César,* sont le régime particulé du verbe *payer.* Or si nous mettons à la place de ces deux noms, *tribut* & *César,* deux Pronoms; la phrase alors sera ainsi conçue, *payez-le lui*; & par conséquent la particule *à,* est sous-entendue devant *lui :* comme il faut la sous-entendre devant tout autre Pronom employé pour second régime du verbe : *Vous me le direz, je vous le rendrai,* c'est-à-dire, *vous le direz à moi, je le rendrai à vous.*

Quelle raison, au reste, peut vouloir que dans ces deux phrases, *payez-le* lui,

je

je vous *le rendrai*, les pronoms changent ainſi de place ? A l'Impératif, *payez-le lui*, le régime particulé n'arrive que le dernier ; & dans les autres modes du Verbe, c'eſt tout le contraire. Qui diroit, *payez-lui le*, ou *je le vous rendrai*, ſeroit barbare. Pourquoi cette différence ? Tel eſt le bon plaiſir de l'Uſage, maître abſolu des Langues, qui toutes, outre l'eſſenciel, ont de l'arbitraire ; mais arbitraire, qui, du moment que l'Uſage s'eſt fixé, devient lui-même eſſenciel.

I I.

Je paſſe aux Pronoms *adjectifs*, qui comprennent principalement ceux que l'on appelle *poſſeſſifs*, dont la fonction eſt de marquer à qui appartient la choſe ſignifiée par leur ſubſtantif. Quand ils le précedent, ils ne ſouffrent point d'article. Quand ils ne viennent qu'après, ils demandent l'article. Voilà donc deux eſpèces de Pronoms *poſſeſſifs*, & d'autant plus faciles à diſtinguer, que, comme on le verra tout à l'heure, ils n'ont point les mêmes terminaiſons.

Pour le ſingulier de chaque perſonne, il y a trois Pronoms de la premiere eſpèce. Un maſculin, *mon*, *ton*, *ſon* ; & un

(5) féminin, *ma*, *ta*, *ſa*, pour le ſingulier ; avec un autre pour le pluriel, *mes*,
tes, *ſes*, commun aux deux genres.

Quand il s'agit de pluſieurs perſonnes,
il y a de même trois Pronoms. Au ſingulier, *nôtre*, *vôtre*, *leur*. Au pluriel, *nos*,
vos, *leurs*. Et ces Pronoms, tant au ſingulier qu'au pluriel, ſont communs aux
deux genres.

J'avertis qu'on retrouvera *nôtre*, *vôtre*,
leur, & *leurs*, au nombre de ces autres
Pronoms, qui demandent un article.
Mais allons par ordre. Quant à préſent,
je ne les conſidere que comme appartenants à ces Pronoms poſſeſſifs de la premiere eſpèce, qui ne ſouffrent point d'article, mais qui en ſervent eux-mêmes à
leur ſubſtantif, avec lequel ils s'accordent
en genre comme en nombre, & qu'ils
doivent immédiatement précéder, à moins
qu'il ne s'y gliſſe un pur adjectif entre
deux. Voilà en quoi conſiſte toute la ſyntaxe de ces Pronoms : & il n'y a ici nulle
difficulté, que ſur celui de la troiſieme
perſonne.

(5) On dit cependant, *mon ame*, *ton épée*,
ſon audace, &c. En voici la raiſon.

Conſule veritatem, reprehendet : refer ad aures, probabunt. Quære, cur? ita ſe dicent ju-
vari. Voluptati autem aurium morigerari de-
bet oratio. *Cic. Orat.* 48.

Pour fentir cette difficulté, & même pour la réfoudre, c'eft affez de favoir que les Pronoms poffeffifs, *fon*, *fa*, *fes*, *leur* & *leurs*, ne s'appliquent qu'aux perfonnes, & aux chofes qu'on aura en quelque forte perfonnifiées, fi l'on a eu l'art de les amener, & d'y préparer par quelque expreffion, qui ne convienne qu'à des perfonnes. Ainfi ce Pronom poffeffif, a lieu dans la plupart des phrafes ou entre le verbe *Avoir*, quoique la propofition ait pour fujet une chofe inanimée. On dit donc très-bien, *chaque fruit a fon goût*, *un triangle a fes trois côtés*, *tout corps a fes dimenfions*. Mais, en parlant d'une chofe inanimée, ou de quelque bête, fans qu'il y ait rien qui la perfonnifie, on doit remplacer le Pronom poffeffif par les *particules* deftinées à cela, *en*, ou *y*, qui font mifes elles-mêmes au rang des Pronoms. Témoin ce proverbe, *Quand on parle du Loup*, *on en voit la queue*; & non pas, *on voit fa queue*. On diroit cependant, *Rien n'appartient plus au loup que fa queue*, parce que dans cette derniere phrafe, & non dans la précédente, il s'y trouve un Verbe qui dénote la poffeffion. Or le fujet à qui convient la poffeffion, fi par accident ce n'eſt pas une perſonne, eſt cependant regardé toujours comme une perſonne. Voilà, je crois, un principe certain : & s'il y a des exceptions autoriſées par l'uſage, c'eſt de l'uſage même qu'on l'apprendra.

Venons à l'autre eſpèce de Pronoms *poſſeſſifs*, qui ſont ceux que l'article doit immédiatement précéder.

Quand le Pronom ne déſigne qu'une ſeule perſonne, c'eſt à la premiere, *le mien*, & *la mienne ; les miens*, & *les miennes*. A la ſeconde, *le tien*, & *la tienne ; les tiens*, & *les tiennes*. A la troiſieme, *le ſien*, & *la ſienne ; les ſiens*, & *les ſiennes*.

Quand il déſigne pluſieurs perſonnes, c'eſt à la premiere, *le nôtre, la nôtre, les nôtres*. A la ſeconde, *le vôtre, la vôtre, les vôtres*. A la troiſieme, *le leur, la leur, les leurs*.

On retrouve encore ici, au ſujet de la troiſieme perſonne, cette même difficulté, qui vient de nous arrêter il n'y a qu'un moment, & qui conſiſte en ce que le Pronom poſſeſſif ne s'applique pas en toute occaſion aux choſes, comme aux perſonnes. Mais les principes ne varient point. Ainſi nous dirons très-bien, *cet*

arpent-là est le sien, quand nous voudrons
dire que c'est l'arpent d'un tel : mais nous
parlerions mal, si c'étoit pour dire que
c'est l'arpent du parterre, ou du potager :
& cela, parce que le Pronom possessif
qui prend l'article, ne doit s'appliquer
aux choses, que dans les mêmes occa-
sions, où nous avons vu qu'il est permis d'employer celui qui n'admet point
d'article.

Il me reste à dire que celui qui prend
l'article, peut s'employer comme substantif, & au singulier, & au pluriel, mais
au masculin seulement. Au singulier, *le
mien*, *le vôtre*, pour signifier ce qui m'appartient, ce qui vous appartient. Au pluriel, *les miens*, *les vôtres*, pour signifier
nos proches, nos alliés, ceux qui sont
en quelque façon à nous. Mais en ce sens
il faut que le pronom possessif soit précédé
du personnel : *moi*, *& les miens ; vous*, *&
les vôtres ; eux*, *& les leurs.*

On voit par-là qu'il y a des Pronoms
qui peuvent être, tantôt *substantifs*, tantôt *adjectifs*. Troisieme & derniere espèce,
dont j'ai à parler.

I I I.

Puisqu'un même Pronom est sus--
ble de plus d'une acception, & par con-

féquent peut appartenir à plus d'une claffe ; il m'a femblé que ce n'étoit pas trop la peine de conferver le ftyle ordinaire des Grammairiens, qui divifent les Pronoms en *relatifs, démonftratifs, interrogatifs,* &c. Un même Pronom, interrogatif dans telle phrafe, relatif dans telle autre, ne doit-il pas fa dénomination à la phrafe même où il fe trouve ? Ainfi le mieux eft que je m'en tienne à l'ordre alphabétique, pour ceux dont il me refte à parler.

1. *Ce,* fubftantif, préfente l'idée d'une chofe qui n'a pas befoin d'être fpécifiée, ou qui l'a été, ou qui va l'être. Qui n'en a pas befoin, *ce qui eft vrai aujourd'hui, le fera demain.* Qui l'a été, *vous aimez les Romans, ce n'eft pas mon goût.* Qui va l'être, *c'eft un tréfor qu'un ami.* Et comme ce qui fert à lier les deux idées de cette derniere phrafe, c'eft la particule *que;* de là vient qu'il n'eft pas inutile de la conferver avant un infinitif, *c'eft un tréfor* que *d'avoir un ami.* On peut cependant la fupprimer, *c'eft folie de compter fur l'avenir.*

Quand ce Pronom eft régi, il demande toujours d'être fuivi d'un relatif. *Je fais ce qui vous fâche. Pourroit-on favoir ce* que *vous penfez ?*

Je n'ai rien à dire fur *ce*, adjectif, fi ce n'eft qu'il fe change en *cet*, devant un nom mafculin qui commence par une voyelle, *cet honneur* : & qu'au contraire dans *ce*, fubftantif, il y a élifion avant le Verbe, *c'eft*, *ça été*.

On voit affez que *ce*, fubftantif, ne peut jamais être qu'un fingulier. Cependant, s'il eft fuivi d'un fubftantif pluriel, & que la propofition (6) foit identique, le Verbe doit être au pluriel : *Ce font de bonnes gens.* Mais la propofition n'étant pas identique, le verbe refte au fingulier : *C'eft de bonnes gens qu'on a befoin.*

Affez fouvent ce Pronom s'affocie l'une de ces deux particules, *ici*, ou *là*, dont la premiere marque plus de proximité, & l'autre moins. Ainfi, de ce qui eft plus près de moi, je dirai, *ceci eft bon* : & de ce qui en eft plus éloigné, *cela eft meilleur.* Priorité de temps fe diftingue comme proximité de lieu, *cette année-ci, cette année-là.* Et par ce dernier exemple on voit que ces particules *ci*, & *là*, au-lieu de fe joindre au Pronom, fe joignent à un nom.

Remarquons la même analogie dans

(6) Propofition *identique*, dont le fujet & l'attribut ne font qu'un feul & même objet.

les autres Pronoms fubftantifs, qui fe forment de l'adjectif *ce*, joint à *lui*, à elle. Quand ils reçoivent l'une de ces particules, ils s'emploient abfolument : *celui-ci eft bon, ceux-là font meilleurs.* Hors de là, ils veulent être fuivis d'un relatif, *ceux* que *je vois, celle* qui *vous parle*; ou de la particule *de*, foit devant un nom, foit devant certaines prépofitions : *celui* de *nos Poëtes qu'on eftime le plus*, *celui* d'en*tre vous*, &c.

2. *Il*, fubftantif, entre dans une infinité de phrafes, où il préfente l'idée de *chofe*, mais indéfiniment : & peut-être faudroit il un long difcours, qui ne feroit par des plus clairs, pour expliquer ce que tout le monde entend, parce que l'ufage le rend familier. *Il eft vrai ; il y a*, *il m'eft arrivé*, &c.

Ajoutons feulement, que dans les propofitions identiques, où le Verbe eft fuivi d'un fubftantif, qui eft au pluriel, *il* ne laiffe pas de régir le Verbe au fingulier : *il eft fix heures, il eft arrivé deux mille hommes.*

Quand j'ai parlé d'*il*, Pronom perfonnel, & de fon féminin *elle*, j'ai oublié d'avertir qu'ils fe mettent conjointement avec le fubftantif, & par une forte de redondance, mais qui eſt néceſſaire pour faire voir que c'eſt une interrogation : *le Roi eſt*-il *à Verſailles? la Reine, ſe porte t-elle bien?* de maniere que le Pronom ſuit immédiatement le Verbe, tandis que le ſubſtantif dominant marche à la tête de la phraſe.

3. *Le*, mis abſolument, veut à peu près dire *cela*, & il a la vertu de repréſenter non ſeulement un adjectif, mais toute une propoſition, qui aura précédé. *Ariſtote croyoit que le monde étoit de toute éternité, mais Platon ne* le *croyoit pas.* J'ai dit qu'il repréſentoit (7) un adjectif. *Vous étiez malade hier, je le ſuis aujourd'hui.* Qu'on demande donc à une fille, *êtes-vous mariée?* Elle doit répondre, *je ne le ſuis pas,* comme pour dire, *je ne ſuis pas ce que vous dites.* Mais qu'on lui demande, *êtes-vous la nouvelle mariée?* Elle répondra, *je ne la ſuis pas,* comme pour dire, *je ne ſuis pas elle, je ne ſuis pas celle que vous dites.*

J'ai dit plus haut ce qu'il y avoit à dire ſur ce Pronom, employé comme article, ou comme Pronom perſonnel, & ſuſceptible alors des deux genres, & des deux nombres.

___

(7) Voyez Remarque LXXXVI ſur Racine, où la même difficulté reviendra.

H v

4. Que, mis abfolument, eft une forte de fubftantif, & fignifie *quelle chofe*, comme dans une interrogation, *Que lui dire? que vous eft-il arrivé?* ou après le Verbe *favoir*, & quelques autres femblables, *je ne fais que lui répondre, j'ai trouvé que lui répondre.*

Relatif, il fe dit au fingulier, & au pluriel, tant des perfonnes que des chofes. Jamais il n'eft régiffant, ni particulé, & il précede toujours le verbe, ou l'équivalent du Verbe, dont il eft le régime. *Un livre que je lis*, *l'homme que voilà*, *l'air que je refpire.* Nulle difficulté là-deffus.

Je n'ai point à examiner ici ce qui regarde *Que*, conjonction.

5. *Quel*, n'eft par lui-même qu'un adjectif, ne pouvant aller fans un fubftantif. Mais, quoique *lequel* ne s'écrive depuis long-temps que comme un feul mot, on voit affez que c'eft l'adjectif *quel*, employé dans un fens diftributif, & par cette raifon, accompagné d'un article, qui peut lui donner la vertu grammaticale d'un fubftantif. Par exemple, *de ces deux étoffes, choififfez laquelle il vous plaira.* Ou dans l'interrogation, *lequel goûtez-vous le plus, de Corneille ou de Racine?*

Il y a une autre acception, où *lequel* n'eft qu'adjectif. *Qui*, ne pouvant défigner par lui-même ni le genre, ni le nombre; cela peut donner lieu à de fréquentes équivoques. C'eſt donc pour les éviter, que nous pouvons, au pronom *qui*, en ſubſtituer un autre, qui renferme préciſément la même idée, & qui, par l'article qu'il reçoit, & par ſes différentes terminaiſons, eſt propre à diſtinguer le genre & le nombre du ſubſtantif auquel il ſe rapporte. Voilà l'un des ſervices que nous rend ce pronom, *lequel*, *laquelle*, *leſquels*, & *leſquelles*, mis à la place de *qui*. D'ailleurs nous allons voir qu'en parlant des choſes, il n'eſt pas toujours permis d'employer *qui*. Pour y ſuppléer, nous avons *lequel*, joint à quelque particule, ou qui eſt incorporée avec l'article, *duquel*, *auquel*; ou qui en eſt ſéparée, *par lequel*, *ſur lequel*, &c.

6. *Qui*, s'emploie *abſolument*, ſoit pour ſignifier *quelle perſonne*, comme dans une interrogation, *Qui ſont ces gens-là? à qui m'étois-je fié?* ſoit pour ſignifier indéfiniment *toute perſonne*, comme, *Qui ne deſire rien eſt heureux.* Par ces phraſes, on voit qu'il précede toujours le Verbe, & qu'il peut être, ou régiſſant, ou particulé. Ajoutons qu'il peut auſſi être régi, mais dans l'interrogation ſeulement: *Qui connoiſſez-vous? Qui croirai-je?* H vj

Relatif, il se dit aussi bien des choses que des personnes, mais seulement lorsqu'il est régissant : *Un homme qui m'a parlé, une horloge qui sonne, des oiseaux qui volent.* Quand il est particulé, il ne convient qu'aux personnes : *l'homme à qui je dois le plus, sur qui je compte le plus.* On ne diroit pas de même, *le bâton sur qui je m'appuie, la plante à qui je crois le plus de vertu.* On dira, *le bâton sur lequel je m'appuie, la plante à laquelle je crois,* &c. Mais, comme je viens de le dire, la nécessité d'employer *lequel* pour *qui,* n'a lieu que dans les phrases où il est précédé d'une particule. Car lorsqu'il est régissant, on emploie *qui,* plutôt que *lequel,* à moins qu'il n'y ait une équivoque à sauver. Ainsi nous dirons, *le bâton qui m'a soutenu, la plante qui me paroît avoir le plus de vertu,* &c.

7. *Quoi,* employé absolument, signifie *quelle chose,* comme, *sur quoi vous fondez-vous ?* & à un homme qui aura dit, *Il m'est arrivé un triste accident,* on lui demandera, *quoi?* S'il est suivi d'un adjectif, il le régit avec la particule *de,* comme, *à quoi de plus grand pouviez-vous aspirer?* Il se traduiroit par *quelque chose,* dans ces phrases, *quoi qu'il en soit,*

quoi qu'il en arrive , &c. Ordinairement, il luit une prépofition, *à quoi, de quoi, contre quoi, fur quoi, après quoi,* &c. Au refte il fe dit non des perfonnes, mais des chofes uniquement, & il garde toujours fa terminaifon, fans égard au genre ni au nombre du fubftantif, dont il rappelle l'idée.

Je ne fais point mention de plufieurs autres mots, que nos Grammairiens ont coutume de ranger dans la claffe des Pronoms. Tels font, *quiconque, perfonne, autrui, quelqu'un, chacun,* &c. J'avoue que, comme les Pronoms perfonnels, ils fe mettent fans article : mais pourquoi ? parce qu'ils ont d'eux - mêmes un fens déterminé, & par conféquent n'ont pas befoin d'article : en quoi ils reffemblent aux noms de nombre, & à divers adjectifs, *plufieurs, quelque, certain, aucun, nul,* &c. Ainfi, nulle néceffité, ce me femble, que la Grammaire s'embarraffe de leur donner un rang à part.

Que fi j'omets, *Dont,* c'eft parce que les Grammairiens ne s'accordent pas à le regarder comme un *Pronom* ; la plupart ne l'ayant reconnu que pour une fimple *particule.* Quoi qu'il en foit, *dont* fignifie la même chofe que *duquel,* ou *de quoi,*

& se dit également des personnes & des choses, sans varier sa terminaison, de quelque genre & en quelque nombre que soit le nom pour lequel il supplée. Il est toujours précédé d'un substantif, & suivi d'un autre substantif, *Virgile*, dont *le mérite est si connu*; ou d'un verbe qui le régit, *les personnes* dont *je me loue*.

Voilà ce qu'il y avoit d'essenciel à dire sur nos Pronoms, qui sont en si grand nombre, & qui pour la plupart ont des terminaisons si différentes, qu'en parcourant ce que je viens d'en rapporter, on aura sans doute jugé qu'ici notre langue s'écartoit un peu de cette simplicité, &, si j'ose parler ainsi, de cette parcimonie, dont elle paroît si jalouse en toute autre occasion. Car peut-être n'a-t-elle point de parfaits synonymes, que ces Pronoms, *je*, *moi*, *me*, & autres semblables, qui répondent bien précisément à une même idée, unique & indivisible.

Pourquoi donc, dans la classe des pronoms, cette richesse extraordinaire ? Parce que l'occasion d'employer des pronoms étant si fréquente, on a cherché à pouvoir mettre de la variété dans le discours.

Vaugelas, au reste, nous a suffisamment avertis que le plus grand de tous les vices contre la netteté du ftyle, ce font les équivoques, *dont la plupart,* dit-il, *fe forment par les Pronoms.* Rien de plus effenciel, rien qui mérite plus une attention portée jufqu'au fcrupule, & je ferois inexcufable de ne pas entrer ici dans le plus minutieux détail, fi ce grand Maître ne m'avoit pas prévenu. Je ne puis que renvoyer à la derniere de fes Remarques, qui devroit avoir été mife à la tête des autres, parce qu'il n'y en a point contre laquelle il arrive qu'on péche plus aifément, mais moins impuné-ment.

CHAPITRE QUATRIEME.

Des Participes.

Toutes nos Grammaires nous parlent, & d'un Participe *actif,* comme *chantant, lifant;* & d'un Participe *paffif,* comme *chanté, lu.* Mais ne faudroit-il pas à chacun de ces Participes fa dénomination propre, d'autant plus qu'il y a entre eux une différence effencielle, qui confifte en ce qu'aujourd'hui l'actif (8)

(8) Voyez ci-deffus, pag. 130. Rem. 4.

n'eſt ſuſceptible, ni de genre, ni de nombre.

Oſerois-je propoſer une nouveauté, qui ſeroit d'aſſigner au Participe actif le nom de *Gérondif*, & de conſerver le nom de *Participe*, au paſſif lui ſeul? Puiſque l'actif, *chantant*, *liſant*, eſt une modification du ſubſtantif, d'où émane l'action de chanter, de lire; il me ſemble que l'étymologie ſeule de *Gérondif* juſtifie le nom que je voudrois lui donner. Quoi qu'il en ſoit, le choix des termes eſt permis à tout écrivain, qui aura pris la précaution d'en déterminer le ſens. Pour uſer donc de mes droits, j'avertis que *Gérondif* dans ma bouche, renferme tout ce que Participe actif ſignifie ailleurs, mais que *Participe*, tout court, ne doit s'entendre que du Participe paſſif, dans le langage que je tiendrai.

Vaugelas dit que la queſtion des Participes eſt ce qu'il y a dans toute la Grammaire Françoiſe de plus *important*, & de plus *ignoré*. J'aimerois mieux dire, ce qu'il y a de plus embarraſſant : non qu'il ſoit impoſſible de poſer des principes certains ; mais il n'eſt pas aiſé d'en faire toujours une juſte application; nos Grammairiens étant là deſſus ſi peu d'accord

entre eux, qu'après les avoir tous con-
sultés, on ne sait la plupart du temps
à quoi s'en tenir. Par nos Grammairiens,
qu'il faut nommer suivant leur ordre d'ancienneté, j'entends Vaugelas, Ménage,
le P. Bouhours, & M. l'Abbé Regnier.
Voilà du moins les plus célebres, & ceux
qui paroissent avoir, comme à l'envi, le
plus étudié cette question.

Avant que de nous y embarquer,
ressouvenons-nous que, sans parler du
Verbe substantif, dont le Participe est
indéclinable, dans quelque cas que ce
puisse être, il y a trois autres espèces de
Verbes; l'*Actif*, le *Réciproque* & le *Neutre*. Or le Participe dans chaque espèce,
a quelques loix particulieres : & si nous
voulons ne rien confondre, il est à propos que chaque espèce ait son article
séparé.

PREMIERE SECTION.
Verbes Actifs.

REGLE unique. *Quand le Participe des
Verbes actifs précede son régime simple, il
ne se décline jamais; & au contraire,
quand il en est précédé, il se décline toujours.*

Pour nous familiarifer avec des termes qui reviendront fouvent, rappelons ce que j'ai déja dit, qu'un Verbe actif peut avoir deux régimes, dont l'un eft fimple, & l'autre particulé. Quand je dis, *payez le tribut à Céfar*, c'eft *le tribut* que j'appele un régime fimple, parce qu'il eft uni à fon Verbe immédiatement, & fans le fecours d'aucun terme intermédiaire. Mais *à Céfar*, eft ce que j'appelle un régime particulé, parce que *Céfar* n'a de rapport & de liaifon avec fon Verbe qu'au moyen d'une particule, qui eft *à*.

Remarquons en fecond lieu, que la particule *à* n'eft jamais exprimée, quoique toujours fous-entendue, devant les Pronoms qui fervent au régime particulé. Car après avoir parlé de Céfar, nous dirons, *payez-lui le tribut :* & ce *lui* fuppofe une particule dont il devroit être précédé, puifque c'eft comme fi l'Ufage permettoit de dire, *payez le tribut à lui*.

Remarquons en troifieme lieu, qu'il n'y a que les Pronoms feuls qui puiffent régulièrement précéder le Verbe, dont ils font le régime fimple. Or notre Regle dit expreffément que le Participe ne fe décline jamais, à moins qu'il ne foit précédé de fon régime fimple. Par con-

féquent il n'y a que des pronoms, employés comme régime fimple, qui puiffent & qui doivent faire décliner le Participe.

Remarquons enfin, que de tous les Pronom il n'y a que ceux-ci, *me*, *nous*, *te*,
vous, *fe*, *le*, *la*, *les*, & *que* relatif,
qui puiffent être employés comme régime
fimple.

Voilà d'abord cette grande queftion réduite à une bien petite quantité d'objets,
puifqu'elle fe renferme dans quelques Pronoms, employés comme régime fimple.

Que refte-t-il donc pour faciliter l'application de notre regle unique & générale, fi ce n'eft de la vérifier par divers
exemples? Voici ceux de Vaugelas, pour
ce qui regarde le Verbe actif, dont il
s'agit préfentement, & qui eft celui où
fe trouve le plus d'embarras.

I. *J'ai reçu vos lettres.*

II. *Les lettres que j'ai reçues.*

III. *Les habitants nous ont rendu maîtres de la ville.* Difons *rendus.*

IV. *Le commerce*, parlant d'une ville,
l'a rendu puiffante. Difons, *rendue.*

V. *Je l'ai fait peindre*, *je les ai fait
peindre.*

VI. *C'eft une fortifiation que j'ai appris à faire.*

On verra que le quatrieme exemple
ne fait qu'un avec le troifieme. J'en dis
autant du fixieme avec le cinquieme.
Mais pour épuifer, s'il eft poffible, toutes
les combinaifons, en voici encore d'autres.

VII. *Les peines que m'a donné cette
affaire.* Difons, *données.*

VIII. *Plus d'exploits que les autres n'en
ont lû.* Bon.

IX. *Les chaleurs qu'il a fait.* Bon.

Reprenons maintenant toutes ces phrafes l'une après l'autre, fans perdre de vue
la Regle unique qui doit en décider.

I.

J'ai reçu vos lettres.] Tous conviennent que c'eft ainfi qu'il faut parler, conformément à la Regle, qui veut que le
Participe, lorfqu'il précede fon régime,
ne fe décline point.

On dira également au pluriel, *nous
avons* reçu *vos lettres :* & une femme
qui diroit, *j'ai* reçue *vos lettres ,* parleroit
mal. Pourquoi? Parce que le Nominatif
de la phrafe n'exerce aucun droit fur le
Participe qui fe conftruit avec le Verbe
avoir. Il en eft autrement de celui qui fe
conftruit avec le Verbe *étre.* Mais gardons-nous de les confondre, & n'oublions point qu'à préfent il ne s'agit que
du premier, qui eft le verbe actif.

Au reſte, ſi l'on demande, comme
ont fait quelques Grammairiens, pourquoi le Participe ſe décline, lorſqu'il
vient après ſon régime ; & qu'au contraire, lorſqu'il le précede, il ne ſe décline pas : je m'imagine qu'en cela nos
François ſans y entendre fineſſe, n'ont
ſongé qu'à leur plus grande commodité.
On commence une phraſe, quelquefois
ſans bien ſavoir quel ſubſtantif viendra
enſuite. Il eſt donc plus commode, pour
ne pas s'enferrer par trop de précipita-
tion, de laiſſer indéclinable un Participe,
dont le ſubſtantif n'eſt point encore an-
noncé, & peut-être n'eſt point encore
prévu. Mais une réponſe qui vaut mieux,
parce qu'elle diſpenſe de toute autre,
c'eſt que dans les Langues il eſt inutile
de chercher la raiſon d'une choſe con-
venue, & qui n'eſt conteſtée de perſonne,
à dater de François I. Car ſi nous remon-
tons juſqu'au temps où notre Langue
étoit au berceau, nous verrons qu'alors
le Participe ſe déclinoit auſſi-bien devant
qu'après ſon régime. Mais ce qu'aujour-
d'hui l'on appelle du Gaulois, ne prouve
rien pour le temps préſent; non plus que
l'Italien, & l'Eſpagnol, où M. l'Abbé
Regnier va chercher des exemples. Véri-

tablement ces deux Langues ſont ſœurs
de la nôtre, ſans qu'on puiſſe bien dire
laquelle des trois ſœurs eſt l'aînée, ou
la mieux partagée. Mais enfin, quelque
air de reſſemblance qu'elles aient, il n'eſt
point permis de prendre l'une pour l'autre : chacune ayant des traits qui la diſtinguent, & des manieres qui ſont à elle.

I I.

Les lettres que j'ai reçues.] Quand le
Participe eſt précédé de ſon régime ſimple, alors la Regle veut qu'il ſe décline,
c'eſt-à-dire, qu'il prenne le genre & le
nombre de ſon régime. Or le régime,
c'eſt *que*, Pronom relatif, qui a pour
antécédent le ſubſtantif *lettres*, féminin,
& au pluriel. *Reçues* eſt donc, & devoit
être, comme on le voit clairement, du
genre féminin, & au pluriel.

Vaugelas & Ménage n'ont nullement
douté que toute phraſe ſemblable à celle-
là ne fût ſoumiſe à la même loi : & cette
loi, ſi reſpeétée dans toutes les Langues,
c'eſt la concordance de l'adjeétif avec ſon
ſubſtantif.

Qui croiroit que le P. Bouhours &
M. l'Abbé Regnier ne la regardent ici que
comme un conſeil? Au défaut de raiſons,

ils ont recours à des autorités; & le P.
Bouhours tire les siennes de M. l'Abbé
Regnier lui-même, qui, dans plusieurs
endroits de son Rodriguez, s'étoit dis-
pensé de la loi.

Qu'ensuite le Traducteur de Rodriguez, séduit par un amour-propre d'Auteur, cite en sa faveur deux passages,
l'un d'Amyot, l'autre de Racine : nous
lui répondrons que l'esprit des grands
écrivains doit se chercher, non dans un
passage seul, qui pourroit n'être qu'une
faute d'impression; mais dans l'usage con-
stant & uniforme, auquel nous les voyons
attachés par-tout ailleurs.

Tenons donc pour très-certain ce qu'en-
seigne Vaugelas, qu'il faut toujours, *à
peine de faire un solécisme*, accorder le
Participe avec son régime, dans les phrases semblables à celle que nous examinons. Il y a cependant quelques Participes, entr'autres ceux de *plaindre* & de
craindre, qu'il est bon d'éviter au féminin,
parce que ces Verbes ont formé des substantifs, dont la désinence est la même
que celle du Participe féminin. Qui diroit,
*c'est une personne que j'ai plainte, c'est
une maladie que j'ai crainte*, obéiroit à la
Grammaire, mais révolteroit l'oreille. **A**

l'égard du masculin, nulle difficulté. On dira, *les hommes que j'ai plaints, les accidents que j'ai craints.* On emploiera même le féminin, pourvu qu'on ait l'art de le placer, ensorte qu'il ne puisse être confondu avec le substantif. On diroit fort bien, *plus crainte qu'aimée* : exemple approuvé par Vaugelas, à cause que le *plus*, qui précede, ne laisse pas ombre d'équivoque.

Toute équivoque est vicieuse, sans doute : mais on ne doit pas rémédier à une faute par une autre. Que je dise, en parlant de livres ou de papiers, *je les ai rangés par ordre dans mon cabinet*, je laisse » (9) en doute si c'est moi qui ai pris le » soin de les ranger ; ou si je veux dire » seulement, que je les ai, & qu'ils y » sont rangés par ordre ; & je ne fais au- » cune distinction entre l'action de la per- sonne, & l'état de la chose ». A cela, suivant M. l'Abbé Regnier, le remede feroit que l'on dît, *je les ai rangé*, pour marquer l'action ; &, *je les ai rangés*, pour marquer l'état. Mais dans l'un & dans l'autre sens, notre Langue n'admet que *rangés* : & comme elle fournit d'autres tours en abondance, c'est notre affaire

(9) Regnier, Grammaire, pag. 490.

d'en

d'en choisir un, qui, sans être obscur, soit régulier. Ici, l'équivoque vient de ce qu'*avoir* est verbe auxiliaire dans cette phrase, *je les ai rangés*, si j'entends que c'est moi qui ai rangé mes livres ; au lieu que dans l'autre sens, il est verbe actif, signifiant la même chose que *posséder.*

Autrefois, la Regle dont nous parlons, avoit lieu dans une construction telle que celle-ci,

Quand les tièdes (1) *Zéphirs ont l'herbe rajeunie,*

où l'on voit que le régime, *l'herbe*, se trouve placé entre l'Auxiliaire & le Participe. Ainsi le régime, quelque substantif que ce fût, rendoit anciennement le Participe déclinable, lorsqu'il le précédoit. Aujourd'hui cette faculté de précéder le Participe n'appartient qu'à ce petit nombre de Pronoms, dont j'ai donné la liste ci-dessus. Tant mieux : car la Regle étant ainsi restreinte, elle n'en devient que plus facile à retenir,

III, & IV.

Les habitants nous ont rendus maîtres

(1) La Fontaine, dans ses Fables. Voyez *Remarques sur Racine*, Rem. XV.

I

de la ville. Le commerce, parlant d'une ville, *l'a rendu puissante.*] Toute la différence que Vaugelas met entre ces deux phrases, c'est que le participe est suivi d'un substantif dans la premiere, & d'un adjectif dans la seconde. Mais, à parler exactement, il n'y a nulle différence pour la syntaxe & la valeur grammaticale, entre un pur adjectif & un substantif, qui est de la classe des noms communs, sur-tout lorsqu'il n'est pas accompagné de l'article ; d'où il s'ensuit, que *maîtres* & *puissante* ne donnent lieu qu'à une seule & même question.

On vient de voir que le Participe se décline, lorsque terminant le sens d'une phrase, ou d'un membre de phrase, il n'a pour tout régime que le Pronom, dont il est précédé. Présentement il s'agit du Participe précédé de ce Pronom, & suivi d'un autre régime, qui est un pur adjectif, ou un substantif pris adjectivement.

Vaugelas, le Pere Bouhours, & M. l'Abbé Regnier sont ici pour ne pas décliner. Il n'y a que Ménage qui pense autrement. Ainsi la décision seroit prompte, s'il ne falloit que compter les voix. J'aimerois mieux que nous eussions à peser les raisons; mais il n'y en a d'alléguées ni de part ni d'autre.

Que faire donc ? Recourir à l'Ufage ? Oui, fi l'Ufage étoit fuffifamment connu. Pour le connoître, nous n'avons que deux moyens : écouter les perfonnes qui parlent bien, & lire les livres bien écrits. Or il eft difficile que l'oreille la plus attentive diftingue parfaitement fi l'on prononce, *rendu*, *rendus*, ou *rendue*, lorfqu'il n'y a point de repos entre le participe & l'adjectif fuivant ; comme en effet il n'y en peut avoir entre ces deux mots, *rendu maîtres* ou *rendu puiffante*. A l'égard de nos lectures, elles ne peuvent que redoubler notre embarras, puifqu'elles nous offrent, fouvent dans un même Auteur, le pour & le contre. Il faut cependant avoir le courage de prendre une bonne fois fon parti. Car qu'y a-t-il de fi cruel que d'être arrêté, quand on a la plume à la main, par ces miférables doutes, qui renaiffent à chaque inftant ?

Pour moi, tout idolâtre que je fuis de Vaugelas, je donne ici la préférence à Ménage, parce que fon opinion eft conforme à cette Regle générale, qui, dans les ténebres où l'Ufage nous a laiffés, peut feule nous fervir de flambeau. Ainfi je dirai fans héfiter : *Cette ville qui n'étoit rien autrefois, le commerce l'a* rendue *puif-*

fante; & avec Phedre, parlant de l'épée
d'Hippolyte :

Je l'ai rendue (2) *horrible à fes yeux
inhumains.*

Ailleurs, après avoir fait mention de la
Grèce, Racine a écrit :

De foins (3) *plus importants je l'ai* crue
agitée.

Voilà, dis-je, ce qui me patoîtroit le
plus raifonnable. Car puifqu'il eft inconteftablement reçu que le Participe fe décline, quand il eft précédé d'un relatif,
qui fait fon régime feul ; on doit, ce me
femble, pour agir conféquemment, le
décliner auffi, quand, outre le relatif,
il régit encore un nom qui fe rapporte &
fe lie néceffairement au relatif : en forte
que le relatif, le participe, & le nom
fuivant, ont enfemble un rapport d'iden-
tité, qui les foumet tous les trois aux
mêmes loix grammaticales, & par conféquent les oblige tous les trois à s'accorder en genre & en nombre.

J'avoue que le raifonnement eft inutile,
ou même ridicule, quand l'Ufage a décidé.

______

(2) *Phedre*, III. 1. (3) *Androm.* I. 2.

Mais ici l'ufage nous abandonne le choix, & dès-lors pouvons-nous mieux faire que de confulter l'analogie, dont l'Ufage eft lui-même l'Auteur ? Puifqu'il veut que je dife, *les lettres que j'ai reçues*; ne dirai-je pas également, *les lettres que j'ai reçues, ouvertes*, fi je•ne les ai reçues que décachetées?

Par cette derniere ligne, que je viens d'écrire tout uniment & fans deffein, je m'apperçois que *reçues*, & *décachetées* s'accordent en genre & en nombre, fans que mon oreille m'ait averti de rien, & cela vient de ce que dans cette ligne, *je ne les ai reçues que décachetées*, ces deux participes ou adjectifs, *reçues*, *décachetées*, font un peu féparés par la particule *que*.

Autres exemples. *Cette ville, qui n'étoit rien autrefois, le commerce l'a rendue*, en moins de trois ans, affez *puiffante pour tenir tête à fes voifins. Les ennemis nous ont rendus*, au bout de vingt-quatre heures, *maîtres de la place*. Il me femble qu'au moyen de quelques mots gliffés entre le Participe & l'adjectif, on fent que le Participe doit être décliné. Or, fi cela eft, il ne refte donc nulle raifon de ne pas décliner, lorfqu'il n'y a rien qui les fépare.

Phrafes, où le Participe & l'Adjectit fe montrent les premiers. *Rendue puiſſante par le commerce, la Hollande s'eſt fait craindre. Rendus maîtres de nos paſſions, nous en vivrons plus heureux.* Quelqu'un fe feroit-il une peine de parler ainſi ? Ou plutôt, quelqu'un parleroit-il autrement ?

Tout le monde dit, *une ſignature* reconnue *fauſſe, une Comédie* trouvée *mauvaiſe.* Pourquoi, lorſqu'on y aura introduit le verbe auxiliaire, voudra-t-on dire, *une ſignature que les Juges* ont reconnu *fauſſe, une Comédie que le Parterre* a trouvé *mauvaiſe ?* Je défie qu'on puiſſe m'en apporter la raiſon : & c'eſt, comme on dit, chercher de la différence entre deux gouttes d'eau.

Je l'ai faite *religieuſe, je l'ai* trouvée *guérie, je l'ai* vue *belle, je l'ai* crue *bonne,* & cent autres phraſes ſur leſquelles on a tant diſputé, doivent donc être, ſi je ne me trompe, aſſujéties toutes à cette Regle inviolable, qui preſcrit la concordance de l'adjectif avec ſon ſubſtantif.

Il eſt bien vrai que deux mots qui ont la même définence, & qui ſe touchent, par exemple, *je l'ai trouvée changée, je l'ai vue émue,* font une conſonnance peu

agréable ; & c'eſt ce qui arrive aſſez ſouvent lorſque deux Participes ſe trouvent
enſemble, l'un comme tel, l'autre comme pur adjectif. Mais la Grammaire ne ſe
charge que de nous enſeigner à parler correctement. Elle laiſſe à notre oreille, &
à nos réflexions, le ſoin de nous apprendre en quoi conſiſtent les grâces du diſcours.

V, & VI.

*Je les ai fait peindre. C'eſt une fortifi-
cation que j'ai appris à faire.*] On regrette,
& avec raiſon, beaucoup de termes qu'il
a plu à l'Uſage de proſcrire. *Icelui* étoit
d'une commodité infinie. Qu'il me ſoit
permis de le rappeler pour un moment,
& de le mettre ici à la place des Pronoms
relatifs, qui entrent dans les deux exemples que nous venons de réunir. *J'ai fait
peindre iceux. C'eſt une fortification, j'ai
appris à faire icelle.* On voit déja, ſans
aller plus loin, que ces deux phraſes
n'ont rien de commun avec la Regle,
dont nous continuons l'examen. Cette
importante Regle dit que le Participe ſe
déclinera, toutes les fois qu'il ſera précédé du Pronom relatif, qui eſt ſon régime. Or ces Pronoms relatifs, *les* & *que,*

font ici le régime, non du Participe, mais de l'Infinitif; car *les* se rapporte à *peindre*, & *que* se rapporte à *faire*.

Tant d'autres phrases entassées par M. l'Abbé Regnier, *C'est une chose que j'ai cru vous devoir dire; la conséquence que j'ai prétendu vous en faire tirer; une clause qu'on a désiré y ajouter; la maison que l'on a commencé à bâtir;* toutes ces phrases, dis-je, sont visiblement dans le même cas, qui n'est point celui où le Participe doit être décliné, puisque le régime tombe, non sur le Participe, mais sur l'Infinitif.

Aussi nos Grammairiens sont-ils tous d'accord sur ce point. Mais la question jusque-là n'est qu'effleurée. Pour l'approfondir, il falloit demander en général quand le Participe doit être décliné, ou non, étant suivi d'un Infinitif. Distinguons. Ou le Pronom relatif, qui est régi, se rapporte au Participe même, ou il se rapporte à l'infinitif. Dans le premier cas, le Participe se décline. Dans le second cas, il ne se décline point.

Jusqu'ici donc les phrases proposées ne regardent qu'une partie de la question. Un seul exemple rassemblera le tout, & fera en même temps voir que notre Langue, autant qu'il dépendoit d'elle, a prévenu les équivoques. *Je l'ai* vu *peindre*, ou, *je l'ai* vue *peindre*. On dira l'un & l'autre, mais en des fens très-différents. *Je l'ai* vu *peindre*, c'eſt-à dire, j'ai vu faire ſon portrait, *Je l'ai* vue *peindre*, c'eſt-à-dire, je lui ai vu le pinceau à la main. Pourquoi *vu* dans le premier ſens ? Parce que le régime ſe rapporte à l'Infinitif. *Vidi, cùm eam pingerent.* Pourquoi *vue* dans l'autre ſens ? Parce que le régime ſe rapporte au Participe. *Vidi eam, cùm pingeret.*

Racine, dans Britannicus, où il fait dire à Néron, en parlant de Junie,

Cette nuit (4) *je l'ai* vue *arriver en ces lieux ;*

Racine, dis-je, avoit mis dans ſa premiere édition, *je l'ai* vu *cette nuit, &c.* Il ſe corrigea. Pourquoi ? Parce que *vue* ſe rapporte à Junie, & non pas à l'Infinitif qui ſuit.

Puiſqu'il faut dire, *je l'ai* vue *arriver*, on dira par conſéquent, *je l'ai* vue *partir*, *je l'ai* vue *paſſer* ; & ainſi de tous les Infinitifs, qui ſont Verbes neutres. Car les neutres n'ayant point de régime, c'eſt

(4) *Britannicus*, Acte II, Scene II.

I v

une néceffité que le régime fe rapporte au Participe, qui précede ces infinitifs, & que le Participe s'accorde avec le régime.

On dira, *je l'ai* entendue *chanter*, fi l'on parle d'une Muficienne ; & alors *chanter* eft pris neutralement. On dira, *je l'ai* entendu *chanter*, fi c'eft d'une Cantate qu'on veut parler ; & alors *chanter* eft actif.

Ajoutons que l'Infinitif eft quelquefois fous entendu, & que le Participe doit alors demeurer indéclinable, comme dans ces phrafes, *je lui ai fait toutes les caref- fes que j'ai dû, il a eu de la Cour toutes les graces qu'il a voulu.* On fous-entend *faire* & *avoir*; & c'eft à ces verbes que le régime doit fe rapporter. Ainfi *dues* & *voulues* feroient des fautes groffieres.

Je dois encore avertir qu'on ne décline point le Participe de *faire*, devant un Infinitif, quand *faire* eft pris dans le fens d'ordonner, *être caufe que*. Par exemple, *ces troupes que le Général à* fait *marcher.* Et la raifon de cela, eft que *faire mar- cher* n'eft regardé que comme un feul mot; ou du moins ce font deux mots inféparables, & qui ne préfentent qu'une feule idée à l'efprit. Car fi le Participe étoit féparé de l'Infinitif, la phrafe ne

diroit plus ce qu'on a voulu dire. Ainſi
le feminin *que*, dans l'exemple allégué,
ne ſe rapporte pas uniquement au Participe *fait*, & ne peut pas non plus être
régi par *marcher*, verbe neutre ; mais il
ſe rapporte à tous les deux conjointement,
parce que *fait* ne faiſant qu'un avec *mar-*
cher, lui communique la faculté qu'il a
de régir.

VII.

Les peines que m'a donné cette affaire.
Tous nos Grammairiens ſont d'accord ſur
cette phraſe, ils l'approuvent, & cependant j'oſerai nêtre pas de leur avis. Ou
plutôt, étant, comme je le ſuis, per-
ſuadé que le mien n'eſt d'aucun poids, je
me bornerai à dire que l'Académie, depuis ſi long-temps que je ſuis à portée
d'entendre ſes leçons, m'a paru, toutes
les fois que cette queſtion a été agitée,
ſe décider pour le parti que j'embraſſe.

Une légere tranſpoſition de mots cauſe
ici toute la difficulté. Il s'agit du Participe
mis avant ſon nominatif, au lieu d'être
après. Faut il alors les décliner, ou non?

Vaugelas, dans ſa premiere remarque
ſur les Participes, admet notre principe,
Que tout Participe qui eſt précédé de ſon
régime, doit ſe décliner : & dans une

feconde remarque intitulée, *Belle & curieufe exception à la regle*, il prétend que
ce principe ceffe d'être vrai, quand le
Participe précede fon nominatif. Ainfi,
felon lui, nous dirions : *les peines que
cette affaire m'a données* : & au contraire,
les peines que m'a donné cette affaire.

Véritablement, fi je convenois de l'exception, je la trouverois *belle & curieufe.*
Mais pour donner atteinte à une Regle
générale, il faudroit que l'Ufage nous
eût parlé de maniere à ne laiffer aucun
doute. Or je vois que nos meilleurs écrivains ont été les plus fideles obfervateurs
de la Regle générale, & n'ont point eu
d'égard à cette prétendue exception.

Tout le monde fait une jolie Epigram-
me, traduite du Latin :

> *Pauvre Didon, où t'a réduite
> De deux amans le trifte fort?
> L'un en mourant, caufe ta fuite;
> L'autre en fuyant, caufe ta mort.*

Et pour s'affurer que ce n'eft point la rime
qui amene *réduite*, ne lit-on pas dans
Racine, au milieu du Vers,

> *Ces yeux (5) que n'ont émus ni foupirs
> ni terreur?*

On lit dans la feptieme Réflexion fur

(5) Britannicus, Acte V, Scene I.

Longin, *la Langue qu'ont écrite Cicéron & Virgile.* On lit dans le Tite-Live de Malherbe, *la Légion qu'avoit eue Fabius,* &c.

A quoi bon un plus grand nombre d'autorités? Car j'avoue qu'il eſt aiſé d'en produire de toutes contraires. Ainſi, l'Uſage étant partagé, nous ne pouvons mieux faire que d'en revenir toujours à notre Regle générale, contre laquelle il n'y a rien ici à nous objeȼter, pour acquérir le droit de la reſtreindre, ſi ce n'eſt que nous prononçons, *les peines que m'a données cette affaire,* ſans faire ſentir les deux lettres finales du mot *données.* Hé combien d'autres lettres ſupprimées par la prononciation, mais dont la ſuppreſſion, dans l'écriture, ſeroit un ſolécifme?

VIII.

Plus d'exploits que les autres n'en ont lu.] Voici la phraſe entiere, tirée du Remerciment de M. Deſpréaux à l'Académie. *Quand ils diront de Louis le Grand, à meilleur titre qu'on ne l'a dit d'un fameux Capitaine de l'Antiquité, qu'il a fait lui ſeul plus d'exploits, que les autres n'en ont lu,* c'eſt-à-dire, qu'ils n'ont lu d'exploits. Aſſurément, *lus* auroit été

une faute; mais de ces fautes, qui, lorſ
qu'on n'eſt pas averti, échappent aiſément, puiſqu'un de nos Maîtres en l'art
d'écrire, traduiſant le paſſage Latin, auquel M. Deſpréaux fait alluſion , dit,
*qui a plus achevé de guerres que les au-
tres n'en ont lues,* c'eſt-à dire, qu'ils n'ont
lu de guerres.

Pour ſentir en quoi la faute conſiſte,
il ne faut que ſe rappeler notre Regle
générale, qui rend le Participe déclinable, quand il eſt précédé, non de ſon
régime *particulé,* mais de ſon régime *ſimple.* Or le régime, c'eſt *en,* particule
relative & partitive , laquelle ſuppoſe
toujours dans ſon corrélatif la prépoſition
de, & par conſéquent ne répond jamais
à un régime ſimple. Ainſi la phraſe de
M. Deſpréaux, qui ne décline pas, eſt
correcte; & celle de M. d'Ablancourt,
qui décline, eſt irréguliere.

I X.

Les Chaleurs qu'il a fait.] Perſonne n'a
jamais ſongé à dire, *les chaleurs qu'il a*
faites pendant l'été, les grandes pluies
qu'il a faites *en automne, la diſette qu'il*
y a eue *pendant l'hiver dernier.* Perſonne,
dis-je, n'ignore que le Participe eſt in-

» déclinable dans ces fortes de phrâfes, &
» tel eft le privilége des Verbes qu'on ap-
» pelle imperfonnels. Une exception de
cette nature étant feule, & fi connue de
tout le monde n'eft propre qu'à confir-
mer notre Regle, & qu'à lui affurer de
plus en plus le titre de Regle générale,
toujours la même dans tous les cas ima-
ginables, où le Participe des Verbes actifs peut fe placer.

SECONDE SECTION.

Verbes Réciproques.

R E G L E unique. *Quand le Participe
des Verbes réciproques eft précédé de fon
régime particulé, il ne fe décline jamais;
& au contraire quand il l'eft de fon régime
fimple, il fe décline toujours.*

Je renferme dans la claffe des Verbes
réciproques, tout Verbe qui forme avec
l'Auxiliaire *être* fes temps compofés, &
dont le régime, ou l'un des régimes,
quand il y en a deux, eft néceffairement
un Pronom, fignifiant la même perfonne,
ou la même chofe que fon nominatif.
Ainfi, *fe louer*, *s'admirer*, *fe repentir*,
font également regardés comme Verbes

réciproques , au Participe defquels la Grammaire impofe les mêmes loix ; & ce n'eft pas ici le lieu d'expliquer plus au long la nature (6) de ces Verbes , qui dans le fond ne different point, les uns de l'actif ; les autres du neutre , fi ce n'eft par le Pronom qui les précede , & par leur conjugaifon.

Jamais leur Participe ne peut donc manquer d'être précédé d'un régime ; & c'eft d'abord par-là qu'il ne reffemble point à celui du Verbe actif. On dit, *j'ai reçu des lettres* ; mais avec le Participe du Verbe réciproque, on ne fauroit faire une phrafe femblable , où il ne paroiffe aucun régime qu'après le Verbe. Ajou-

(6) On pourroit être curieux de favoir leur origine. Je l'ai trouvée dans un livre affez rare. *Multæ funt reciprocæ locutiones in veteri Anglo-Saxonum idiomate. Hoc loquendi genus a Gothis deduxere majores noftri. Talia funt multa in hodierna Gallorum lingua , ut ,* je me repens , il fe trompe, je me réjouis, vous vous égarez, ils fe promenent. *Unde Græcorum & Latinorum verba paffiva , & neutro-paffiva reciprocis phrafibus verti poffunt quandoque apud Gallos , haud fecus ac apud Gothos. Ex quibus conftat reciprocas locutiones linguæ Gallicæ effe planè Gothicifmos , vel Theoticifmos ,* &c. Voyez page 91 des *Inftitutiones grammaticæ Anglo-Saxonicæ , & Mæfo-Gothicæ ,* Auctore Georgio Hicxefio.

tons que ce Participe ne peut entrer dans aucune phrase où le Verbe soit pris impersonnellement. A cela près, tout ce que nous avons dit sur le Participe du Verbe actif, convient à celui du Verbe réciproque, comme on va le voir dans l'examen des phrases suivantes.

I. *Nous nous sommes rendus maîtres.*

II. *Nous nous sommes rendus puissants.*

III. *La désobéissance s'est trouvée montée au plus haut point.*

IV. *Elle s'est fait peindre, ils se sont fait peindre.*

V. *Elle s'est mis des chimeres dans l'esprit.*

VI. *Les loix que s'étoient prescrites les Romains.*

Un mot sur chacune de ces phrases, dont les trois premieres, proposées par Vaugelas, ne forment, à mon avis, qu'une même difficulté.

I, II, & III.

Nous nous sommes rendus maîtres. Nous nous sommes rendus puissants. La désobéissance s'est trouvée montée au plus haut point.] Vaugelas décline dans les deux premiers exemples, & non dans le troisieme. Au contraire, M. l'Abbé Regnier décline dans le troisieme, & non dans les deux premiers. Quant à Ménage, il décline dans tous les trois; & son opinion est celle qui paroît avoir entiérement prévalu.

Tout le raisonnement de M. l'Abbé Regnier porte sur ce principe, dont la Grammaire de Port - Royal avoit déja fait sentir la solidité, Que dans les temps des Verbes réciproques, où *Etre* prend la place d'*Avoir*, il signifie précisément la même chose qu'*Avoir*, & donne au Participe un sens actif. C'est ce qui deviendra très clair, si nous rapprochons les deux exemples que voici. *Cette femme s'est reconnue coupable. Cette autre s'est trouvée innocente.* Dans le premier, c'est comme si l'on disoit, *elle a reconnu qu'elle étoit coupable.* Dans le second, c'est comme si l'on disoit, *elle a été trouvée innocente.* Ainsi le sens du Participe est actif dans le premier, & passif dans le second.

Autres phrases qui rendront cette distinction de l'actif & du passif, encore plus marquée *Ces femmes se sont louées avec malignité.* c'est-à-dire, *ont loué elles. Ces maisons se sont louées trop cher,* c'est-à-dire, *ont été louées.*

Je renvoie à la Grammaire même de

M. l'Abbé Regnier, ceux qui feront curieux de voir comment, de ce principe
qu'on ne lui contefte pas, il prétend conclure que le Participe, lorfqu'il eft actif,
ne fe décline point, & que par conié-
quent il faut dire, *Ces femmes fe font* loué,
elle s'eft reconnu *coupable.*

Vaugelas croit le contraire, puifqu'il
approuve, *nous nous fommes* rendus *puif-
fants.* Mais je ne trouve pas qu'il agiffe
conféquemment, de vouloir qu'on dife,
la défobéiffance, s'eft trouvé *montée.* Il nous
affûre que ce n'eft point à caufe de la
cacophonie, puifqu'il faudroit dire de
même, felon lui, *elle s'eft* trouvé *guérie.*
Pour moi, jufqu'à ce qu'on m'ait fait fentir
la différence qu'il y a entre les deux, je
croirai que celui qui dit *rendus*, dans la
premiere phrafe, doit auffi dire *trouvée*
dans la feconde.

Revenons en donc à Ménage, puifqu'il
eft ici le feul d'accord avec lui-même, &
ne craignons point de reconnoître pour
Regle invariable, que le Participe du
Verbe réciproque fe décline toujours,
quand c'eft fon régime fimple qui le précede : fans que nous ayons à diftinguer fi
ce Participe eft actif ou paffif; ni s'il eft
fuivi, ou non, d'un Adjectif. Car fuppofé

que l'obſervation de cette Regle nous
faſſe tomber dans quelque équivoque, ou
dans quelque cacophonie ; ce ne ſera
point la faute de la Regle ; ce ſera la faute
de celui qui ne connoîtra point d'autres
tours, ou qui ne ſe donnera pas la peine
d'en chercher.

I V.

*Elle s'eſt fait peindre, ils ſe ſont fait
peindre.*] Voilà le Participe ſuivi d'un
Infinitif. Pour appliquer ici notre Regle
générale, il ne faut que conſidérer auquel
des deux le régime ſe rapporte. Car à
moins qu'il ne tombe ſur le participe ;
celui-ci ne ſe décline point. Or le régime
ſe rapporte à *peindre*, puiſqu'il eſt clair
qu'on n'a pas voulu dire qu'elles ſe ſont
faites, qu'ils ſe ſont faits.

En changeant le Pronom, & mettant
le verbe réciproque à l'actif, on diroit,
*elle a fait peindre elle, ils ont fait pein-
dre eux*, ſi l'Uſage l'avoit permis.

Quand l'Infinitif eſt précédé d'une particule, il eſt encore moins facile de s'y
tromper. *C'eſt un procès qu'ils ſe ſont dé-
terminés à finir. C'eſt un honneur qu'elle
s'eſt vantée d'obtenir.* Il y a deux régimes,
que & *ſe*, dont le premier tombe ſur l'Infinitif, & l'autre ſur le Participe. Plus on

٠ relira notre Regle, générale & unique,
q plus on se convaincra qu'elle dit tout.

V.

Elle s'est mis des chimeres dans l'esprit.]
C'est ici qu'on péche le plus souvent ;
& il ne faudroit cependant, pour être
impeccable, que se mettre notre Regle
devant les yeux. *Quand le Participe est
précédé de son régime particulé, il ne se
décline jamais.* Or, dans la phrase pro-
posée, le Pronom *se*, qui précede le Participe, est un régime particulé ; car il
est mis là pour *à soi*, *Elle a mis à soi.*

Au contraire on diroit, *Cette femme
s'est* mise *à la tête des Cabaleurs* ; & il y
faudroit *mise*, parce que le Pronom *se*,
qui précede ce Participe, est un régime
simple, *elle a mis elle.*

Parcourons d'autres phrases. *Elle s'est*
proposé *de vous aller voir. Elle s'est* pro-
posée *pour modele à ses compagnes.* Dans
la premiere le régime est particulé ; car
c'est comme si l'on disoit, *elle a proposé
à elle.* Dans l'autre, le régime est simple ;
car c'est comme si l'on disoit, *elle a proposé elle.*

Régime particulé *Quelques-uns de nos
Modernes se sont* imaginé *qu'ils surpas-
soient les Anciens.*

Régime fimple, *Il y a des Anciens qui se font* dévoués *pour la Patrie.*

On voit conftamment que ce qui décide du Participe, c'eft toujours le régime, en tant qu'il eft, ou fimple, ou particulé.

V I.

Les loix que s'étoient prefcrites les Romains.] Il y a ici deux régimes, le fimple & le particulé. *Que*, pronom relatif, eft le fimple : & *se*, pronom perfonnel, eft le particulé. A l'égard de celui ci, nous venons de voir fous le numero précedent, qu'il ne fait point décliner le Participe. Quant au régime fimple, nous avons déjà vu qu'il oblige à décliner ; & qu'ainfi on diroit fans difficulté, *Les loix que les Romains s'étoient prefcrites.* Tout ce qu'il y a de nouveau dans ce dernier exemple, c'eft d'y trouver le Nominatif après le Verbe. Or là-deffus je n'ai rien à dire qui n'ait été dit, *Article* I, *numero* **VII.** Pourquoi une fimple tranfpofition de mots, ufitée de tous les temps, changeroit-elle la fyntaxe du Participe ? *Ainfi se font* perdues *celles qui l'ont cru. Comment s'eft* aigrie *votre querelle, pour durer fi long-temps ? Les pénitences que se font* impofées *les Solitaires de la Thébaïde,*

Je fais que la prononciation ne fait guère fentir ces féminins, ni ces pluriels. Mais autre chofe eft de parler, ou d'écrire. Car fi l'on veut s'arrêter aux licences de la converfation, c'eft le vrai moyen d'eftropier la Langue à tout moment. J'abrège, pour en venir à la troifieme efpèce de nos Verbes, qui ne nous tiendra pas long-temps.

TROISIEME SECTION.
Verbes Neutres.

REGLE unique. *Quand le Participe des Verbes Neutres fe conftruit avec l'Auxiliaire* avoir, *il ne fe décline jamais* ; & *au contraire quand il fe conftruit avec l'Auxiliaire* être, *il fe décline toujours.*

A l'égard des Verbes actifs, & des réciproques, c'eft le régime qui, comme nous l'avons vu, décide de leur déclinaifon ; mais pour les Verbes neutres, c'eft le Nominatif.

Une partie (7) des Verbes neutres fe conjugue avec l'Auxiliaire *avoir* : une autre partie (8) avec l'Auxiliaire *être* : quel-

(7) La plus grande partie, & de beaucoup. Car d'environ 600, à quoi fe monte le nombre de nos Verbes neutres, il y en a plus de 550, dont *Avoir* eft le feul auxiliaire.

(8) *Accoucher, aller, arriver, choir* & *dé-*

ques-uns (9) se conjuguent des deux façons.

Tous, conformément à la maniere dont ils se conjuguent, sont assujétis à la Regle que je viens de rapporter; en sorte qu'il seroit inutile d'en citer des exemples, puisqu'il n'y a point d'exception.

Quand ils se conjuguent avec l'Auxiliaire *être*, leur Participe n'est regardé que comme un pur Adjectif, & il a cela de commun avec les Participes des Verbes actifs, qui sont employés dans un sens passif. On dit, *elle est arrivée*, comme on dit, *elle est aimée*; & l'un & l'autre comme on diroit, *elle est grande, elle est petite*.

Finissons par une idée un peu singuliere de M. l'Abbé Regnier sur ces deux Participes, *allé* & *venu*. Il veut qu'on dise, *elle est allée se plaindre, elle est venue nous voir*; mais que si le régime vient à être transporté, on dise, *elle s'est allé plaindre, elle nous est venu voir*. En vérité, si cela étoit, l'Usage auroit bien mérité le reproche qu'on lui fait souvent, & peut-être injustement, d'être plein de caprices.

choir, entrer, mourir, naître, partir, retourner, sortir, tomber, &c.

(9) *Accourir, apparoître, disparoître, cesser, croître, déborder, demeurer, descendre, monter, passer, périr, rester,* &c.

Quoi

Quoi qu'il en foit, moins la Grammaire autorifera d'exceptions, moins elle aura d'épines: & rien ne me paroît fi capable que des Regles générales, de faire honneur à une langue favante & polie.

Pour obtenir que ces *Effais* puiffent être parcourus fans dégoût, je prie les perfonnes judicieufes de fe rappeler ce paffage de Quintilien *.

» Il me vient, difoit il, à l'efprit, qu'il
» y aura des gens qui mépriferont tout
» ce que je viens de dire, comme des
» minuties, & qui le regarderont même
» comme un obftacle aux grands deffeins
» que nous avons. Je leur répondrai que
» je ne prétends pas non plus qu'on éplu-
» che ces difficultés avec un foin qui aille
» jufqu'à l'anxiété & au fcrupule. Je fuis
» perfuadé auffi-bien qu'eux, que ces pe-
» tites fubtilités rétréciffent l'efprit, & le
» tiennent comme en braffiere. Mais de
» toute la Grammaire. rien ne nuit que
» ce qui eft inutile... Ces connoiffances ne
» nuifent pas à qui s'en fert comme d'un
» degré pour s'élever à d'autres; mais à
» qui s'y arrête & s'y borne uniquément.

* *Livre* I, *chap.* 7. *Traduction de M. l'Abbé Gédoyn.*

K

REMARQUES

SUR

RACINE.

POUR annoncer d'abord mon deſſein, il me ſuffira de rappeler ici une idée de M. Deſpréaux, que j'ai déja expoſée dans l'Hiſtoire de l'Académie Françoiſe.

» Je voudrois, diſoit-il, que la France
» pût avoir ſes Auteurs claſſiques, auſſi-
» bien que l'Italie. Pour cela, il nous
» faudroit un certain nombre de livres,
» qui fuſſent déclarés exempts de fautes,
» quant au ſtyle. Quel eſt le Tribunal qui
» aura droit de prononcer là-deſſus, ſi ce
» n'eſt l'Académie ? Je voudrois qu'elle
» prît d'abord le peu que nous avons de
» bonnes traductions ; qu'elle invitât ceux
» qui le peuvent, à en faire de nouvel-
» les ; & que ſi elle ne jugeoit pas à pro-
» pos de corriger tout ce qu'elle y trou-
» veroit d'équivoque, de haſardé, de
» négligé, elle fût au moins exacte à le
» marquer au bas des pages, dans une
» eſpèce de commentaire, qui ne fût que

» grammatical. Mais pourquoi veux je
» que cela se fasse sur des traductions ?
» Parce que des traductions avouées par
» l'Académie, en même temps qu'elles
» seroient lues comme des modeles pour
» bien écrire, serviroient aussi de mo-
» deles pour bien penser, & rendroient le
» goût de la bonne Antiquité familier à
» ceux qui ne sont pas en état de lire les
» Originaux.

Voilà, certainement, une idée solide ;
& je ne doute pas que l'Académie ne se
fasse une loi de rendre cet important ser-
vice au Public, lorsqu'elle aura satisfait
à d'autres engagements, qui ne sont pas
moins dignes de son zèle. Je doute seulement qu'il convienne de préférer des
traductions, comme le prétendoit M.
Despréaux, à ceux de nos ouvrages
François, dont le mérite, depuis cinquante ou soixante ans, est avoué de tout
le monde. Car enfin, toute prévention à
part, il me semble que la langue Françoise à des Auteurs, qui peuvent également servir de modeles, & pour bien
penser, & pour bien écrire. Je ne sais
même si le nombre de nos [illegible]
Originaux, quelque borné [illegible], ne
l'est pas encore moins que celui de nos
bonnes traductions.   K ij

Quoi qu'il en foit, je crois ne pouvoir mieux feconder les vues de M. Defpréaux, qu'en m'attachant à quelques Pieces de fon ami Racine : perfuadé comme je le fuis avec toute la France, qu'ils mérite-roient inconteftablement tous les deux d'être mis à la tête de nos Auteurs claffi-ques, fi l'on avoit marqué le très-petit nombre de fautes où ils font tombés.

Qu'on ne s'étonne pas, au refte, qu'ayant pour but d'être utile à quiconque veut cultiver l'art d'écrire, je cherche des modeles parmi les Poëtes, plutôt que parmi ceux qui ont écrit en profe. Car notre langue ne reffemble pas à quelques autres, où la Poéfie & la Profe font, pour ainfi dire, deux langages différents. Ce n'eft pourtant pas que le François ne connoiffe qu'un même ftyle pour ces deux genres d'écrire. Mais les différences qui doivent les caractérifer, ne font pas gram-maticales pour la plupart : & dès-lors, puifque ma Critique fe borne aux fautes de Grammaire, il étoit affez indifférent qu'elle tombât fur des Poëtes, ou fur des Orateurs.

J'ai préféré un Poëte, parce qu'il me femble que d'excellents vers fe font lire & relire plus volontiers, qu'une profe

» également bonne en son genre. Ainsi la
» sécheresse de mes Remarques sera un peu
» corrigée par le charme des vers, dont elles
» rappelleront le souvenir.

Une autre raison encore, qui seule
auroit emporté la balance, c'est qu'en
vérité, si nous y regardons de bien près,
il y a moins à reprendre dans Racine ou
dans Despréaux, que dans nos Ouvrages
de prose les plus estimés. Cela ne doit
pas nous surprendre. On travaille les vers
avec plus de soin que la prose : & cependant la prose, pour être portée à sa perfection, ne coûteroit guère moins que les
vers.

J'avois, dans la premiere édition de
ces Remarques, suivi Racine pas à pas :
c'est-à-dire, j'avois observé ses fautes,
ou négligences, à mesure qu'elles me
frappoient dans une lecture non interrompue. Je relevois dans chaque Piece,
acte par acte, scêne par scêne, tout ce
qui m'arrêtoit, pour ainsi dire, malgré
moi. On m'a représenté que souvent une
Remarque servoit à éclaircir, ou à con-
firmer l'autre : qu'ainsi le mieux étoit de
rapprocher celles qui ont quelque liaison
ensemble. C'est le plan que je vais suivre.
Réunissons d'abord tout ce qui paroît avoir

vieilli. De là nous paſſerons aux phraſes où j'aurai cru entrevoir quelque ſorte d'irrégularité.

I.

(1) . . . . *Ses ſacriléges mains Deſſous un même joug rangent tous les humains.*

Autrefois *deſſous* , *deſſus* , *dedans* , étoient prépoſitions, auſſi bien qu'adverbes. Vaugelas les ſouffre encore dans le vers, comme prépoſitions. Mais aujourd'hui la Poéſie ſe pique d'être à cet égard auſſi exacte que la proſe.

Racan, comme nous apprenons de Ménage, diſoit que Malherbe ſe blâmoit d'avoir écrit, *deſſus mes volontés*, au lieu de, *ſur mes volontés*. Ainſi la différence qu'aujourd'hui nous mettons tous ici, a été ſentie depuis long-temps : & Racine n'a manqué à l'obſerver que dans ce ſeul endroit.

Je renvoie au Dictionnaire de l'Académie, où l'on trouvera en quels cas *deſſous,*

____

(1) *Alexandre* , I. 1 , 13. De ces trois chiffres, *le premier déſigne* quel eſt l'Acte de la Pièce: *le ſecond*, quelle eſt la Scène de ce même Acte : *& le troiſieme*, quel eſt le Vers de cette même Scène.

deſſus, *dedans*, ſont adverbes, ou ſubſtantifs, ou même prépoſitions, mais
ſeulement lorſqu'une autre prépoſition
les précede, *au deſſous de*, *par deſſus le*,
&c. Rien qui donne au diſcours plus de
juſteſſe, plus de préciſion, que ces acceptions différentes, établies dans la Langue peu-à-peu, & aujourd'hui fixées invariablement.

I I.

(2) . . . . . *Ah! devant qu'il expire.*

Vaugelas (3) permettoit encore de
mettre ces deux prépoſitions; *Avant*, &
Devant, l'une pour l'autre. Aujourd'hui
l'uſage eſt qu'on les diſtingue, ſoit en
vers, ſoit en proſe. *Avant* eſt relatif au
temps : *avant votre départ*, *avant que
vous partiez.* Mais *devant* eſt relatif au
lieu : *j'ai paru devant le Roi*, *vous paſ-
ſerez devant ma porte.* Ajoutons que *devant* ne ſauroit être ſuivi d'un *que.* Par
conſéquent, il y a, ſelon l'uſage préſent,
double faute dans *Devant qu'il.* Je dis,

(2) *Andromaque*, V, 1, 37.
(3) *Remarque* CCLXXIV, ſuivant l'Edition
faite à Paris, en 1738, la ſeule où les Remarques ſoient numérotées, & que, par cette raiſon,
je citerai toujours.

felon l'ufage préfent ; car il ne faut pas faire un crime à Racine d'avoir quelquefois ufé d'expreffions, qui n'étoient pas encore vieilles de fon temps.

I I I.

(4) *Mais avant que partir, je me ferai juftice.*

On doit toujours dire en profe, *avant que de.* Mais en vers on fe permet de fupprimer ou *que*, ou *de*, quand la mefure y oblige. Racine & Defpreaux ont toujours dit, *avant que*, comme plus conforme à l'étymologie, qui eft l'*antequàm* du Latin. Aujourd'hui la plupart de nos Poëtes préferent *avant de*. Rien n'eft plus arbitraire, à mon gré. Mais plufieurs de ceux qui écrivent aujourd'hui en profe, & qui fe piquent de bien écrire, veulent, à la maniere des Poëtes, dire, *avant de.* Je fuis perfuadé qu'en cela ils fe preffent un peu trop, & fans raifon. Pourquoi toucher à des manieres de parler, qui font auffi anciennes que la Langue ? Trouvent-ils quelque rudeffe dans *avant que de* ? Vaugelas leur répondra, qu'*Il n'y a ni cacophonie, ni répétition, ni quoi que ce*

(4) *Mithridate*, III, 1, 233.

puiſſe être , qui bleſſe l'oreille , lorſqu'un long uſage l'a établi , & que l'oreille y eſt accoutumée. Il m'arrivera ſouvent de citer Vaugelas , *le plus ſage des écrivains de notre Langue*, dit en propres termes (5) M. Deſpréaux. Et dans quelle bouche l'éloge de Vaugelas auroit-il plus de force que dans celle de M. Deſpréaux?

I V.

(6) *Et m'acquitter vers vous de mes reſpects profonds.*

Je doute qu'aujourd'hui les Poëtes aient encore le privilege d'employer *vers* pour *envers* : ces deux prépoſitions ayant des ſens tout-à-fait différents. Et quoique *reſpects* & *devoirs* ſoient preſque ſynonymes, on ne dit pas *S'acquitter de ſes reſpects*, comme on dit, *S'acquitter de ſes devoirs.*

V.

(7) *Pour vous régler ſur eux, que ſont-ils près de vous ?*

Voilà encore une prépoſition, qui, dans le ſens où elle eſt ici employée, pourroit

(5) *Premiere réflexion ſur Longin.*
(6) *Bajazet*, III, 2, 37.
(7) *Eſther*, II, 5, 19.

K v

bien avoir vieilli. *Près de vous*, pour dire, à votre égard, en comparaison, au prix de ce que vous êtes. Je ne crois pas que l'ufage actuel fouffre cette maniere de parler.

V I.

(8) *J'écrivis en Argos.* . . . . . .

Argos, étant un nom de Ville, il fal-loit, *à Argos*, quoique cette Ville donne fon nom à un Royaume. On diroit, *j'écrivis à Maroc*, & non *en Maroc*. Au-trefois on mettoit *en*, devant les noms de Villes qui commencent par une voyelle, *en Avignon*, *en Orléans*. Mais *en*, depuis long-temps, ne va plus qu'avec des noms de grands Pays, *en Angleterre, en Italie*, &c.

V I I.

(9) . . . . *D'où vient que d'un foin fi cruel L'injufte Agamemnon m'arrache de l'Autel?*

Rien n'eft fi familier à Racine & à Defpréaux, que l'emploi de la prépofi-tion *de*, dans le fens d'*avec*, ou de *par*. Il y a cependant des endroits où cela paroît, aujourd'hui du moins, avoir quel-

(8) *Iphigénie*, I, 1, 94.
(9) *Iphigénie*, III, 2, 3.

que chofe de fauvage. Par exemple, dans Alexandre, II, 1, 64.

. . . . . *Vaincu du pouvoir de vos charmes.*

Dans Athalie, IV, 3, 90.

Et d'un fceptre de fer veut être gouverné.

Mais à propos de cette prépofition *de*, ne brave-t-elle pas la Grammaire dans certaines phrafes du ftyle familier ? *Un honnête homme de pere,* dit Moliere dans l'Avare. *Un fripon d'enfant, un faint homme de chat,* dit la Fontaine dans fes Fables. Je m'imagine que c'eft un latinifme, car il y en a des exemples dans (1) Plaute & ailleurs.

Phrafe non moins extraordinaire, *On eût dit d'un Démoniaque quand il récitoit fes vers,* dans une lettre à moi écrite par M. Defpréaux, où il étoit queftion du fameux Santeul : & je la retrouve cette phrafe dans une Comédie affez récente, dont j'aurois du plaifir à nommer l'auteur, fi je ne m'étois impofé la loi de ne parler, ni en bien, ni en mal, d'aucun écrivain vivant.

. . . . . . *Quelle main, quand il s'agit de prendre ?*

(1) *Scelus viri.* Truculent. II, 7, 60.
Monftrum mulieris. Pœnul. I, 2, 63.

*Vous diriez d'un ressort qui vient à se
détendre.*

Autre phrase encore, à-peu-près dans
le même goût, & qui est ancienne, *Si
j'étois que de vous.* Moliere, dans ses
Femmes savantes, IV, 2.

*Je ne souffrirois pas, si j'étois que de vous,
Que jamais d'Henriette il pût être l'époux.*

Toutes ces phrases, au moyen de l'Ellipse, rentreront dans les regles de la
Syntaxe ordinaire.

V I I I.

(2) *M'entretenir moi seule avecque mes
douleurs.*

Avecque, de trois syllabes, n'est plus
que dans ce seul endroit de Racine; car
il l'a corrigé par-tout ailleurs où ses premières éditions nous apprennent qu'il
l'avoit employé.

Vaugelas (3) avertit qu'il faut toujours
prononcer le *c* d'*avec*, devant quelque
lettre qu'il se rencontre, & se garder bien
de dire, *avè moi*, *avè un de mes amis.*
On ne sauroit, dit-il encore, prononcer

(2) *Alexandre*, IV, 1, 4.
(3) *Remarque* CCLXVIII.

avec vous, que de la même façon que l'on prononce *avecque vous*. Puisque cela est certain, & que personne n'en doute, je demande qu'est-ce que gagnoit l'oreille aux trois dernieres lettres d'*avecque*, lesquelles forment une syllabe, qui n'a de réalité que pour les yeux? Aussi l'Académie, dans ses Observations sur Vaugelas, disoit-elle aux Poëtes, il y a plus de soixante ans, qu'il est bon de ne conserver qu'*avec.*

I X.

4 . . . . . *Ho, Monsieur, je vous tien.*

Autrefois, comme on le peut voir dans la Grammaire de R. Estienne, les premieres personnes des verbes, au singulier, ne prenoient point d'*s* à la fin. On réservoit cette lettre pour les secondes personnes, & on mettoit un *T* aux troisiemes. Par-là, chaque personne ayant sa lettre caractéristique, nos conjugaisons étoient plus régulieres. Car ne croyons pas que notre Langue soit l'ouvrage de l'ignorance, ou du hasard. Elle a ses principes, & qui sont très-uniformes, dès le temps de François I. A la vérité,

(4) *Plaideurs*, I, 3, 5.

l'Ufage depuis deux fiecles a introduit divers changements, dont plufieurs ne valent peut-être pas ce qu'ils nous ont fait perdre. Mais, que la raifon ou le caprice les ait dictés, ils n'en font pas moins une loi pour nous, du moment que l'Ufage nous condamne à les recevoir.

Tel eft le changement (5) d'orthographe aux premieres perfonnes des verbes. D'abord les Poëtes s'enhardirent à y mettre une *s*, afin d'éviter la fréquente cacophonie qu'elles auroient faite fans cela devant les mots qui commencent par une voyelle. Comme ils n'avoient rien de femblable à craindre des verbes qui finiffent par un *E* muet, parce que ceux-là s'élident, ce font les feuls qu'ils ont laiffés fans *s*, & infenfiblement l'ufage des Poëtes eft devenu fi général, qu'enfin l'omiffion de l'*s* aux premieres perfonnes des verbes qui finiffent par une confonne, ou par toute autre voyelle que l'*E* muet, a été regardée comme une négligence dans la profe, & comme une licence dans le vers. Racine en fournit plufieurs exemples. Vous trouvez dans Bajazet, *Je vous en averti*, qui rime avec *parti.* Ailleurs, *je reçoi, je croi, je voi*, riment avec *emploi*, avec *moi*.

(5) Vaugelas, *Rem.* CXXXVI.

Au reſte, les Commentateurs de Vaugelas auroient dû faire obſerver que le
Verbe *Avoir* eſt le feul de fon eſpèce,
qui n'ait pas ſubi la loi commune. On
écrit toujours *j'ai*, & point autrement,
quoiqu'on écrive *je fais*, &c.

X.

(6) *Comment! c'eſt un exploit que ma
fille liſoit.*

Pour la rime, il faut prononcer *liſoit*,
comme *exploit*, par où finit le vers précédent. Vaugelas (7) nous apprend que
les gens de Palais prononçoient encore
de ſon temps, *à pleine bouche*, la diphthongue *oi* : & cette coutume, ſans doute,
s'étoit conſervée juſqu'au temps de Racine, du moins parmi les vieux Procureurs.
Ainſi c'eſt à deſſein & avec grace, qu'il
fait parler de cette ſorte Chicaneau, plai-
deur de profeſſion.

Juſqu'à l'arrivée de Catherine de Médi-
cis en France, jamais cette diphthongue
ne s'étoit prononcée autrement que comme nous faiſons dans *Roi*, dans *exploit*.

(6) *Plaideurs*, II, 3, 15.
(7) *Remarque* CX, où il examine *Quand la
diphthongue* oi *doit être prononcée comme elle eſt
écrite, ou bien en* ai.

Mais les Italiens, dont la Cour fut alors inondée, n'ayant pas ce fon dans leur idiôme, voulurent y fubftituer le fon de l'*e* ouvert : & bientôt leur prononciation affectée par le Courtifan pour plaire à la Reine, fut adoptée par le Bourgeois. On n'ofa plus, felon un Auteur (8) contemporain, dont voici les termes, *dire* François, *&* Françoife, *fur peine d'être appelé pédant : mais faut dire* Francès, *&* Francèfes, *comme* Anglès, *&* Anglèfes. *Pareillement*, j'étès, je faifès, je difès, j'allès, je venès : *non pas j'étois, je faifois, je difois, j'allois, je venois :* & *ainfi ès autres il faut ufer du même changement.*

(8) Henri Eftienne, *du nouveau langage François, italianifé*, page 22. Théodore de Bèze, mérite fort qu'on l'écoute là-deffus. *Hujus diphthongi pinguiorem & latiorem fonum nonnulli vitantes, expungunt o, & folam diphthongum ai, id eft, e apertum, retinuerunt, ut Normanni, qui pro foi, fides, fcribunt & pronuntiant, fai : & vulgus Parifienfium, parlet, allet, venet, pro parloit, alloit, venoit : & ItaloFranci pro Anglois, François, pronuntiant Anglès, Francès, per e apertum, ab Italis nominibus, Inglefe, Francefe. Nam ab hac diphthongo fic abhorret Italica lingua, ut toi, moi, & fimilia per dialyfin, producto etiam o, pronuntient to-i, & mo-i, diffyllaba. De recta Francicæ linguæ pronuntiatione, pag. 48.*

Un tel changement ne se fait pas tout d'un coup & d'une maniere uniforme. Aujourd'hui encore c'est une pierre d'achoppement que notre diphthongue *oi*, sur la prononciation de laquelle on peut consulter Vaugelas & Ménage, qui en ont traité bien au long.

X I.

(9) *Va, je t'acheterai le Praticien François. Mais diantre, il ne faut pas déchirer les exploits.*

Je ne sais si *Praticien* ne seroit pas mieux de quatre syllabes. A cet égard, les Poëtes doivent être juges en leur propre cause. Mais examinons s'il est juste de les troubler dans la possession où ils sont de rimer, comme fait ici Racine, *François* avec *exploits*.

Une chose assez singuliere, & qui, peut-être, ne se trouve que dans notre Langue, c'est que nous avons deux manieres de prononcer; l'une pour la conversation, l'autre pour la déclamation. Celle-ci donne de la force & du poids aux paroles, & laisse à chaque syllabe l'étendue qu'elle peut comporter: au lieu que

(9) *Plaideurs, H, 3, 18.*

celle-là, pour être coulante & légere; adoucit certaines diphthongues, & supprime des lettres finales. Voilà, dit l'Abbé (1) Tallemant, ce qui eſt cauſe que peu de perſonnes ſavent bien lire des vers, faute de ſavoir cette différence de prononciation. Car les vers doivent toujours être prononcés comme en déclamant. » Ainſi » la proſe, continue cet Auteur, adoucit » la prononciation à beaucoup de mots : » comme *croire*, qu'elle prononce *craire* ; » les *François*, qu'elle prononce *Français*. » Mais la Poéſie, quand elle veut rimer, » rétablit la véritable prononciation, & » dit *croire*, de même que *gloire* ; *Fran-* » *çois*, comme *loix*.

Qu'on n'aille pas cependant conclure de là que *François*, en vers, ſe prononce toujours comme *loix*, & jamais comme *ſuccès*. Tous les deux ſont autoriſés par l'Uſage, ce maître bizarre, à qui les Poëtes & les Orateurs ne font pas mal d'obéir le plus tard qu'ils peuvent, lorſqu'il tend à efféminer le diſcours. On peut ſeulement conſeiller aux Poëtes d'avoir une petite attention, qui eſt de placer la

______

(1) Remarques & Déciſions de l'Académie Françoiſe, recueillies par M. L. T. & imprimées en *1698, page* 108.

i rime non douteuſe avant l'autre. Je m'explique. Quand je lirai qu'un jour Apollon

(2) *Voulant pouſſer à bout tous les rimeurs*
    François,

Inventa du Sonnet les rigoreuſes loix,

j'héſiterai au mot *François,* je ne ſaurai
comment le prononcer, n'ayant pas encore vu quelle rime ſuivra. Au lieu que
ſi je lis,

(3) *C'eſt lui dont les Dieux ont fait choix*
Pour combler le bonheur de l'Empire Fran-
    çois,

je n'héſite plus : la rime qui s'eſt préſen-
tée au premier vers, m'avertit que *Fran-*
çois ſera prononcé *à pleine bouche,* comme parle Vaugelas.

X I I.

(4) *Ma colere revient, & je me reconnois;*
Immolons en partant trois ingrats à la fois.

Il n'en eſt pas de, *je reconnois,* comme de *François,* dont j'ai parlé ci-deſſus.
L'uſage, dès le temps de Racine, avoit
décidé qu'il falloit toujours prononcer,
je reconnais; & par conſéquent l'autre

(2) *Art Poétique, Chant* II.
(3) *Prologue de l'Opéra d'Iſis.*
(4) *Mithridate,* IV. 5. 7.

prononciation ne doit être regardée dans Racine, que comme on regarde les archaïsmes dans Virgile.

On demandera comment il faut écrire, *je reconnois*, lorsqu'on veut aujourd'hui le mettre en rime avec un mot, qui se termine en *ais*.

Racine avoit mis dans la premiere édition de son Adromaque, III, 1, 43.

> . . . . *Lassé de ses trompeurs attraits,*
> *Au lieu de l'enlever, Seigneur, je la fuirais.*

Apparemment il se fit scrupule d'avoir défiguré notre orthographe pour rimer aux yeux, & il corrigea dans les éditions suivantes :

> . . . . *Lassé de ses trompeurs attraits,*
> *Au lieu de l'enlever, fuyez-la pour jamais.*

Racine n'avoit point à se corriger, puisqu'on permet aux Poëtes ce petit changement d'orthographe, fondé sur ce que l'agrément de la rime est double, lorsqu'elle frappe en même-temps & l'œuil & l'oreille.

Autre question. Hors de la rime, & même en prose, faut-il écrire *ils chantaient, je chantais*, & ainsi des autres mots semblables ?

Un nommé *Bérain*, qui se dit Avocat

au Parlement de Paris, fit imprimer en 1675, à Rouen, des Remarques fur notre Langue, dans la premiere defquelles il tient pour l'affirmative. On doit, felon lui, écrire, je *dînais*, je *voudrais*, &c. Quoi qu'il en *fait*, il fait *fraid*, je le *crais*, un homme *drait*. » Pour moi, dit-» il, je ne vois rien qui s'oppofe à cette » orthographe, qu'un ancien ufage, qui » doit bleffer la vue & la raifon.

O! que la raifon eft bien placée là! Mais combien de mots qui fe prononçoient en 1675, autrement que nous ne les prononçons? Ménage, dont les *Obfervations* parurent vers ce temps-là, veut qu'on dife *courtais*, *courtaifie*, &c. Tant il eft vrai que notre prononciation étant fi variable, on peut bien appliquer aux Novateurs en orthographe, ce qu'a dit Térence (5) fur un tout autre fujet.

Pourquoi toucher à notre orthographe? Pour faciliter, difent-ils, la lecture de nos livres aux étrangers. Comme fi les voyelles portoient toujours à l'oreille d'un Anglois, d'un Polonois, le même fon qu'elles portent à la mienne. Qui ne fait que

____

(5) . . . . . *Incerta hæc fi poftulas*
Ratione certa facere, nihilo plus agas,
Quàm fi des operam, ut cum ratione infanias.

des Savants de nations différentes ; s'ils veulent fe parler en Latin , ont peine à s'entendre, ou même ne s'entendent point du tout, quoique l'orthographe du Latin foit précifément & invariablement la même pour toutes les nations ?

Plufieurs de nos jeunes Auteurs fe plaifent depuis un certain temps à écrire, *ils chantaient, je chantais* , & il n'eft pas difficile d'en deviner la raifon. Ainfi les courtifans d'Alexandre fe croyoient parvenus à être des héros, lorfqu'à l'exemple de leur maître, ils penchoient la tête d'un côté.

X I I I.

(6) *Ont vu bénir le cours de leurs deftins profperes.*

Profpere ne fe dit prefque plus en profe. Mais en vers il eft toujours beau. Et ce mot n'eft pas le feul qui, à mefure qu'il vieillit pour la profe, n'en devient que plus poétique. *Jadis, ennui,* pour fignifier en général toute forte d'affliction, *naguères, menfonger, un penfer,* & quelquelques autres que je ne me rappelle pas préfentement, fe trouvent dans Racine. Mais il ne s'y trouve pas un mot nouveau, c'eft-à-dire, pas un de ces mots qui fe

____

(6) *Efther,* III, 4, 34.

faifoient de fon temps ; comme il s'en eft toujours fait, & comme il s'en fera toujours. Un écrivain judicieux, & qui ne veut pas rifquer de furvivre à fes propres expreffions, donne aux mots le temps de s'établir affez bien, pour n'avoir plus rien à craindre de la fortune. Ce n'eft point à nous à employer ceux que nous voyons naître. S'ils peuvent vivre, ce fera une richeffe pour nos neveux : mais à condition que nos neveux, s'ils font fages, ne feront pas comme nous, qui avons perdu par caprice une infinité d'anciens mots, pour les remplacer par d'autres moins propres & moins fignificatifs. On a voulu épurer notre langue depuis François I. Peut-être a-t-on fait comme ces Médecins, qui, à force de faigner & de purger, précipitent leur malade dans un état de foibleffe, d'où il a bien de la peine à revenir.

X I V.

(7) *Sais-je pas que Taxile eft une âme incertaine?*

Au lieu de, *Ne fais-je pas*, &c. De même, dans les Plaideurs, I, 5, 39.

. . . . Suis-je pas fils de maître?

(7) *Alexandre*, I. 3. 33.

Au lieu de, *Ne suis-je pas fils de Maître ?*
Vaugelas (8) dit que ces deux manieres
de parler sont bonnes. Mais l'Académie,
dans ses Observations sur Vaugelas, traite
de négligence & même de faute la suppression de l'une des négatives. Pour la
prose, cela est incontestable. Pour les vers,
c'est une licence, dont aujourd'hui les
oreilles délicates sont blessées, & que
Racine, dans toutes ses Tragédies, ne
s'est permise que trois ou quatre fois.

Thomas Corneille faisoit des vers :
nous avons ses Notes sur Vaugelas : écou-
tons-le. *D'ôter ici la négative, ce peut,*
dit-il, être une commodité pour les Poëtes :
mais ils doivent donner un tour aisé à leurs
vers, sans que ce soit aux dépens de la véri-
table construction.

X V.

(9) Sur qui sera d'abord sa vengeance
exercée ?

Remarquons ici le verbe auxiliaire,
sera, mis avant son nominatif : le nominatif, mis avant le Participe, *exercée*, qui
répond au verbe auxiliaire. Il s'en trouve
un autre exemple dans Esther, II, 8, 34

(8) Remarque CCII, qui a pour titre : *N'ont*
ils pas fait, & Ont-ils pas fait ?
(9) *Bajazet*, V, 5, 18.

..... *Quand*

. . . . . Quand sera le voile arraché,
Qui sur tout l'Univers jette une nuit si
sombre!

Aujourd'hui nos Poëtes n'osent presque
plus employer ces transpositions, qui cependant ne peuvent faire qu'un bon effet.
Pour peu qu'ils continuent à ne vouloir
que des tours prosaïques, à la fin nous
n'aurons plus de vers : c'est-à-dire, nous
ne conserverons, entre la prose & le vers,
aucune différence qui soit purement grammaticale. Car la Grammaire n'embrasse
que les mots, & l'arrangement des mots.
Or, à l'exception d'un très-petit nombre
de mots, qui ont vieilli dans la prose, mais
dont la Poésie fait encore un excellent usage, nos Poëtes & nos Orateurs n'ont absolument que les mêmes mots à employer. Il
seroit donc à souhaiter que, du moins en
ce qui regarde l'arrangement des mots,
notre Poésie fût attentive à maintenir ses
privileges. Elle en a perdu quelques-uns
depuis moins d'un siecle, puisqu'autrefois
on se permettoit l'inversion du participe,
non-seulement avec l'auxiliaire *Etre*, mais
encore avec l'auxiliaire *Avoir*.

O Dieu, dont les bontés de nos larmes
touchées,
Ont aux vaines fureurs les armes arra-
chées!   L

pour dire, *ont arraché les armes.* Et cette inverſion étoit d'une grande commodité pour la rime, parce qu'elle rend le participe déclinable; au lieu qu'étant mis avant ſon régime, il ne ſe décline jamais. Pourquoi nos Poëtes ſe privent-ils d'une douceur, que l'uſage leur accordoit ? Car l'Académie, dans l'examen qu'elle fit des Stances de Malherbe, qui commencent par les deux vers que je viens de citer, ne cenſura (1) nullement cette inverſion.

Joignons à l'exemple de Malherbe celui de la Fontaine, Fable 8, Liv. V.

. . . . . *Un certain Loup, dans la ſaiſon*
Où les tiedes zéphirs ont l'herbe rajeunie.

X V I.

(2) *Je ne prends point plaiſir à croître ma miſere.*

Aujourd'hui *Croître* n'eſt que verbe neutre, ſoit en proſe, ſoit en vers. Mais il a été long-temps permis aux Poëtes de le faire actif. Racine en fournit deux autres exemples.

(3) *Tu verras que les Dieux n'ont dicté cet Oracle,*

(1) *Voyez Pelliſſon,* Hiſt. de l'Académie.
(2) *Bajazet,* III, 3, 25.
(3) *Iphigénie,* IV, 1, 16.

Que pour croître à la fois sa gloire & mon tourment.

Et dans Efther, III, 3, 13.

Que ce nouvel honneur va croître son audace !

X V I I.

(4) *Attaquons dans leurs murs ces Con-quérants si fiers ;*
Qu'ils tremblent à leur tour pour leurs propres foyers.

Dans *foyer*, c'eft un *é* fermé, après lequel on ne fait point fentir l'*r*, ou du moins on ne la fait fonner que bien peu. Mais dans *fier*, c'eft un *è* ouvert, après lequel on fait entendre l'*r* à plein. Ces deux fons (5) étant fi différents, ne peuvent donc pas rimer enfemble. Car la rime eft faite, non pour les yeux, mais pour l'oreille. On appelle ces fortes de rimes, *des rimes Normandes*, que nos Verfificateurs les plus exacts fe permet-toient autrefois, & que l'ufage préfent ne fouffre plus.

(4) *Mithridate*, III, 1, 79.
(5) On retrouve la même rime dans cette même tragédie, IV, 6, 5. On l'avoit déja vue dans Bajazet, II, 1, 47. Et l'adjectif *Cher*, dont l'*è* s'ouvre, eft mis en rime avec *chercher*, dans

XVIII.

(6) *L'offre de mon hymen l'eût-il tant*
effrayé ?

Quelques-uns de nos substantifs ont été
sujets à changer de genre, mais particu-
liérement ceux qui commencent par une
voyelle : l'élision de l'article étant cause
que l'oreille ne peut pas distinguer si l'on
dit *le*, ou *la*; *un*, ou *une*. Quelques-uns
ont même conservé les deux genres tout
à la fois. Tel est ce mot, *équivoque*,
plaisamment appelé par Despréaux, *du*
langage François bizarre Hermaphrodite.
Aujourd'hui, *Offre*, que Racine fait ici
masculin, n'est plus que féminin. On ne
fera point mal de consulter la premiere
partie des Observations de Ménage, Chapitre LXXIV, où se trouve une très-lon-
gue liste des *Noms de genre douteux.*

XIX.

(7) *Je demeurai sans voix, & sans ressen-*
timent.

Bérénice, V, 6, 63; avec *approcher*, dans
Phédre, III, 5, 51; & avec *marcher*, là-même,
V, 1, 47: Cependant l'*é*, dans tous les infinitifs, est fermé, lorsque l'*r* ne s'y fait point sentir, c'est-à-dire, lorsqu'il n'y a point de voyelle
qui suive.

(6) *Bajazet*, III, 7, 28,
(7) *Bérénice*, II, 4, 6.

On vient de lire dans les Commentaires de M. de Voltaire fur le Théâtre du grand Corneille : *Ce mot, reſſentiment, eſt le ſeul employé par Racine, qui ait été hors d'uſage depuis lui. Reſſentiment n'eſt plus employé que pour exprimer le ſouvenir des outrages, & non celui des bienfaits.*

Préſentement je demande ſi un ſeul mot dont la ſignification a été reſtreinte, & quelques particules dont l'uſage a varié, comme on l'a vu dans les Remarques précédentes : je demande s'il y a là de quoi accuſer la langue Françoiſe d'aimer le changement ? Car enfin, à remonter du jour où j'écris ceci juſqu'au temps où parurent (8) les premieres Tragédies de Racine, nous avons un fiecle révolu.

Voit on ailleurs cette pureté inaltérable, &, ſi j'oſois parler ainſi, cette fraîcheur de ſtyle, toujours la même au bout de tant d'années ? Je l'attribue ſur-tout à ce que Racine ſuivoit exaſtement le conſeil que donnoit Céſar, de fuir comme (9) un écueil toute expreſſion qui ne

(8) Les Freres ennemis furent joués en 1664. Alexandre en 1666. Les Plaideurs en 1667. Or ceci s'imprime en 1767.

(9) *Tamquam ſcopulum, ſic fugias inſolens ver-*

feroit pas marquée au coin de l'ufage le plus certain & le plus connu. Racine, peut-être, n'a pas employé un terme qui ne foit dans Amyot. Mais des termes les plus communs, il avoit le fecret d'en faire un langage qui lui appartient ; & n'appartient qu'à lui.

Après avoir expofé le peu qui a vieilli dans fes ouvrages, paffons aux expref-fions qui pourroient être, ou mal affor-ties, ou mal conftruites.

X X.

(1) *Pourquoi détournois-tu mon funefte deffein ?*

(2) *Tout ce qui convaincra leurs perfides amours.*

(3) *Détrompez fon erreur.*

On diroit en profe, *Pourquoi me dé-tournois-tu de mon funefte deffein ?*

On ne peut *convaincre* que les perfon-nes. Mais pour les chofes, il faut les faire connoître, les prouver.

On diroit en profe, *Détrompez*-le de *fon erreur.*

Je ne fais remarquer que comme des

bum. Aulu-Gelle, I, 10.
(1) *Phédre*, III, 1, 11.
(2) *Bajazet*, IV, 3, 34.
(3) *Phédre*, I, 5, 212.

hardieſſes. *Détromper une erreur, Convaincre des amours, Détourner un deſſein.* Oui, les Poëtes ont le droit de perſonnifier tout ce qu'ils veulent. Mais encore faut-il qu'on ſache à quel ſtyle appartiennent ces manieres de parler, ſi l'on veut diſcerner en quoi l'exemple de nos bons Auteurs peut faire loi, ou n'être pas ſuivi aveuglément.

X X I.

(4) *Vous les verriez plantés juſque ſur vos*
  tranchées,
Et de ſang & de morts vos campagnes
  jonchées,

J'ai deux doutes à propoſer ſur ce dernier vers. Premiérement, *des campagnes jonchées de ſang,* eſt-ce une métaphore qu'on puiſſe recevoir? On doit dire, ce me ſemble, *des campagnes* arroſées *de ſang, &* jonchées *de morts.* Une métaphore doit être ſuivie, & ne point rapprocher dans la même phraſe deux idées, dont l'une exclut l'autre. Voilà ce qui fit condamner ce vers de Chimene :

Malgré des feux ſi beaux qui rompent ma
  colère.

Corneille *paſſe mal d'une métaphore à*
(4) *Alexandre,* II, 2, 9.

une autre, dit l'Académie dans ſes Sen‑
timents ſur le Cid, *& ce verbe*, rompre,
ne s'accommode pas avec ſeux.

Revenons aux vers de Racine, où je
trouve une ſeconde faute, qui regarde la
conſtruction. Quand le nominatif & le
verbe ſe trouvent ſéparés par un relatif,
comme ici, *Vous* les *verriez*, ce même
verbe ne doit pas avoir encore un autre
régime, amené par la conjonction *&*.
Je ſuppoſe qu'après avoir dit de la vertu,
Vous ta verrez honorée par-tout, j'ajoute,
& le vice déteſté ; ma phraſe ne vaudra
rien. Il faut que je répete mon verbe,
& vous verrez le vice déteſté : à moins que
je ne prenne un autre tour, qui me ſauve
une répétition peu agréable.

X X I I.

(5) *Quand je me fais juſtice, il faut qu'on
ſe la faſſe.*

*Tout nom qui n'a point d'article, ne
peut avoir après ſoi un pronom relatif,
qui ſe rapporte à ce nom-là.* Vaugelas (6)
établit ce principe ſolidement : & c'eſt
là-deſſus que le P. Bouhours condamne
les deux phraſes ſuivantes. *Vous avez*

(5) *Mithridate*, III, 5, 18.
(6) *Remarque* CCCLXIX.

« *droit de chasse, & je le trouve bien fondé.*
« *Le Roi lui a fait grâce, & il l'a reçue*
« *allant au supplice.* Mais il excepte celle-
» ci de la regle générale : *Si vous ne me*
« *faites pas justice, je me la ferai moi-même.*
« Par-là il sauve le vers de Racine, que
« j'attaque ici. Pour moi, je consens que
cette phrase, à force de revenir souvent
dans la conversation, ait acquis le droit
de ne paroître pas irréguliere; mais elle ne
laisse pas de l'être, sur-tout dans le
style soutenu. *Faire grâce*, suivant le P.
Bouhours lui même, ne sauroit être suivi
d'un Pronom. *Faire justice*, n'est-il donc
pas de même nature ?

Au reste, cette fameuse regle de Vaugelas, pour ne tromper personne, demande une petite addition, qui développ-
peroit sa pensée. Au-lieu de, *Tout nom*
employé sans article, je dirois, *Tout nom*
employé sans article, ou sans quelque équi-
valent de l'article, &c.

J'entends par équivalent de l'article,
non seulement divers pronoms adjectifs,
& les noms de nombre; mais encore
des phrases elliptiques, ou qui sont na-
turellement convertibles en d'autres phrases, dans lesquelles l'article vient se placer de lui-même.

L v

Pour éclaircir ma penfée, j'ai recours à des exemples, qui feront ceux-là mêmes que l'Auteur de la Grammaire (7) générale avoit choifis : & quoique les folutions que nous donnons lui & moi, paroiffeut d'abord un peu différentes, on verra qu'au fond elles partent des mêmes principes, & arrivent au même but.

1. *Il n'y a point d'injuftice qu'il ne commette. Il n'y a homme qui fache cela. Eft-il ville dans le Royaume qui foit plus obéiffante ? Je fuis homme qui parle franchement.* Pour moi, dans ces quatre phrafes, je ne vois qu'une Ellipfe des plus fimples. *Il n'y a pas* une *injuftice*, &c. *Il n'y a pas* un *homme*, &c. *Eft-il* une *ville*, &c. *Je fuis* un *homme qui*, &c. Il n'eft pas douteux que l'adjeétif numérique, *un*, ne tienne lieu de l'article ; & par conféquent aucune de ces quatre phrafes n'eft contraire à la Régle de Vaugelas.

2. *Une forte de fruit qui eft mûr en hiver. Une efpèce de bois qui eft fort dur.* Tournez ainfi ces deux phrafes : *Un fruit de telle forte eft mûr*, &c. *Un bois de telle forte eft dur.* On voit par-là pourquoi le pronom relatif & l'adjeétif fuivant, qui eft mafculin, ne fe rapportent ni à

____

(7) *Seconde Partie*, chap. 10.

forte, ni à *espèce*. Voilà donc la Regle de Vaugelas toujours suivie.

3. *Il agit en Roi qui fait régner. Il parle en homme qui entend ses affaires.* Peut-on ne pas voir que ces phrases là reviennent à celles-ci? *Il agit comme doit agir un Roi, qui, &c. Il parle comme doit parler un homme, qui, &c.* Toujours l'adjectif numérique, *un*, équivalent de l'article.

4. *Il est accablé de maux qui lui font perdre patience. Il est chargé de dettes qui vont au-delà de son bien.* Puisque *maux* & *dettes*, sont au pluriel, on sous-entend *plusieurs*, qui est un autre équivalent de l'article. N'est-ce pas encore une Ellipse des plus simples?

5. *C'est grêle qui tombe*, pour dire, *Ce qui tombe, est grêle :* pure inversion.

6. *Ce sont gens habiles qui m'ont dit cela.* Quel embarras peut causer ici l'omission de l'article? Pour le remplacer, il n'y a qu'à dire, *Ce sont des gens habiles qui m'ont dit cela :* & même c'est ainsi qu'on parle aujourd'hui le plus communément. Je soupçonne que l'autre maniere de parler est un reste de notre ancien langage, qui supprimoit volontiers l'article, sur-tout dans les phrases où il étoit si aisé de le

fous-entendre. Témoin une infinité de ces vieux proverbes, que nous conſervons encore tels qu'ils étoient.

XXIII.

(8) *nulle paix pour l'impie : il la cherche, elle fuit.*

Je doute que les pronoms relatifs, *la,* & *elle,* puiſſent être mis après *nulle paix,* deux mots inſéparables, & qui ne ſont, ni ne peuvent être précédés d'un article.

Tout pronom rappelle ſon antécédent. Or l'antécédent eſt, *nulle paix.* Ainſi ce vers, à l'éplucher grammaticalement, ſignifieroit que l'Impie cherche *nulle paix,* & que *nulle paix* le fuit.

Aucun, & *Nul,* ſelon l'Auteur de la Grammaire générale, *déterminent auſſi-bien que les articles;* & peuvent par conſéquent être ſuivis d'un relatif. Cela eſt-il vrai? Oui, cela l'eſt à l'égard du relatif *qui;* mais ne l'eſt pas à l'égard du relatif *le.*

On dira donc très bien, *Nulle paix, qui ſoit durable. Je n'en reçois aucune nou-velle,* dont *je ſois content. Il n'y a per-ſonne,* qui *ne vous honore.* Mais on ne dira pas, *Perſonne n'eſt venu à ma cam-pagne; s'il vient, je le recevrai de mon*

(8) *Eſther,* II, 8, 101.

mieux. Aucun écrivain n'eſt exempt de fautes, je ne laiſſe pas de l'eſtimer. Nulle récompenſe pour les poltrons ; & vous la *demandez.* Voilà pourtant la phraſe de Racine, *Nulle paix pour l'Impie : il la cherche.*

Je crois qu'on pourroit rendre raiſon de ces différences ; & il y en auroit même encore d'autres à remarquer, par rapport aux pronoms relatifs. Mais ceux qui liront ſur cette queſtion la *Grammaire générale*, où cependant il s'en faut beaucoup qu'elle ne ſoit épuiſée, jugeront combien il y entre de Métaphyſique. J'ai tâché de me mettre à la portée du commun des Lecteurs, dans la Remarque précédente.

J'ajouterai ſeulement ici, qu'*aucun* & *nul*, quand on les met dans la ſignification négative de *perſonne*, n'ont jamais de pluriel, ſoit qu'on les emploie comme pronoms, en ſous-entendant *homme*; ſoit qu'on les emploie comme adjectifs, *nulle paix*, *aucun mal*. Et cette obſervation eſt d'autant plus néceſſaire, que d'habiles écrivains ne l'ont pas toujours ſuivie. Ce qui les a trompés, c'eſt que ces mêmes mots ont un pluriel, mais dans une autre ſignification. Car quelquefois *nul* fignifie, qui n'eft d'aucune valeur ; & alors on lui peut donner un pluriel, *Vos procédures font nulles.* Pour ce qui eft d'*Aucun*, il fignifioit autrefois l'*aliquis* des Latins, comme on le voit dans le Dictionnaire de R. Eftienne, qui cite cet exemple : *Aucuns hommes font venus.* Mais en ce fens il n'eft plus ufité que dans quelques phrafes du Palais.

Un docte Grammairien, feu M. du Marfais, examinant après moi ce même vers de Racine, dans l'Encyclopédie, au mot **ARTICLE** : *Je crois,* dit-il, *que la vivacité, le feu, l'enthoufiafme, que le ftyle poétique demande, ont pu autorifer Racine à dire,* nulle paix pour l'Impie : il la cherche, elle fuit. *Mais,* ajoute-t-il, *cette expreffion ne feroit pas réguliere en profe, parce que la premiere propofition étant univerfelle négative, & où* nulle *emporte toute paix pour l'Impie, les pronoms* la & elle, *des propofitions qui fuivent, ne doivent pas rappeler dans un fens affirmatif & individuel un mot qui a d'abord été pris dans un fens négatif univerfel.* Voilà précifément ma penfée, mife dans un jour philofophique.

XXIV.

(9) *Jamais tant de beauté fut-elle cou-*
ronnée ?

Puifqu'un nom fans *article* ne doit point,
felon Vaugelas, être fuivi d'un pronom
relatif, il ne devroit pas non plus être
fuivi d'un adjectif, qui fe rapporte à ce
nom-là : & cependant *beauté* qui eft fans
article, régit *couronnée.*

Ainfi raifonnoit un Critique, dont j'o-
ferai combattre l'opinion. Car nous avons
déja (1) reconnu qu'il y avoit divers équivalents de l'Article ; & ne voit-on pas
que *Tant de beauté*, c'eft abfolument comme fi l'on difoit, *une fi grande beauté* ?
Or, quelle phrafe plus réguliere que celle-
ci, *Jamais une fi grande beauté fut-elle*
couronnée.

Perfonne n'ignore qu'un adverbe eft
incapable de régir. Ce n'eft donc pas
l'adverbe *tant*, qui régit ici le verbe *fut*,
& le participe *couronnée*. Mais l'adverbe
de quantité a cela de remarquable, qu'é-
tant uni à un fubftantif par la particule *de*,
il n'eft à l'égard de ce fubftantif que comme un fimple adjectif, puifque l'un &

(9) *Efther*, III, 9, 32.
(1) Voyez ci-deffus, *pag.* 288.

l'autre enſemble ne préſentent qu'une idée totale & indiviſible Auſſi eſt-ce une Regle ſans exception, que dans toutes les phraſes où l'adverbe de quantité fait partie du nominatif, la ſyntaxe eſt fondée ſur le nombre & le genre du ſubſtantif. *Tant de Philoſophes ſe ſont égarés*, voilà le pluriel & le maſculin. *Tant de beauté fut couronnée*, voilà le ſingulier & le féminin.

X X V.

(2) *Aucuns monſtres par moi domptés juſqu'aujourd'hui.*

Voilà *aucuns* dans le ſens négatif, au pluriel. On ne lui en donne un, que dans le ſtyle Marotique, ou dans le ſtyle du Palais ; & alors il ſignifie *quelques-uns.* Je n'ajoute rien à ce que j'en ai dit, *pag.* 253, ſi ce n'eſt que ceux qui voudroient douter de ce que j'y avance, n'auront qu'à ouvrir le Dictionnaire de l'Académie, aux mots *aucun*, & *nul.*

On pourra en même temps le conſulter ſur *aujourd'hui.* On y verra qu'en proſe il faudroit dire *juſqu'à aujourd'hui*, comme on dit *juſqu'à hier*, *juſqu'à demain.* Mais il eſt bien juſte de permettre aux Poëtes, *juſqu'aujourd'hui* : ſans quoi, à

(2) *Phédre*, I, 1, 99.

cause de l'*hiatus*, ils ne pourroient jamais user de cette expression.

X X V I.

(3) . . . . . *On va donner en spectacle funeste.*
De son corps tout sanglant le misérable reste.

On dit absolument, *donner en spectacle*, comme *regarder en pitié*, & beaucoup de phrases semblables, où le substantif joint au verbe par la préposition *en*, ne peut être accompagné d'un adjectif. *Donner en spectacle funeste*, est un *barbarisme*. Pourquoi adoucir les termes, comme si deux ou trois brins de mauvaise herbe gâtoient un parterre émaillé des plus belles fleurs?

X X V I I.

(4) . . . . *Mon ame inquiétée*
D'une crainte si juste est sans cesse agitée.
Et Dans Andromaque, I, 2, 31.
La Grèce en ma faveur est trop inquiétée.

Inquiet, adjectif, & *inquiétée*, participe, ne présentent pas le même sens. Il falloit dans le premier exemple, *mon ame*

(3) *Esther*, III, 8, 3.
(4) *Alexandre*, II, 1, 77.

inquiete : & dans le second, *la Grèce en ma faveur est trop inquiete,* ou mieux encore, *s'inquiete trop.* Ainsi ne confondons point, *être inquiet, être inquiété, & s'inquiéter.* Ce sont trois sens différens. *Etre inquiet,* ne signifie qu'une certaine situation de l'âme, sans qu'on ait égard à la cause d'où cette action peut venir. *Etre inquiété,* renferme tout à la fois, & l'idée de cette situation, & l'idée d'une cause étrangere d'où elle vient. Par *s'inquiéter,* non-seulement nous entendons quelle est la situation d'une âme, mais aussi nous entendons que cette âme est la cause qui agit sur elle-même.

Je n'irai pas plus loin sans déclarer que cette Remarque, & un grand nombre d'autres, ont été contredites (5) par M. Racine, de l'Académie des Belles-Lettres, digne fils d'un illustre pere; mais contredites sans amertume, & sur le seul ton qui convienne à l'honnête homme, tel qu'il étoit. Je lui parois avoir porté souvent la sévérité au-delà des bornes : & il me paroît, à moi, avoir quelquefois donné trop au respect filial. Tous les

(5) On peut voir l'Ouvrage intitulé *Remarques sur les Tragédies de Jean Racine, &c. Par Louis Racine.* Paris, 1752.

deux nous avons eu le même but, qui eſt d'inſtruire, & nous y allons par des chemins différents.

XXVIII.

(6) . . . . *Ma langue embarraſſée*
Dans ma bouche vingt fois a demeuré
glacée.

J'ai demeuré, & *Je ſuis demeuré*, préſentent des ſens différents. *J'ai demeuré à Rome*, c'eſt-à-dire, j'y ai fait quelque ſéjour, *Je ſuis demeuré muet*, c'eſt-à-dire, je ſuis reſté bouche cloſe. Or, dans le vers que j'examine, *demeurer* ne ſauroit être pris que dans le ſens de *reſter*. Ainſi, *ma langue* eſt demeurée *glacée dans ma bouche*, étoit la ſeule bonne maniere de parler.

Un moment d'inattention ſuffit pour faire qu'on ſe trompe à ces verbes neutres, qui ſe conjuguent avec nos deux auxiliaires, mais toujours en des ſens différents. Deſpréaux, parlant à des Nobles entêtés de leurs aïeux, *Savez-vous*, dit-il,

. . . . . *Si leur ſang tout pur, ainſi que*
leur nobleſſe,
Eſt paſſé juſqu'à vous de Lucrèce en
Lucrèce.

(6) *Bérénice*, II, 2, 138.

Je crois qu'*a paſſé* valoit mieux.

XXIX.

(7) . . . . . *A ce mot, ce Héros expiré*
N'a laiſſé dans mes bras qu'un corps dé-
figuré.

On ne doute point que le verbe *expirer*
ne ſoit du nombre des verbes neutres,
qui admettent les deux auxiliaires, *être,*
& *avoir.* Mais diſtinguons dans *expirer,*
le ſens propre, & le figuré. Dans le propre, il convient aux perſonnes, & ſe
conjugue avec l'auxiliaire *avoir.* Dans le
figuré, il convient aux choſes, & ſe conjugue avec l'auxiliaire *être.* On dira donc
très-bien, *Je n'en ai plus que pour ſix*
mois, & mon bail expiré, *il faut que je*
me retire : ou, *la trêve expirée, on repren-*
dra les armes ; parce que, devant *expiré,*
il y a de ſous-entendu *étant,* dont la ſuppreſſion eſt ſouvent permiſe. Mais, *ayant,*
ne ſe ſupprime jamais : & par conſéquent,
ce Héros expiré, n'eſt pas plus François,
que *ce Héros parlé,* pour, *ayant parlé.*

Je ne voudrois cependant pas qu'un
Poëte écoutât les remontrances de la
Grammaire, dans les précieux moments
où ſa verve le favoriſe. Racine dans ſon

(7) *Phèdre*, V, 6, 80.

récit de Théraméne, jouiſſoit d'un de ces momeⁿts heureux. Mais ſon ami Deſpréaux nous donne en pareil cas un ſage conſeil : *Vingt fois ſur le métier remettez votre ouvrage.*

X X X.

(8) *Il en étoit ſorti, lorſque j'y ſuis couru.*

Je doute fort qu'il en ſoit du ſimple, *Courir*, comme de ſon compoſé, *Accourir.* On dit indifféremment, *J'ai accouru*, *je ſuis accouru.* Mais, *je ſuis couru*, me paroît une de ces diſtractions, dont les meilleurs écrivains ne ſont pas toujours exempts. Perſonne n'ignore que ce vers de l'Art Poétique,

Que votre ame & vos mœurs peints dans
     tous vos ouvrages,

fut imprimé, & plus d'une fois, ſans que l'Auteur s'apperçût qu'un adjectif maſculin ſuivoit deux ſubſtantifs féminins. Parlerai-je de ce qui s'eſt paſſé ſous mes yeux ? Feu M. de Fontenelle apporta à l'Académie un de ſes ouvrages, qu'il venoit de publier. Quelqu'un des préſents, à l'ouverture du livre, ayant lu ces mots, *la pluie avoit tombé*, feignit que des femmes l'avoient prié de mettre en queſtion,

(8) *Bérénice*, II, 1, 4.

fi, *j'ai tombé*, ne pouvoit pas auffi-bien fe dire que, *je fuis tombé*. On alla aux voix : & M. de Fontenelle prenant la parole, fronda merveilleufement ces fortes d'innovations. A peine finiffoit-il, qu'on lui fit voir la page & la ligne où étoit la phrafe que j'ai rapportée. Point de réponfe à cela, fi ce n'eft celle d'un galant homme, qui reconnoît fes fautes fans biaifer.

X X X I.

(9) *Il y feroit couché fans manger & fans boire.*

Il y feroit couché, n'eft pas François, pour fignifier, *Il y auroit paffé la nuit.* On dit en des fens très-différents, *coucher*, & *fe coucher*. Le premier eft tantôt actif, tantôt employé neutralement, & il prend toujours l'auxiliaire *avoir*. Le fecond eft réciproque, & prend l'auxiliaire *être*. Cela étant marqué dans tous les Dictionnaires, je ne m'y arrête pas.

M. Racine le fils prétend que c'eft ici une faute d'impreffion, & qu'on doit lire, *Il s'y feroit couché*, &c. Mais il n'a donc pas fait réflexion que *fe coucher* fignifie fimplement, fe mettre au lit, ou s'étendre tout de fon long fur quelque

(9) *Plaideurs*, I, 1, 24.

» chofe. Or ce n'eft affurément point là ce
» que l'Auteur a voulu dire. Pourquoi ne
» pas avouer qu'étant jeune alors, fon pere
» pourroit s'être mépris : ou (ce qui eft
» plus vraifemblable) que dans une Comé-
» die où il met tant d'autres barbarifmes
» dans la bouche de ce Suiffe venu d'Amiens,
» la faute que nous relevons avoit été faite
» exprès. Quoi qu'il en foit, je puis affurer
que l'édition faite en 1668, porte, *il y
feroit couché :* & je trouve que la correction de M. Racine le fils a été fort
mal-à-propos fuivie dans l'édition faite
en 1760.

X X X I I.

(1) *Tu prétends faire ici de moi ce qui te
plaît.*

Il y a de la différence entre *ce qui te
plaît*, & *ce qu'il te plaît.* Car le premier
fignifie, *ce qui t'eft agréable* : mais le fecond, *ce que tu veux.* Or il eft vifible
qu'ici ce n'eft pas le premier, c'eft le
fecond qu'il eût fallu.

Vaugelas a fait fentir parfaitement cette
différence. Mais il ne parle pas d'une autre, qui n'eft pas moins importante, &
qui regarde le régime de *plaire.* Quand

(1) *Plaideurs*, II, 13, 6.

ce verbe fignifie *vouloir*, il ne s'emploie qu'imperfonnellement, & il régit la particule *de*. *Il me plaît d'aller là*. Quand il eft verbe réciproque, *fe plaire*, il régit la particule *à*. *Je me plais à être feul*. Ainfi, dans le dernier Chœur d'Efther,

> . . . . . . *Relevez les fuperbes portiques*
> *Du Temple où notre Dieu fe plaît d'être*
> *adoré*,

on auroit dit, fe *plaît à être adoré*, fi l'*hiatus* l'avoit permis.

XXXIII.

(2) *Peut-être avant la nuit l'heureufe*
Bérénice
Change le nom de Reine au nom d'Im-
ratrice.

On ne dit point, *changer une chofe à une autre*, mais, *en une autre*. Il eft vrai que la prépofition *en*, ne fe met pas devant un article mafculin, *en le nom* : fi ce n'eft devant quelques mots, dont l'article s'élide, *en l'honneur*. Ici donc il faudroit chercher un mot, qui n'eût pas befoin d'article : par exemple, fi le vers l'avoit permis, *change le nom de Reine en celui d'Impératrice*.

Je ne dois pas omettre que le Diction-

(2) *Bérénice*, 1, 3, 9,

naire

ɔ naire de l'Académie, au mot *changer*,
ɔ cite un exemple qui paroît autoriſer Ra-
ɔ cine. *Dans le Sacrement de l'Euchariſtie,*
ᴠ *le pain eſt changé au Corps de Notre Sei-*
ᴣ *gneur.* Mais n'eſt-ce point une phraſe con-
ſacrée, qui ne fait pas loi pour le langage
commun ?

Malherbe a été repris par Ménage,
d'avoir dit *Faire échange à*, dans une de
ſes Odes. Il eſt, je l'avoue, plus aiſé de
blâmer, ou plutôt de plaindre un Poëte
en pareil cas, que de lui ſuggérer un tour
plus heureux.

X X X I V.

(3) *C'eſt pour un mariage, & vous ſaurez*
  d'abord
Qu'il ne tient plus qu'à vous, & que tout
  eſt d'accord.
La fille le veut bien. Son amant le reſpire.

Reſpirer, pris figurément, ſignifie, dé-
ſirer avec ardeur. *Vous ne reſpirez que les*
plaiſirs, vous ne reſpirez que la guerre.
Mais, ce qui paroît une bizarrerie dans
notre Langue, il ne ſe dit guère qu'avec
(4) la négative. Car on ne diroit pas, à
beaucoup près, auſſi correctement, *Vous*
reſpirez les plaiſirs, vous reſpirez la guerre.

(3) *Plaideurs*, III, 4, 22.
(4) Voyez le Dictionnaire de l'Académie.

Peut-ê re cela vient-il de ce que *respirer* employé sans négative, a communément un autre sens. *Tout respire ici la piété*, signifie, non pas que *tout désire ici la piété*, mais que *tout donne ici des marques de piété*.

Par cette raison il est évident que l'expression de Racine, *Son amant respire ce mariage*, n'est ni assez claire, ni tout-à-fait correcte.

J'ai dit, que de restreindre ce verbe, pris en son premier sens, à la négative, *Ne respirer que*, cela paroissoit une espèce de bizarrerie dans notre langue. J'aurois dû bien plutôt l'appeller une délicatesse, une finesse, qui est de nature à ne pouvoir se trouver que dans une langue extrêmement cultivée. Or c'est un point essenciel, que de bien connoître non-seulement la propriété des termes, mais, si j'osois parler ainsi, leurs nuances.

X X X V.

(5) *Prêt à suivre par-tout le déplorable Oreste.*

On dit bien, *Mon sort est déplorable :* mais on ne dira pas, *je suis déplorable.* C'est un mot qui ne s'applique qu'aux choses ; & le Dictionnaire de l'Acadé-

(5) *Andromaque*, I, 1, 46.

mie en avertit expreſſément. Il y a cependant d'autres endroits où Racine l'applique à des perſonnes, & même dans ſes dernieres (6) Tragédies. Quand une faute ne ſe trouve qu'une ſeule fois dans un Auteur, il eſt naturel de la croire l'effet d'une ſimple inadvertance, qui ne prouve rien. Mais, ſi l'expreſſion eſt répétée dans des ouvrages différents, & qui ont été faits à dix ou douze ans l'un de l'autre, cela prouve que c'étoit une expreſſion avouée par l'Auteur : & dès-lors quand il s'agit d'un Auteur tel que Racine, il eſt toujours à propos d'obſerver quelles ſont les manieres de parler qui ont pu ne lui pas déplaire, quoique l'uſage ne les eût pas autoriſées.

Pardonnable eſt dans le même cas que *déplorable ;* il ne ſe dit que des choſes, & non des perſonnes.

X X X V I.

(7) *Et ne le forçons pas par ce cruel mépris.*
D'achever un deſſein qu'il peut n'avoir pas
pris.

On dit, *exécuter un deſſein,* & non, *achever un deſſein,* à moins qu'on n'entende par là l'ouvrage d'un homme qui

(6) *Phédre*, II, 2, 67. *Athalie*, I, 1, 149.
(7) *Alexandre*, I, 3, 15.

deſſine. Pourquoi *achever*, joint à *deſſein*, me paroît il un terme impropre ? Parce qu'*achever* ne ſe dit que de ce qui eſt commencé. Or ce qui eſt un *deſſein*, n'eſt pas quelque choſe de commencé : ou ſi c'eſt quelque choſe de commencé, ce n'eſt plus un *deſſein*, c'eſt une entre-priſe.

XXXVII.

(8) *Mais admire avec moi le ſort, dont la*
    pourſuite
Me fait courir alors au piége que j'évite.

Peut-on dire, *la pourſuite du ſort ?* Un exemple fera entendre ma difficulté. Quand on dit, *la pourſuite des ennemis*, *la pourſuite des voleurs*, cela ſignifie l'action par laquelle les ennemis ou les voleurs ſont pourſuivis. Mais ſi, par la *pourſuite des ennemis*, on vouloit ſignifier les mouvements que les ennemis font eux-mêmes pour atteindre ceux qui les atta-quent, je crois que l'expreſſion ſeroit obſcure.

Il y a des mots équivoques par eux-mêmes, en ce qu'ils peuvent également ſe prendre dans le ſens actif, & dans le paſſif. Témoin le mot qui frappe le plus agréablement l'oreille, le mot d'*ami*.

(8) *Andromaque*, I, 1, 65.

) Quand j'entendrai dire, *un tel est l'ami*
b *d'un tel*, pourrai je, supposé que leur ami-
1 tié ne soit pas mutuelle, comprendre le-
) quel des deux est aimé de l'autre ? Tout
). ce qu'un écrivain peut & doit en pareil
: cas, c'est de recourir à quelque circons-
tance, dont il accompagne le mot équivoque, pour en fixer le sens.

XXXVIII.

(9) *Mais parmi ce plaisir, quel chagrin*
me dévore ?

Parmi se met devant un pluriel, ou
devant un mot collectif, qui renferme
équivalemment plusieurs choses particulieres. *Vous avez mis de faux argent parmi*
du bon. Parmi les plaisirs de la campagne,
il y en a de préférables à ceux de la Cour.
Mais lorsqu'on dit *ce plaisir*, cela exclut
tout sens composé : *ce plaisir* est réduit à
l'unité : & par conséquent je doute si,
parmi ce plaisir, est bien exact.

XXXIX.

(1) *Aux affronts d'un refus craignant de*
vous commettre.

On dit bien commettre quelqu'un, &
se commettre, pour signifier *exposer* quel-

(9) *Britannicus*, II, 6, 3.
(1) *Iphigénie*, II, 4, 5.

qu'un, & *s'expofer* foi-même à recevoir un déplaifir. Mais ce verbe ne s'emploie qu'abfolument, & l'on ne dit point, *Se commettre à quelque chofe.* Ainfi, *Craignant de vous commettre aux affronts d'un refus*, n'eft pas François. Outre qu'il faudroit, *l'affront d'un refus*, plutôt que *les affronts d'un refus.* Et même, fi je ne me faifois une peine de tant infifter fur cette phrafe, j'ajoûterois que l'affront de quelque chofe, n'eft guère bon. *Affront* va tout feul : à moins qu'il ne foit fuivi d'un verbe avec la prépofition *de.* Car on dira, *l'affront d'être refufé*, bien mieux qu'on ne diroit *l'affront d'un refus.*

X L.

(2) . . . . *Savez - vous fi demain Sa liberté, fes jours feront en votre main?*

On dit bien, *fa vie eft entre vos mains*, pour dire, dépend de vous. Mais, *fa vie eft en votre main*, eft-ce une phrafe à recevoir? J'en douterois, d'autant plus que ces manieres de parler, qui reviennent dans la converfation à tout moment, ne veulent point être changées. Il ne faut que parcourir les Dictionnaires, au mot, *main*, pour voir combien il y a de phrafes qui n'admettent que l'un des deux, ou

_____
(2) *Bajazet*, I, 3, 7.

I le singulier, ou le pluriel ; & qui même
I font des sens tout différents , selon que
I l'un ou l'autre s'y trouve. Par exemple,
donner la main , & , *donner les mains.*

X L I.

(3) *Grâce aux Dieux ! mon malheur passe
mon espérance.*

Racine avoit sans doute en vue ces
paroles de Didon dans Virgile : *Hunc ego si
potui tantum sperare dolorem.* Quintilien
(4) n'est pas content de cette expression,
qui pourtant se lit encore dans un autre
endroit de l'Enéide. Il ne l'a condamnée,
vraisemblablement que comme trop forte
pour convenir à un Orateur. Quoi qu'il
en soit, permettons aux Philosophes de
la trouver impropre , puisque l'espérance
ne peut réellement avoir que le bien pour
objet. Mais prions-les en même temps
d'avoir un peu d'indulgence pour nous, qui
croyons sentir que ces sortes de hardiesses
font un merveilleux effet dans la Poésie,
lorsqu'elles sont placées à propos, & de
loin à loin.

X L I I.

(5) . . . *Me cherchiez-vous , Madame ?*

(3) *Andromaque,* V, 5, 31.
(4) Livre VIII , chap. 2.
(5) *Andromaque,* I, 4, 2.

Un espoir si charmant me seroit-il permis ?

Pyrrhus veut dire : *Me seroit il permis de croire que vous me cherchiez ?* Ainsi c'est sur le préfent que tombe ce mot, *espoir,* dont cependant le fens propre ne regarde que des chofes qui font à venir.

J'adreffe cette Remarque & la précédente, à ceux qui écrivent en profe. On ne peut trop leur redire qu'ils font obligés d'avoir une attention infinie à la propriété des termes. Quant aux Poëtes, fachons-leur gré de leurs hardieffes, lorfqu'elles font dictées par le goût, & avouées par le bon fens.

XLIII.

(6) *Je ne vous ferai point des reproches frivoles.*

Voilà ce que portent les anciennes & bonnes éditions de Racine ; & voici la Note de fon fils. *La négation,* dit - il, *ôtant le nom du général,* de *n'eft plus article, mais interjection : ainfi il faut* de *reproches, & non pas des reproches.*

Une négation, qui *ôte le nom du général !* Un *de,* qui n'eft *plus article, mais interjection !* Je n'entends pas ce langage. Venons au fait.

Roxane veut-elle dire à Bajazet, qu'elle

(6) *Bajazet,* V, 4, 1. Voyez pag. 137.

ne lui fera nul reproche, de quelque efpèce que ce puiffe être ? Point du tout. Au contraire, elle lui en fait d'un bout à l'autre de cette Scêne, mais qui ne font pas *frivoles.*

Obfervons la différence qu'il y a entre *de*, fimple prépofition, & *des*, article *particulé*, c'eft-à dire, qui renferme une particule, & ici par conféquent fignifie *de les*, comme fi l'on difoit *de ceux qui*, &c. Roxane a donc très-bien dit, *Je ne vous ferai point* des *reproches frivoles :* parce qu'elle a voulu dire, *de ces reproches qui ne feroient que frivoles.*

Au refte, mon deffein n'étant nullement de cenfurer M. Racine le fils, je ne releve ici fa prétendue correction, que pour empêcher qu'elle ne foit perpétuée dans les éditions fuivantes. Elle s'eft déja gliffée dans la fuperbe édition *in·*4°. faite à Paris en 1760.

Quand il s'agit d'un Auteur tel que Racine, fon vrai texte doit être fcrupuleufement repréfenté, fans la moindre altération.

XLIV.

(7) *Qui fait ..... fi ce Roi....... :*
N'accufe point le Ciel qui le laiffe outrager,

(7) *Mithridate*, I, 3, 76.

Et des indignes fils qui n'osent le venger ?

On vient de voir *des* où il devoit être, dans le vers qui donne lieu à la Remarque précédente. Mais il est ici, où il ne devroit pas être.

Vaugelas (8) a expliqué cette Regle non contestée, qu'en toutes phrases semblables à celles-ci, *Il y a d'excellents hommes*, &, *Il y a des hommes excellents*, on mettra *des*, article particulé, quand le substantif précede l'adjectif, *Il y a des hommes excellents* ; & au contraire si l'adjectif précede le substantif, on mettra *de*, préposition simple, qui s'élide devant une voyelle, *Il y a d'excellents hommes*.

Présentement il est clair, que dans l'endroit dont il s'agit, il falloit de toute nécessité, non pas *des indignes fils*, mais *d'indignes fils qui n'osent*, &c.

Aussi la faute que nous reprenons, ne vient-elle que de l'Imprimeur, si l'on en croit M. Racine le fils, qui convient qu'elle s'est conservée dans toutes les éditions, mais qui soupçonne (sur quel fondement ?) que son pere avoit écrit, *deux indignes fils*.

(8) *Remarque* CCXCII.

X L V.

) (9) *Le Ciel s'est fait sans doute une joie*
inhumaine
A rassembler sur moi tous les traits de sa
haine.

Après *se faire une joie*, il étoit plus
naturel & plus régulier de mettre *de* qu'à.
On dit, *J'ai de la joie à vous voir*; &,
Je me fais une joie de vous voir. Voyez
ci-dessus, *Rem.* XXXII.

J'avoue que c'est-là une observation bien
légere. Mais je m'y arrête exprès pour
faire sentir à ceux qui connoissent le mérite
de l'exactitude, que toute négligence qui
n'est pas raisonnée, fait peine au Lecteur,
sur-tout quand l'Auteur pouvoit l'éviter à
si peu de frais. J'appelle négligence raisonnée, celle qu'on se permettroit avec
mûre réflexion, & pour donner une sorte
de grâce au discours. *Quædam etiam* (1)
negligentia est diligens, nous dit le grand
Maître en l'art d'écrire.

X L V I.

(2) . . . . *Vos bontés à leur tour*
Dans les cœurs les plus durs inspireront
l'amour.

(9) *Iphigénie*, II, 4, 5.
(1) *Cic. Orator*, cap. 23.
(2) *Alexandre*, III, 6, 25.

Inspirer dans, ne me paroît pas Français. On dit, *Inspirer à.* Pour conserver *dans*, il faudroit, *Dans les cœurs les plus durs feront naître l'amour*, ou *feront entrer l'amour*, ou quelqu'autre verbe de cette espèce. Non que je prétende substituer ici un vers à celui de l'Auteur : mais je veux seulement faire sentir qu'avec *inspirer*, notre langue ne souffre pas *dans*. On diroit en prose : *Inspireroit de l'amour aux cœurs les plus durs.* L'emploi des prépositions demande une attention infinie.

XLVII.

(3) . . . . *Ces mêmes dignités*
Ont rendu Bérénice ingrate à vos bontés.

Vaugelas, dans une (4) de ses Remarques, a écrit : *Ingrat à la fortune ;* &, Patru fait là-dessus une Note, où il témoigne qu'*Ingrat à*, pour *Ingrat envers*, lui paroît hardi.

On lit dans Britannicus, *Impuissant à trahir ;* & dans Iphigénie, *Complaisant à vos desirs.* Peut-être qu'à l'égard de ces deux expressions, le scrupule de Patru n'auroit pas été moins fondé.

Il y a des adjectifs, qui ne peuvent gnère aller seuls. *Digne, incapable,* il faut

(3) *Bérénice*, I, 3, 39.
(4) *Remarques* CLXVII.

dire, de quoi. *Propre, comparable*, il faut dire à quoi.

Il y en a qui ne gouvernent jamais rien, & c'eſt le plus grand nombre.

Il y en a enfin qui ſe mettent indifféremment, ou avec un régime, *Je vis content de ma fortune ;* ou ſans régime, *Je vis content.*

On n'a de conſeil à prendre que de l'uſage, dans une matiere où le raiſonnement n'entre pour rien.

XLVIII.

(5) *Mais c'eſt pouſſer trop loin ſes droits injurieux ,*
Qu'y joindre le tourment que je ſouffre en ces lieux.

On diroit en proſe, *Que d'y joindre :* & c'eſt aſſez l'ordinaire des infinitifs qui ſuivent la conjonction *que*, d'être précédés de la particule *de*. Mais ne concluons pas de là qu'il ſoit indifférent, ou de ſupprimer, ou d'employer cette particule avant les infinitifs. Perſonne n'ignore que ces deux phraſes, *Il ne fait que ſortir*, & *Il ne fait que de ſortir*, préſentent des ſens qui ne ſont pas les mêmes. J'en apporterai un autre exemple, qui me paroît digne d'attention. *Aimer mieux,*

(5) *Iphigénie*, III, 4, 29.

fignifie tantôt, Préférer la chofe qui flatte le plus notre goût, & tantôt, Préférer celle qui eft la plus conforme à notre volonté. Or le premier de ces deux fens exige la fuppreffion de la particule *de*, & l'autre exige qu'on l'emploie. Préférence de goût, *J'aime mieux dîner, que fouper. J'aime mieux lire, que jouer.* Préférence de volonté, *J'aime mieux ne rien avoir, que d'avoir le bien d'autrui. J'aime mieux mourir, que de me déshonorer.*

Plus on étudiera notre langue, plus on admirera l'ufage qu'elle fait faire de fes prépofitions, ou particules : entre lefquelles diftinguons-en deux, *à* & *de*, qui foutiennent prefque tout l'édifice du langage François.

X L I X.

(6) *On ne veut pas rien faire ici qui vous déplaife.*

Voilà précifément le cas pour lequel ces deux Savantes de Moliere vouloient que leur fervante fût chaffée.

De pas, mis avec rien, tu fais la récidive, Et c'eft, comme on t'a dit, trop d'une négative.

Racine n'a ufé de ce barbarifme que

(6) *Plaideurs*, II, 6, 13.

pour faire rire : & peut-être auroit-il encore mieux fait de s'en paffer. Un barbarifme que Moliere, l'incomparab'e Moliere, n'emploie ici qu'à propos, & pour mieux peindre ces ridicules Savantes, Racine l'emploie gratuitement. Pourquoi chercher dans un langage corrompu le germe de la bonne plaifanterie? Peut-être l'introduction du patois fur la Scêne Françoife n'eft-elle qu'un refte de ce miférable goût que nos peres ont eu pendant un temps pour le burlefque.

L.

(7) *Je puis l'inftruire au moins, combien fa confidence*, &c.

On ne peut donner ici à *inftruire*, que l'un de ces deux fens, ou *enfeigner*, ou *informer*. Or la phrafe de Racine n'eft Françoife, à ce qu'il me femble, ni dans l'un, ni dans l'autre cas : puifqu'il faudroit, comme la Remarque fuivante le montrera, qu'on pût dire, *Je puis l'inftruire telle chofe*, *Je puis l'inftruire que*, pour pouvoir dire, *Je puis l'inftruire combien*, &c.

Mais il ne faut pas toujours conclure de l'actif au paffif. Je fais cette remarque une fois pour toutes. Quoiqu'on ne

(7) *Britannicus*, I, 2, 40.

dife pas, *inftruire que*, je crois que cette
même conftruction, après le participe,
ne bleffera perfonne dans les deux exemples fuivants. Bérénice, acte I, fcêne 3,
vers 13.

> . . . . *Bérénice eft inftruite*
> *Que vous voulez ici la voir feule & fans*
> *fuite.*

Athalie, IV, 3, 24.
Bientôt de Jézabel la fille meurtriere,
Inftruite que Joas voit encor la lumiere.

L I.

(8) *Ne vous informez point ce que je*
deviendrai.

Il faudroit, *Ne vous informez point de*
ce que je deviendrai. Et pourquoi le faudroit-il ? Parce qu'aucun verbe ne peut
avoir deux régimes *fimples*, quoique plufieurs verbes puiffent avoir deux régimes,
l'un fimple, l'autre particulé. J'explique
ailleurs ces termes, dont je vais faire
l'application.

Racine dit, *Ne vous informez point ce,*
c'eft-à-dire, la chofe, *que je deviendrai.*
Alors *vous*, & *ce*, font deux régimes fimples, ou deux Accufatifs, comme on
parleroit en Latin. Or, nous pofons pour

____

(8) *Bajazet*, II, 5], 39.

principe qu'il n'y a point de verbes qui puiſſent avoir tout à la fois deux régimes ſimples.

Mais ſi je dis, *Ne me demandez point ce que je deviendrai*, ma phraſe eſt correcte, parce qu'il y a pluſieurs verbes, du nombre deſquels eſt *demander*, qui ſouffrent le régime ſimple, & le particulé. Or, *me*, eſt ici pour *à moi*, & par conſéquent régime particulé : de ſorte que *demander* n'a qu'un régime ſimple, qui eſt *ce*.

Je ne doute point que l'anatomie de ces phraſes ne déplaiſe au plus grand nombre des Lecteurs. Mais je leur dirai en ſtyle figuré, il faut paſſer au travers des épines, pour arriver aux riantes prairies de l'Eloquence, ou ſur les monts eſcarpés de la Poéſie.

L I I.

(9) *Déja ſur un vaiſſeau dans le port préparé,*
Chargeant de mon débris les reliques plus cheres,
Je méditois ma fuite, &c.

Quand *plus* eſt mis abſolument, c'eſt-à-dire, ſans article, il fait que l'adjectif qu'il précede, eſt comparatif : mais alors

(9) *Bajazet*, III, 2, 30.

le fecond terme de la comparaifon doit toujours être exprimé, ou clairement fous-entendu. *Votre fanté m'eft plus chere que la mienne. Racine eft plus élégant que Corneille.*

Quand le fecond terme de la comparaifon n'eft pas exprimé, alors *plus* eft précédé de l'article, & il forme une efpece de fuperlatif. *Les plus cheres reliques*, ou *les reliques les plus cheres de mon débris.* Et c'eft ainfi qu'il falloit dire en cette occafion.

Vaugelas (1) établit les mêmes principes; mais nous les tournons chacun à notre maniere. Thomas Corneille ajoûte qu'il eft d'une indifpenfable néceffité de s'affujettir à la regle de Vaugelas : & je fuis bien perfuadé qu'elle fait loi pour les Poëtes, comme pour les autres. Voyez ci-deffus, *pag.* 148.

L I I I.

(2) *Amurat eft content, fi nous le voulons*
　　croire ,
Et fembloit fe promettre une heureufe
　　victoire.

Je doute, s'il eft bien de paffer fi bruf-

(1) Dans fa Remarque LXXXV, où cette Regle eft mife dans un grand jour.

(2) *Bajazet*, I, 1, 33.

quement du préfent *eſt*, à l'imparfait, *ſembloit*. Mais du moins il eſt certain, que le changement de temps au ſecond verbe demandoit le Pronom, qui répete le nominatif. *Amurat eſt content*, *& il ſembloit*, &c.

L I V.

(3) *Comme vous je me perds d'autant plus que j'y penſe.*

Par les exemples accumulés dans le Dictionnaire de l'Académie, on verra qu'ici *d'autant plus* ne répond point à l'idée de Racine, qui vouloit dire, *Plus j'y penſe, plus je me perds.*

O vous ! qui briguez les faveurs des Muſes, ne prenez point pour vos ennemis ceux qui vous diſent : *Qu'en vos écrits la langue révérée, Dans vos plus grands excès vous ſoit toujours ſacrée.* Vos ennemis ſont ceux qui, ſous prétexte de vous rendre votre art moins difficile, voudroient mettre les barbariſmes au rang de vos privileges. Racine & Deſpréaux ſont-ils jamais plus Poëtes que dans les endroits où il ne ſe trouve pas une expreſſion, qui puiſſe effaroucher le plus timide Grammairien ?

Toujours de grandes & de belles idées ;

(3) *Bérénice*, II, 5, 4.

toujours vérité, & variété dans les images; hardieſſe, ou plutôt audace dans les figures; propriéré, naïveté, nobleſſe, énergie dans la diction; vivacité, nouveauré dans les tours; continuïté d'harmonie; il y auroit bien là de quoi faire un *Auteur divin.* Oui : mais *ſans la Langue*, ſans la pureté du ſtyle, ce ſera, *quoi qu'il faſſe, un méchant Ecrivain.*

L V.

(4) *Oui, les Grecs ſur le fils perſécutent le pere.*

Rien de ſi clair que *perſécuter quelqu'un.* Mais perſécuter quelqu'un *ſur un autre*, ne ſeroit-ce point là de ces mots, qui, comme on parle quelquefois en riant, doivent être bien étonnés de ſe trouver enſemble ?

L V I.

(5) *Juſqu'ici la Fortune & la Victoire mêmes*
Cachoient mes cheveux blancs ſous trente Diadêmes.

Tantôt *même* eſt adverbe, & ſignifie *mêmement,* qui ſe diſoit autrefois. Tantôt il eſt adjectif, & répond à des idées un peu différentes, ſelon qu'il précede, ou qu'il

(4) *Andromaque*, I, 2, 83.
(5) *Mithridate*, III, 5, 5.

suit son substantif. *Vous êtes la bonté même.
J'ai toujours les mêmes amis.* Pour mieux entendre ces différences, il ne faut que consulter le Dictionnaire de l'Académie.

Autre observation à faire ici, c'est que *même*, adverbe, pouvoit autrefois s'écrire, ou *même*, ou *mêmes*; d'où Vaugelas (6) concluoit que pour empêcher *même* adverbe d'être confondu avec *même* adjectif, il falloit écrire *même* après un substantif pluriel, *les choses* même *que je vous ai dites;* & au contraire, *mêmes*, après un substantif singulier, *la chose* mêmes *que je vous ai dite.*

Aujourd'hui & depuis long-temps, on ne met plus d's à la fin de *même* adverbe : en sorte que l'expédient suggéré par Vaugelas n'est plus d'aucune utilité pour nous. Je n'en ai fait mention que parce qu'il nous aide à connoître ce qu'est *mêmes* dans cette phrase, *la Fortune & la Victoire mêmes*, &c. Veut-on qu'il soit adjectif, régi par les deux substantifs précédents? Pour cela il eût fallu les rappeler par un pronom, qui leur soit commun, & dire, *la Fortune & la Victoire* elles-*mêmes.* Je suis donc persuadé que *mêmes* est ici adverbe, comme s'il y avoit, *& même la victoire.* Racine a écrit *mêmes,*

(6) *Remarque XX.*

parce que la rime le demandoit, & que l'orthographe de son temps ne s'y oppo-soit pas. Autrement ce seroit un solécisme, dont il n'étoit pas capable.

L V I I.

(7) *Va. Mais nous-même, allons, pré-cipitons nos pas.*

Je conviens avec M. Racine le fils, que le sens de ce vers n'est pas, *allons-y aussi*, mais *allons-y nous mêmes* : & que par conséquent *même* n'est pas ici adverbe, mais adjectif. Reste à savoir pourquoi cet adjectif n'est pas au pluriel, puisqu'il se rapporte à *Nous ?*

Pourquoi ? Parce qu'en notre Langue *nous* & *vous* ne sont pas toujours des pluriels. A l'égard de *vous*, y a-t il rien de plus commun, & de plus ordonné par l'usage, que de l'employer au lieu du singulier *toi*, en parlant au plus simple particulier ? Quant à *nous*, il n'est guère permis qu'à des personnes d'un certain rang d'écrire, *Nous soussigné*, & non pas, *soussignés : Nous Evêque, Nous Maréchal de France*, &c. Voilà des exemples de *nous* reconnu pour l'équivalent d'un singulier. Peut-être me trompé-je, mais il me semble qu'un homme qui voudroit,

____

(7) *Bajazet*, IV, 5, 71.

dans une crife s'exhorter tacitement lui-
même, fe diroit, *foyons brave, foyons
patient*, l'adjectif demeurant au fingulier.
Roxane, fi cela eft, a donc pu dire,
Mais nous même allons. Ou il faut recourir
à ce fubterfuge, ou il faut reconnoître que
l'Auteur s'eft bien mépris, quand il a dit
nous-même, au lieu de *nous-mêmes*. Mais
du moins cette Remarque & la précédente font voir que je ne cherche pas
toujours à le critiquer.

L V I I I.

(8) *Il l'aime. Mais enfin cette veuve inhu-
      maine
N'a payé jufqu'ici fon amour que de haine;
Et chaque jour encore, on lui voit tout
      tenter,
Pour fléchir fa Captive*, &c.

Ici le fens & la Grammaire ne s'accordent point; car le fens veut que ce *lui* du
troifieme vers foit rapporté à Pyrrhus: &
la Grammaire, qu'il le foit, à cette *veuve
inhumaine.*

Parmi les équivoques qui naiffent de
pronoms mal placés, je ne releverai que
celle-là. Un exemple fuffit. Rien, je l'a-
voue, ne coûte tant que d'éviter toujours
les équivoques de cette forte. Mais, où

(8) *Andromaque*, I, 1, 109.

la néceffité fe trouve, la difficulté n'excufe pas.

L I X.

(9) *Elle voit diffiper fa jeuneffe en regrets,*
Mon amour en fumée, & fon bien en procès.

Voyons fi *diffiper* peut également convenir à ces trois fubftantifs. Qu'un pere
diffipe en procès le bien de fa fille, cela eft
clair. Mais, qu'il *diffipe fa jeuneffe en*
regrets, je ne l'entends pas fi bien. A
l'égard du troifieme : pour mieux comprendre qu'il ne fait pas un fens jufte,
mettons-le à la feconde perfonne, & fup-
pofons que Léandre dife au pere d'Ifa-
belle, *Vous diffipez mon amour en fumée.*
Affurément Léandre n'auroit pu tenir ce
langage. Car il aime toujours, & un autre n'a pas le pouvoir de faire que fon
amour *fe diffipe* en fumée. Je me fers du
réciproque, *fe diffipe*, parce qu'en effet
l'actif n'eft pas ici ce qu'il faut.

L X.

(1) *Je vois mes honneurs croître, & tom—*
ber mon crédit.

Pardonnons cette inverfion à un Poëte ;
car la contrainte du vers a fes privileges.
Mais en profe, comme rien n'empêche

(9) *Plaideurs*, I, 1, 25.
(1) *Britannicus*, I, 1, 89.

d'être

d'être régulier, aussi rien ne permet de ne l'être pas. On diroit, *Je vois croître mes honneurs, & tomber mon crédit* ; ou, *Je vois mes honneurs croître, & mon crédit tomber.*

Vaugelas a repris quantité de phrases semblables. Toutes ses Remarques sont remplies d'importantes loix sur le style. Je veux qu'il y en ait d'abrogées par l'usage : mais cela ne tombe guère que sur certaines façons de parler. A l'égard de notre Syntaxe, elle ne varie plus ; & c'est principalement à Vaugelas, le premier de nos Grammairiens, que nous devons le plus bel attribut de notre Langue, une clarté infinie.

Rapportons une de ses décisions, qui mettra dans un plus grand jour la faute que j'ai voulu reprendre. Malherbe avoit écrit : *Si le Prince donne le droit de Bourgeoisie à toute la Gaule, & à toute l'Espagne quelque immunité.* « Qui ne voit, » dit Vaugelas, l'équivoque en ces mots, » *& à toute l'Espagne,* qui semblent se » rapporter *au droit de Bourgeoisie,* aussi- » bien que ceux-ci, *à toute la Gaule :* » ce qui toutefois est faux, puisqu'ils se » rapportent aux suivants, *quelque immu-* » *nité.* Telle est la faute de Racine.

N

L X I.

(2) . . . . . *Cruël, pouvez-vous croire,*
Que je fois moins que vous jaloufe de ma
gloire ?

Voici encore une équivoque, ou plutôt un contre-fens. Par ces mots, *ma*
gloire, l'objet de la jaloufie eft déterminé,
& c'eft la gloire d'Atalide, puifque c'eft
Atalide qui parle. Ainfi cette phrafe fignifie, *Pouvez-vous croire que ma gloire me*
touche moins qu'elle ne vous touche ? Mais
ce n'eft point là ce qu'Atalide entend.
Pouvez-vous croire, veut-elle dire, *que*
je fois moins jaloufe de ma gloire, que
vous n'êtes jaloux de la vôtre ? Revenons-
en toujours à ce grand principe de Quintilien, & de Vaugelas, ou plutôt du fens
commun : Qu'il faut facrifier tout à la
jufteffe & à la clarté.

L X I I.

(3) *Il prend l'humble fous fa défenfe.*

On dit, *prendre la défenfe de quelqu'un.*
On dit auffi, *prendre quelqu'un fous fa*
protection. Mais, *prendre fous fa défenfe,*
a-t il été reçu par l'ufage ? Rien de plus
commun que des termes qui paroiffent
fynonymes, & qui ne peuvent cependant

(2) *Bajazet*, I, 4, 105.
(3) *Efther*, I, 5, 57

être mis l'un pour l'autre, soit avec les mêmes prépositions, soit avec les mêmes verbes.

Puisque ce vers est tiré des Chœurs d'Esther, je ne puis me refuser ici une courte digression. Racine me paroît incomparable dans le Lyrique. Une diction précise & serrée; de la douceur, mais avec de l'énergie; des figures variées; de riches & nobles images; une mesure libre, mais qui pourtant ne marche pas au hasard. Pourquoi nos paroles d'Opéra ne se font-elles pas toujours d'après ce grand modèle? Quinault est sans doute un homme rare, & très-rare en son genre: mais, il faut l'avouer, Racine est plus Poëte que lui. Je m'étois imaginé autrefois, que des vers, pour être bons à mettre en chant, ne devoient avoir, ni une *grande force*, ni une *grande élévation.* J'étois tombé dans cette erreur, parce que je m'en étois rapporté à Despréaux. Mais, s'il est bien vrai, comme des connoisseurs me l'ont assuré, que la Musique des Chœurs d'Esther & d'Athalie soit parfaitement belle; il est donc faux que la Musique demande des vers, qui manquent de *force* & *d'élévation.* Racine & son Musicien ont pensé, ont exécuté le contraire.

N ij

L X I I I.

(4) *Par un indigne obstacle il n'est point*
retenu ,
Et fixant de ses vœux l'inconstance fatale ,
Phédre depuis long-temps ne craint plus
de rivale.

Pendant qu'on lit le second vers ,
on se persuade, & avec raison, qu'il se
rapporte au nominatif énoncé dans le premier. On n'est détrompé que par le troisieme vers, qui prouve que tout ce qui
est dit dans le second, se rapporte à
Phédre. Il faudroit , pour parler clairement, dire : *Et depuis long-temps Phédre,*
fixant l'inconstance de ses vœux , ne craint
plus de rivale.

J'avoue, & je devrois être las de le
répéter, que beaucoup de transpositions,
qui seroient de vraies fautes dans la prose,
font de grands ornements dans la Poésie.
Mais ni l'une ni l'autre ne connoissent
aucune sorte de beauté, en faveur de
laquelle il puisse être permis de donner
la plus légere atteinte à la clarté du discours.

(4) *Phédre ,* I , 1 , 24.

L X I V.

(5) *Et voyant de son bras voler par-tout l'effroi,*

L'Inde sembla m'ouvrir un champ digne de moi.

Premiérement on pourroit demander si *l'effroi de son bras*, signifie *l'effroi que cause son bras;* ou *l'effroi qu'éprouve son bras.* Est - il actif, ou passif?

Autre chose à remarquer, & plus importante encore, dans les vers dont il s'agit. *Voyant* se rapporte, non pas à l'Inde, qui est le nominatif suivant; mais à la personne qui parle. Il se rapporteroit au nominatif suivant, si la phrase étoit conçue ainsi :

Et voyant de son bras voler par - tout l'effroi ,

Je crus alors m'ouvrir , &c.

Voyant ne seroit en ce cas-là qu'une sorte d'*apposition* , très-permise. Mais de la maniere dont il est placé, on diroit que c'est l'Inde qui voyoit, &c.

L X V.

(6) *C'est ce qui l'arrachant du sein de ses Etats ,*

(5) *Alexandre,* IV, 2, 27.
(6) *Alexandre ,* II, 2, 143.

Au trône de Cyrus lui fit porter ses pas,
Et du plus ferme Empire ébranlant les
  colonnes,
Attaquer, conquérir, & rendre les Cou-
  ronnes.

On est d'abord tenté de croire que ces deux gérondifs, *arrachant*, *ébranlant*, se rapportent au même substantif. Et cela, effectivement, devroit être ainsi pour la netteté du Discours. Cependant il est certain que le premier se rapporte à la Gloire, qui *arrache* Alexandre du sein de ses Etats : au-lieu que le second est dit d'Alexandre lui-même, qui *ébranle* les colonnes, &c. Il est bien vrai que la force du sens empêche qu'on ne s'y puisse méprendre, si l'on veut y donner attention : mais pour ne point être à la merci de nos Lecteurs, suivons l'avis de Quintilien, & faisons en forte, non-seulement qu'on nous entende, mais qu'on ne puisse pas même, le voulût-on, ne pas nous entendre.

Quand on a la plume à la main, il ne faut point dans la chaleur de la composition, amortir son feu par des chicanes grammaticales. Mais l'ouvrage étant sur le papier, il faut, quand nous venons à l'éplucher de sang froid, nous figurer que nous avons à nos côtés un Despréaux, qui nous diroit, comme il n'y auroit pas manqué, fur le voifinage de ces deux gérondifs que j'attaque : *Votre conftruction femble un peu s'obfcurcir. Ce terme eft équivoque, il le faut éclaircir.*

L X V I.

(7) . . . . *Ou laffés, ou foumis,*
Ma funefte amitié pefe à tous mes amis.

Voilà encore une inverfion vicieufe, parce que ces deux participes, *laffés* & *foumis*, font coupés par un nominatif, auquel ils n'appartiennent pas ; & que d'ailleurs la particule *à*, qui vient après, fait qu'ils ne peuvent pas être immédiatement unis avec leur fubftantif. Je tâcherai de m'expliquer.

Tout participe eft adjectif, mais tout adjectif n'eft pas participe. Diftinction, qui va éclaircir ce qu'a dit M. Pelliffon dans fon Hiftoire de l'Académie : *Que Malherbe & Gombauld fe promenant un jour enfemble, & parlant de certains vers où il y avoit,*

Quoi ? faut - il que Henri, ce redouté
  Monarque,

Malherbe affura plufieurs fois, que cette fin lui déplaifoit, fans qu'il pût dire pourquoi : que cela engagea Gombauld d'y penfer avec attention ; & que fur l'heure même

____

(7) *Mithridate,* III, 1, 27.

en ayant découvert la raison, il la dit à
Malherbe, qui en fut aussi aise que s'il
eût trouvé un tréfor, & qui forma depuis
une Regle générale. Quelle est cette Regle?
Que ces adjectifs qui ont la terminaison en
é masculin, ne doivent jamais être mis
devant le subftantif, mais après.

Or il me semble que cette Regle est
trop générale, & qu'en même-temps elle
ne l'est point assez. Trop générale si elle
s'étend sur toute sorte d'adjectifs, non
participes, terminés en *é* masculin. Quelqu'un a-t-il jamais critiqué dans le fameux
Sonnet de Malleville, *Sacrés flambeaux*
du jour n'en soyez point jaloux ? J'ai lu
dans un Poëte moderne, *Ce fortuné séjour*
qu'embelliffent vos yeux. J'ai lu dans un
autre, *L'effronté plagiaire,* &c. Ainsi ne
confondons pas avec les participes, vrais
participes, ces purs adjectifs non dérivés
de verbes qui aient été, ou du moins qui
foient en usage.

Mais d'autre côté, la Regle ne sera
point assez générale, si elle n'embrasse
que les participes terminés en *é* masculin.
Un entendu concert, un soumis valet,
révolteroient autant & plus qu'un *redouté*
Monarque. Ainsi, quelle que soit la terminaison d'un participe, il ne peut jamais
être mis entre l'article & le subftantif.

Que s'il précede l'article, c'eſt une inverſion auſſi permiſe en proſe qu'en vers,
pourvu qu'elle ne péche point par quelque autre endroit.

L X V I I.

(8) *Mes ſoins en apparence épargnant ſes*
   douleurs ,
De ſon fils en mourant , lui cacherent les
   pleurs.

A qui ſe rapporte ce Gérondif, *en mou-*
rant ? Eſt-ce au fils de Claudius, ou à
Claudius lui-même ? C'eſt ſans doute à
l'un des deux. Et quand il n'y auroit que
cette équivoque, ne ſeroit-ce pas déja
beaucoup ? Mais il y a plus.

Telle eſt la nature de notre Gérondif,
qui ſert à déſigner une circonſtance liée
avec le verbe qui le régit, *Vous me ré-*
pondez en riant ; & par conſéquent il ne
peut ſe rapporter qu'au ſubſtantif, qui eſt
le nominatif de ce verbe, ou qui lui tient
lieu de nominatif. J'ajoute, *qui lui en*
tient lieu, parce qu'en effet il y a des
phraſes, comme celle-ci, *On ne voit guère*
les hommes plaiſanter en mourant, où
d'abord il me ſemble que le gérondif ne ſe
rapporte pas à un nominatif. Mais c'eſt
comme ſi l'on diſoit, *On ne voit guère*

(8) *Britannicus*, IV, 2, 67.

que les hommes plaifantent en mourant.
Ainfi la Regle fubfifte toujours, *Que le gérondif doit fe rapporter au fubftantif, qui fert de nominatif au verbe, dont il exprime une circonftance.*

Pour en revenir donc à la phrafe de Racine, mettons-la dans fon ordre naturel : *Mes foins, en mourant, lui cachèrent les pleurs de fon fils.* Or, peut-on dire que des foins *meurent*, & qu'ils faffent quelque chofe *en mourant ?* Auffi n'eft-ce pas là ce que l'Auteur nous a voulu dire : mais la conftruction de fa phrafe le dit malgré lui.

L X V I I I.

(9) *Du fruit de tant de foins à peine jouiffant,*
En avez-vous fix mois paru reconnoiffant.

Qui ne croiroit qu'à *peine* doit fe lier avec *jouiffant :* comme s'il y avoit, *Du fruit de tant de foins jouiffant à peine,* pour dire, ne faifant que commencer à jouir ? Et cependant *à peine* doit néceffairement fe lier avec le vers fuivant : *A peine en avez-vous,* &c. Rien n'excufe cette inverfion.

(9) *Britannicus,* IV, 2, 83.

LXIX.

(1) *Je fais que votre cœur fe fait quel-*
ques plaifirs,
De me prouver fa foi dans fes derniers
foupirs.

On ne doutera pas que ce ne foit uniquement la rime qui amene ici ce pluriel,
quelques plaifirs. Mais notre Langue étoit
affez abondante pour fournir un autre
tour, & Racine affez ingénieux pour le
trouver.

Je repondrai à ceux qui m'accuferoient
de m'arrêter fur des bagatelles, que l'A-
cadémie, dans fes Sentimens fur le Cid,
s'arrêta pareillement fur ces deux vers de
Corneille :

Quelle douce nouvelle à ces jeunes amants !
Et que tout fe difpofe à leurs contentements !

Il eût été mieux, *à leur contentement,*
dit l'Académie. Et moi, dans un cas encore moins favorable, que dis-je autre
chofe ?

LXX.

(2) *De mille autres fecrets j'aurois compte*
à vous rendre.

(1) *Bajazet,* II, 5, 31.
(2) *Britannicus,* III, 7, 63. Voyez ce qui
a été dit ci-deffus, *pag.* 155.

Quand nos verbes régiſſent un ſubſtantif, qui n'a point d'article, ils doivent être ſuivis immédiatement de ce ſubſtantif, comme ſi l'un & l'autre ne compoſoient qu'un ſeul mot. *Avoir faim, avoir pitié, donner parole, rendre raiſon, rendre compte, &c.* Jamais ces verbes, dis-je, ne ſouffrent la tranſpoſition de leur régime : & l'on ne peut jamais rien mettre entre le verbe & le régime, ſi ce n'eſt un pronom, *Donnez*-moi *parole*; ou une particule, *Ayez*-en *pitié*; ou enfin un adverbe, *donnez* hardiment *parole*. Je ne crois donc pas qu'on puiſſe excuſer cette tranſpoſition, *J'aurois* compte *à vous rendre.* Il faut néceſſairement, *J'aurois à vous rendre compte.*

Je ne ſais même, ſi, entre ces ſortes de verbes & leur régime, la voix peut ſe repoſer autant que le demande la céſure. On en jugera par le vers ſuivant, tiré de cette même Tragédie, Acte IV, Scêne 1, vers 104.

Je vous ai demandé raiſon de tant d'injures.

Quel repos pratiquer entre *demandé*, & *raiſon?* Auſſi eſt-ce là le ſeul exemple que tout Racine m'en ait fourni.

L X X I.

(3) *Viens, suis-moi, la Sultane en ce lieu
se doit rendre.*

On ne verra rien à reprendre en cette
phrase. Aussi ne m'y arrêté - je que pour
faire observer la situation du pronom *se*.
Presque tous nos écrivains aujourd'hui,
se font une loi de placer immédiatement
ces pronoms avant l'Infinitif, qui les régit.
Ainsi, dans la phrase présente, ils diroient,
la Sultane en ce lieu doit se rendre, & non
pas, *se doit rendre.* Je conviens que l'un (4)
est aussi bon que l'autre, pour l'ordinaire.
Mais quelques - uns (5) de nos Maîtres,
dont l'autorité pourroit être séduisante ,
jugent l'un des deux meilleur de beaucoup : & c'est par conséquent, ne laisser
que l'un des deux en usage ; puisqu'en
Grammaire , comme en tout le reste , il
faut toujours choisir le meilleur.

.. Pour moi, que j'étudie Amyot & Vaugelas, les deux hommes qui font le plus
entrés dans le génie de notre Langue ,
je vois qu'ils n'ont point connu cette pré-

(3) *Bajazet*, I , 1 , 1.
(4) Voyez la Remarque CCCLVII de Vau-
gelas, intitulée, *Il se vient justifier, il vient se
justifier*
(5) Feu M. de la Motte, car je puis aujour-
d'hui le désigner nommément.

tendue régularité. Racine pouvoit aifément dire ici, *en ce lieu doit fe rendre* :
& même par - là il auroit plus éloigné
ces deux monofyllabes, *ce*, *fe*, dont le
fon ne diffère en rien. Racine a cependant préféré l'autre maniere, parce qu'il
l'a trouvée, apparemment, plus naïve.

Que ce foient là des minuties, à la
bonne heure. Vaugelas, comme on vient
de voir, n'a pourtant pas dédaigné de
s'y arrêter : & fi j'y reviens, c'eft parce
que notre Langue étant déja fi gênée dans
l'arrangement des mots, je ne vois pas à
quel propos on lui chercheroit de nouvelles entraves.

L X X I I.

(6) *Ils regrettent le temps à leur grand*
　　cœur fi doux,
Lorfqu'affurés de vaincre ils combattoient
fans vous.

On eft d'abord tenté de condamner
cette conftruction, *Ils regrettent le temps*
lorfque. Car nous fommes accoutumés à
dire en profe ; *Je regrette le temps que*
j'étois jeune, *Je regrette le temps* où *j'étois*
jeune. Et c'eft ainfi que parle Defpréaux :

Hélas ! qu'eft devenu ce temps, cet heu-
　　reux temps,

　(6) *Bajazet*, I, 1, 47.

*Où les Rois s'honoroient du nom de fai-
neants ?*

Véritablement , la phrafe de Racine
me paroîtroit blâmable, fi *lorfque* fuivoit
immédiatement *le temps.* Mais, comme il
y a quelque chofe entre deux, cela fait à
l'œuil & à l'oreille un effet tout différent.

LXXIII.

(7) *Craignez - vous que mes yeux verfent
trop peu de larmes ?*

Toutes les fois que *craindre* eft fuivi
de la conjonction *que*, la particule *ne*
doit fe trouver, ou dans le premier, ou
dans le fecond membre de la phrafe.
Dans le premier, *Je ne crains pas qu'il
verfe trop de larmes :* & ici cette particule eft négative. Dans le fecond, *Je
crains qu'il ne verfe trop de larmes :* &
ici la même particule (je dis la même, fi
l'on n'a égard qu'au fon) eft prohibitive.

Racine lui-même nous donne un bel
exemple de l'un & de l'autre en deux vers
qui fe fuivent, & qui font dits par Andromaque parlant de fon fils à Pyrrhus, Acte
I, Scêne 4.

*Hélas ! on ne craint point qu'il venge un
jour fon pere ;*

(7) *Bérénice,* V , 5 , 46.

On craint qu'il n'essuyât les larmes de sa mere.

Quintilien, *Liv.* I, *Chap.* 5, fait assez sentir la différence qu'il y a entre ces deux particules dans sa Langue, d'où elles ont passé dans la nôtre, qui emploie la prohibitive dans les mêmes cas que le Latin, c'est-à-dire, après *craindre*, *empê-cher*, *prendre garde*, *de peur que*, & autres mots semblables.

On distinguera bien aisément ces deux particules, si l'on veut considérer que la prohibitive n'est jamais suivie de *pas*, ou de *point*, comme la négative l'est ordinairement; & que si l'on mettoit *pas*, ou *point* après la prohibitive, il en résulte-roit un contrefens. Par exemple, si dans ce dernier vers de Racine, nous disions, *On craint qu'il n'essuyât* pas *les larmes de sa mere*, nous dirions précisément le con-traire de ce que Racine a dit.

J'avoue que cette particule prohibitive paroît rédondante en notre Langue; mais elle y est de temps immémorial. Pour-quoi ne respecterions-nous pas des usages si anciens?

L X X I V.

(8) *Condamnez-le à l'amende, ou s'il le casse, au fouet.*

(8) *Plaideurs*, II, 13, 22.

Voilà le feul exemple qui refte dans tout Racine, d'un *le*, pronom relatif, mis après fon verbe, & avant un mot qui commence par une voyelle. *Condamnez-le à l'amende.* Encore faut-il obferver que cela fe trouve dans une Comédie. Mais dans les premieres éditions de la Thébaïde & de fon Alexandre, il y en avoit cinq ou fix autres exemples, qu'il a tous réformés dans les éditions fuivantes. Il a donc fenti que *le*, placé ainfi, bleffoit l'oreille. Pourquoi la bleffe-t-il ? Parce qu'elle trouvera dans l'hémiftiche une fyllabe de trop, fi l'on appuie fur *le*, fans faire fentir l'élifion. Ou s'il eft totalement élidé à caufe de la voyelle fuivante, alors *le à l'amende* font entendre *la*, *la*, cacophonie.

L X X V.

(9) *Apprenez* . . . . *qu'il n'eft point de*
    Rois . . . .
Qui fur le trône affis n'enviaffent peut-être
Au-deffus de leur gloire un naufrage élevé,
Que Rome & quarante ans ont à peine
    achevé.

Je fuis arrêté par le grand nom de Racine, qui ne me permet point d'appeler ceci du galimatias. On aura beau me dire avec M. Racine le fils, que *Hafar-*

____

(9) *Mithridate*, II, 4, 33.

der ces alliances de mots, n'appartient qu'à celui qui a le crédit de les faire approuver. Je conviendrai qu'en effet, lorsqu'un vers ronfle bien dans la bouche d'un Acteur, quelquefois le Parterre ne demande rien de plus. Mais il n'en est pas moins vrai qu'un Auteur ne doit jamais courir après un bel arrangement de mots, sans avoir égard à la clarté des idées, & à la justesse des métaphores.

Ainsi qu'on ne m'accuse pas ici de penser singuliérement, je mets ci-dessous (1) ce qu'a dit un écrivain assez connu.

L X X V I.

(2) *Qui m'offre ou son hymen, ou la mort infaillible.*

Infaillible est ici très-inutile. Mais de plus, pour y pouvoir placer une épithete, il auroit fallu changer l'article, & dire,

(1) Réflexions sur la Poésie Françoise, par le P. du Cerceau, pag. 254. *J'avoue*, dit-il, *que je n'entends pas trop bien ce que signifie* un naufrage élevé au-dessus de la gloire des autres Rois, & *encore moins ce que veut dire*, achever un naufrage. *Ces expressions figurées ont d'abord quelque chose qui éblouit, & l'on ne se donne pas la peine de les examiner, parce qu'on les devine plutôt qu'on ne les entend : mais quand on y regarde de près, on est tout surpris de ne trouver qu'un barbarisme brillant dans ce qu'on avoit admiré.*

(2) *Bajazet*, II, 5, 57.

) *Qui m'offre ou son hymen, ou une mort*
infaillible, une *mort prompte*, une *mort*
violente.

Quand l'adjectif ne dit absolument rien,
qui ne soit néceffairement renfermé dans
le fubftantif, cela fait une épithete infup-
portable. L'efprit veut toujours apprendre, & par conféquent paffer d'une idée
à une autre. Ce mot, *la mort*, renferme
l'idée d'*infaillible*. Ainfi cette épithete ne
m'apprenant rien, il faut qu'elle me ré-
volte.

LXXVII.

(3) *La Reine permettra que j'ofe demander*
Un gage à votre amour, qu'il me doit
accorder.

On diroit en profe, *La Reine permettra*
que j'ofe demander à votre amour un gage,
qu'il me doit accorder. Pourquoi l'inverfion
de Racine nous paroît-elle rude ? Parce
que l'amour de la clarté ayant placé le
que relatif tout près de fon fubftantif;
l'oreille eft accoutumée à ne rien entendre qui les fépare.

LXXVIII.

(4) *Phénix même en répond, qui l'a con-*
duit exprès

(3) *Iphigénie.*, III , 4 , 5.
(4) *Andromaque*, V , 2 , 26.

Dans un Fort éloigné du Temple & du Palais.

On ne fauroit être trop réfervé à faire des Regles générales : & cela me regarde plus que perfonne. Mais pourtant, notre Syntaxe ne fe fera pas toute feule. Vaugelas ne l'a pas épuifée, à beaucoup près. Quant à Ménage, & au P. Bouhours, ils ne confultent guère que l'ufage, & rarement ils remontent aux principes. Il feroit donc à fouhaiter que chaque particulier, à mefure qu'il croit avoir découvert une Regle nouvelle, eût le courage de la propofer, afin qu'elle fût examinée à loifir. J'appelle *Regles nouvelles*, celles qui ne fe trouvent pas encore dans nos Grammairiens.

Telle eft la Regle fondamentale, que je propofe en ces termes : *Quand le pronom relatif,* qui, *eft un nominatif, il ne fauroit être féparé du fubftantif auquel il fe rapporte.*

Je dis, *quand c'eft un nominatif,* parce qu'il ne l'eft pas toujours : car il eft régime quelquefois, mais d'une prépofition feulement : comme *la perfonne* pour *qui je m'intéreffe, la perfonne* de *qui l'on vous a dit du bien.*

A l'égard des phrafes où *qui* forme une répétition : par exemple, *Un Auteur,* qui *est sensé*, qui *fait bien sa langue*, qui *médite bien son sujet*, qui *travaille à loisir*, qui *consulte ses amis*, est presque sûr du succès. Tous ces *qui*, par le moyen du premier, touchent immédiatement leur substantif, & par conséquent, il n'y a rien là que de conforme à la Regle générale.

Présentement, on voit en quoi consiste la faute que je reprends dans ce vers, *Phénix même en répond, qui, &c.* Il y a une séparation totale entre le *qui*, & son substantif.

Au reste, quoique ce *qui* ne puisse être séparé de son substantif, cela n'empêche pas qu'il ne rentre, par rapport au verbe dont il est suivi, dans tous les droits des autres nominatifs; c'est-à-dire, qu'il peut, & avec grâce, être séparé de son verbe, non-seulement par de simples appositions, mais par des phrases entieres, qu'on appelle phrases incidentes. Tous nos bons Auteurs en fournissent des exemples sans fin. Je me borne à celui-ci, tiré d'Athalie, IV, 3, 56.

Ne descendez-vous pas de ces fameux Lé-
  vites ,

Qui, lorsqu'au Dieu du Nil le volage Israël
Rendit dans le désert un culte criminel,
De leurs plus chers parents saintement ho-
  micides ,

*Confacrérent leurs mains dans le fang des
perfides.*

Tout ce que je viens d'expliquer, fe
prouve par ce feul exemple. *Qui,* touche immédiatement fon fubftantif, *Lévi-
tes :* mais il eft féparé de fon verbe,
confacrérent, par une phrafe fufpendue,
*Lorfqu'au Dieu du Nil le volage Ifraël
rendit dans le défert un culte criminel;* &
par une appofition , *De leurs plus chers
parents faintement homicides.* Rien de plus
régulier : & la clarté naît de la régularité.

L X X I X.

(5) *On accufe en fecret cette jeune Eriphile
Que lui-même captive amena de Lesbos.*

Que lui - même amena captive, feroit
l'arrangement de la profe. Mais, *que lui-
même captive amena*, eft une inverfion
forcée, dont je crois n'avoir vu d'exemple
que dans Marot ; encore n'en fuis je pas
fûr. *Andromaque eft une Tragédie de Racine, que lui - même nouvelle fit jouer en*
1668. Une inverfion fi gothique dans la
profe, le feroit-elle moins dans les vers?

L X X X.

(6) *Mais il fe craint, dit - il, foi · même
plus que tous.*

(5) *Iphigénie,* I, 1, 155.
(6) *Andromaque,* V, 2, 39.

Racine, dans Phédre, dit d'Hippolyte,

> *Charmant, jeune, traînant tous les cœurs*
> *après soi ;*

& il parle de même en beaucoup d'autres endroits, où il faudroit *lui*, & non pas *soi*. Mais la queſtion étant un peu obſcure, tâchons de la débrouiller.

On peut conſidérer le pronom *soi*, comme ſe rapportant, 1°. à des perſonnes ; 2°. à des choſes ; 3°. à un ſingulier ; 4°. à un pluriel.

Premiérement donc, en parlant des perſonnes, on dit *soi*, & *soi-méme*, quand ſon antécédent préſente un ſens vague & indéfini. *Dans le péril chacun penſe à soi. On ne doit guère parler de soi. On aime à ſe tromper soi-méme.* Hors de-là, & toutes les fois que l'antécédent préſente un ſens déterminé, & individuel, comme dans les deux vers de Racine, il faut dire *lui, elle, lui-méme, elle-méme.* Regle générale, dont il ſeroit inutile de rechercher les principes, aujourd'hui qu'elle n'eſt plus conteſtée.

2°. *Soi*, quand il ſe rapporte aux choſes, peut ſe mettre, non-ſeulement avec l'indéfini, mais avec le défini, & il convient à tous les genres. *La vertu eſt aimable de soi, porte ſa récompenſe avec soi.*

Ce remede eſt bon de ſoi, quoiqu'il vous ait incommodé.

3°. *Soi*, rapporté à un ſingulier, ne renferme aucune difficulté, qui ne ſoit réſolue par ce qui vient d'être dit. Car *ſoi* eſt un ſingulier.

Remarquons ſeulement qu'il ne s'emploie que de deux manieres. Ou précédé d'une prépoſition, *chacun penſe à ſoi*. Ou ſuivi de *même*, autre pronom avec lequel il s'identifie par un tiret, *On doit être ſon Juge ſoi-même.*

4°. Peut-il ſe rapporter à un pluriel? Tout le monde convient que non, s'il s'agit des perſonnes. On ne dit qu'*eux*, ou *elles*. Mais à l'égard des choſes, les avis ſont partagés. Vaugelas (7) propoſe trois manieres de l'employer. *Ces choſes ſont indifférentes de ſoi. Ces choſes de ſoi ſont indifférentes. De ſoi ces choſes ſont indifférentes.* Il ne condamne que la premiere de ces trois phraſes, n'approuvant pas que l'on mette *de ſoi* après l'adjectif. Mais l'Académie dans ſes Obſervations ſur Vaugelas, n'admet que la derniere de ces trois phraſes, & rejette également les deux autres. Pour moi, ſi je n'étois retenu par le reſpect que je dois à l'Académie, je n'en recevrois aucune des

(7) *Dans ſa Remarque* CLXXI.

trois ;

trois; étant bien perfuadé que *Soi*, qui eft un fingulier, ne peut réguliérement fe conftruire avec un pluriel.

L X X X I.

(8) *J'eus foin de vous nommer, par un contraire choix,*
Des Gouverneurs que Rome honoroit de fa voix.

Par un contraire choix, a quelque chofe de fauvage. Il faudroit, *Par un choix contraire*. Et pour mieux voir de quelle conféquence eft la fituation de l'adjectif, rapportons un autre exemple, tiré d'Efther, II, 7, 53.
Parlez. De vos deffeins le fuccès eft certain,
Si ce fuccès dépend d'une mortelle main.

Quand *mortel* fignifie, Qui eft fujet à la mort, il ne peut fe mettre qu'après le fubftantif. *Durant cette vie mortelle.* Quand il précede le fubftantif, il fignifie grand, exceffif. *Defpréaux étoit le mortel ennemi du faux. Il y a trois mortelles lieues d'ici-là.*

Vaugelas a fait une longue Remarque, qui a pour titre, *de l'Adjectif devant ou après le fubftantif*, où il déclare qu'après avoir bien cherché, il n'a point trouvé

(8) *Britannicus*, IV, 2, 47.

O

que l'on puisse établir là-dessus aucune regle, ni qu'il y ait en cela un plus grand secret que de *consulter l'oreille*. C'est un excellent avis, pour qui peut en profiter. Mais combien de gens ont l'oreille fausse? Quand même on l'auroit juste, ne peut-on pas quelquefois douter?

Peut-être ne seroit-il pas impossible de trouver ces sortes de Regles. Car enfin, l'oreille est un Juge, mais un Juge qui suit des loix, & qui ne prononce que conformément à ces loix. On peut donc parvenir à les connoître. On peut donc, si cela est, les mettre aussi par écrit.

Pour rédiger ses jugements à cet égard, il faudroit faire le dénombrement de tous nos adjectifs, & les distribuer en quatre classes. 1°. Ceux qui doivent toujours précéder le substantif. 2°. Ceux qui doivent toujours le suivre. 3°. Ceux qui, selon qu'ils précedent ou qu'ils suivent, forment un sens tout différent. 4°. Ceux dont la situation est à notre choix, & se regle sur le besoin que nous avons de rendre notre phrase, ou plus énergique, ou plus sonore, ou plus naïve; de rompre un vers, d'éviter une consonnance, &c. Tout cela, éclairci par des exemples, feroit un volume: mais qui le liroit? Quand il s'agit d'une langue vivante, le chemin de l'ufage eft plus court que celui des préceptes.

LXXXII.

(9) *Vous me donnez des noms qui doivent me furprendre,*
Et les Dieux, contre moi dès long-temps indignés,
A mon oreille encor les avoient épargnés.

Tout le monde voit affez qu'*encor* fait ici un contre-fens, parce qu'étant placé où il eft, il ne peut fignifier que continuation, ou répétition d'une même chofe.

J'aurois eu fouvent de ces riens à obferver dans Racine : mais que m'arrive-t-il? Après un moment de réflexion fur l'efpèce de faute qui m'arrêtoit, je retourne à ma lecture; & bientôt cette belle fimplicité, cette douce harmonie, cette élégance, cette éloquence, qui font le ton dominant, viennent à me frapper de façon que je finis par être honteux d'avoir eu la tentation de critiquer.

Revenons à *encore.* On laiffe aux Poëtes le choix d'*encore* ou d'*encor*, felon leur befoin. Mais dans la profe, où l'on n'eft point gêné par la mefure, nos bons écrivains donnent conftamment la préférence à *encore*, dont la pénultième, allongée par l'*E* muet, foutient la prononciation :

(9) *Iphigénie*, II, 5, 45.

au-lieu que dans les entretiens familiers, où il n'est pas permis d'être lent, on ne dit guère qu'*encor*, dont la derniere est breve.

LXXXIII.

(1) *Faites qu'en ce moment je lui puisse annoncer*
Un bonheur où peut-être il n'ose plus penser.

J'avoue que les Poëtes n'oseroient dire *auquel*, & que ce pronom est ordinairement remplacé avec l'élégance par l'adverbe *où*. Mais pourtant il me semble qu'*un bonheur où je pense*, ne se dit point. Pourquoi ne se dit-il point ? Vous le demanderez à l'usage.

LXXXIV.

(2) *J'en rends grâces au Ciel, qui, m'arrêtant sans cesse,*
Sembloit m'avoir fermé le chemin de la Grèce.

Pour la rime, il faudroit prononcer *la Grèce*, comme on prononce *la grâisse*. Plus bas, dans la même Scène, on trouve, *Que penses-tu qu'il fasse*, rimant avec, *Dis-moi ce qui se pâsse.*

A peine la versification Françoise commençoit elle à se prescrire des Regles ;

(1) *Bérénice*, V, 1, 3.
(2) *Andromaque*, I, 1, 9.

dans un temps où elle se permettoit encore les *hiatus* & les enjambements; dans un temps où la rime masculine & la féminine n'étoient pas encore obligées de se succéder l'une à l'autre; dans ce temps-là, qui nous paroît barbare, on savoit déja, & mieux que nous, respecter les droits de la Prosodie, comme nous l'apprenons de Joachim du Bellay dans sa *Défense & Illustration* (3) *de la Langue Françoise*, petit volume, imprimé à Paris en 1549.

L X X X V.

(4) *Elle trahit mon pere, & rendit aux Romains*
La place & les trésors confiés en ses mains.

Je ne sais si je me trompe, mais il me semble que *Confiés en ses mains*, n'est pas autorisé par l'usage. *Confier* verbe actif, & *se confier* verbe réciproque, ont des sens & des régimes très-différents. L'actif signifie, Commettre quelque chose au soin, à la fidélité de quelqu'un, & il régit la préposition *à. Confier un dépôt à son ami.* Le réciproque signifie, S'assurer,

_____

(3) Voyez Liv. II, Chap. 7, où il dit : *Que tu te gardes de rimer les mots manifestement longs avec les brefs aussi manifestement brefs, comme* pâsse & trace ; maître & mettre ; bât & bat, &c.

(4) *Mithridate*, I, 1, 64.

prendre confiance, & il demande la préposition *en*. *Se confier en ses forces, en
ses amis*. Peut-on donner à *étre confié*,
le régime qui appartient à *se confier* ?
Voilà ce qui fait mon doute.

LXXXVI.

(5) . . . . . *Je ne veux point être liée.
Je ne la serai point.*

Racine fait peut-être ici à dessein une
faute que font, disoit Vaugelas, presque
toutes les femmes, & de Paris, & de la
Cour. Je dis à une femme, *quand je suis
malade*, j'aime à voir compagnie. Elle
me répond, *& moi quand je la suis, je
suis bien aise de ne voir personne*. Mais,
ajoûte Vaugelas, il faut dire, *quand je
le suis*, parce qu'alors *le* signifie *cela*, ce
que vous dites, qui est *malade*. Je dis à
deux de mes amis, *quand je suis malade,
je fais telle chose*. Ils doivent me répondre,
& nous quand nous le sommes, &c.

Vaugelas, de qui ces principes & ces
exemples sont empruntés, auroit fait plaisir aux femmes qui ont du goût, & qui
respectent notre langue, de leur apprendre quand elles doivent dire *la*, ou *le*.
Rien de plus aisé. Il faut toujours *la*,

(5) *Plaideurs*, I, 7, 83.

quand ce pronom se rapporte à un substantif, précédé de son article. *Etes-vous
la Comtesse de Pimbesche ? Oui je la suis.*
Mais il faut *le*, quand il se rapporte à
un adjectif. *Etes-vous plaideuse ? Oui je
le suis.* Par conséquent, puisqu'on lui parle
d'être *liée*, elle devoit dire, *je ne le serai
point*, & non, *je ne la serai point.*

LXXXVII.

(6) *Quelle étoit en secret ma honte & mes
chagrins.*

Il y auroit plus de régularité, mais
moins de douceur dans la prononciation,
si l'on avoit dit, *Quels étoient ma honte
& mes chagrins*, parce que *chagrins* étant
masculin, & du nombre pluriel, devoit
l'emporter sur *honte*, féminin, & du nombre singulier.

Pour débrouiller cette difficulté, il faudroit la partager en deux, & savoir premiérement, *De quel genre doit être un adjectif, qui se rapporte à deux substantifs
de genres différents, & même de nombres
différents ?* En second lieu, *Quand un
verbe a deux nominatifs, doit-il toujours
être mis au pluriel ?*

Vaugelas & le P. Bouhours ont traité
ces deux questions, mais de maniere

(6) *Esther*, I, 1, 82.

qu’elles reſtent indéciſes, ou peu s’en faut. Auſſi ne ſont-elles pas oubliées dans la *Guerre civile des François* (7) *ſur la Langue*, page 53 : Ouvrage dont le titre promettoit quelque choſe d’aſſez curieux, mais qui demandoit que l’Auteur eût plus de ſavoir, & plus de ſagacité qu’il n’en a montré.

LXXXVIII.

(8) *Sans eſpoir de pardon m’avez-vous condamnée ?*

Voilà ce qui s’appelle une phraſe louche. *Sans eſpoir de pardon*, regarde Andromaque : &, *m’avez-vous condamnée*, regarde Pyrrhus. Il falloit, *Sans eſpoir de pardon me vois-je condamnée ;* afin que la phraſe entiere tombât ſur Andromaque : ou l’équivalent de ceci, *M’avez-vous condamnée ſans me laiſſer aucun eſpoir de pardon*, afin qu’elle ne tombât que ſur Pyrrhus.

On me dira qu’il y a ici une Ellipſe. Mais, qu’il y ait telle figure qu’on voudra, il me ſuffit que la phraſe ſoit louche,

____

(7) Imprimée à Paris, en 1688. L’Auteur eſt un Avocat de Grenoble, nommé *Aleman*, l’Editeur des *Nouvelles Remarques* de Vaugelas, comme on l’a dit à l’article VAUGELAS, dans l’Hiſtoire de l’Académie Françoiſe, Tome I.

(8) *Andromaque*, III, 6, 16.

pour être bien convaincu qu'elle mérite d'être blâmée.

LXXXIX.

(9) . . . . *Ses foupirs embrafés*
Se font jour à travers de deux camps
oppofés.

Vaugelas a fait une Remarque fur *au travers*, & *à travers*, dans laquelle il diftingue clairement leurs différents régimes, qui font *de* pour le premier, & *le* pour le fecond. Au lieu donc d'*à travers*, il falloit *au travers* dans les vers dont il s'agit.

Pourquoi demandent-ils deux régimes différents? Parce qu'il y a de la différence entre *à*, particule fimple, & *au*, particule confondue avec l'article. Laiffons ces fortes de recherches aux Grammairiens de profeffion, & ne nous mettons pas trop en peine d'une théorie que l'Ufage fupplée. Ordinairement l'Ufage fait très bien ce qu'il fait. Quand même il paroît avoir tort, nous n'en avons que plus de mérite à lui obéir, comme Vaugelas nous le dira (1) dans un moment.

(9) *Alexandre*, I, 1, 50.
(1) Ci-après, Remarque XCVI.

X C.

(2) *Hélas ! je cherche en vain. Rien ne s'offre à ma vue.*
Malheureuse ! comment puis - je l'avoir perdue ?

Trois vers après, on voit qu'il eſt queſtion d'une lettre qui avoit été perdue. Il eſt naturel que dans un ſemblable embarras, Atalide ne déſigne pas autrement que par un pronom, ce qu'elle a perdu. *Comment puis je l'avoir perdue ?* Rien ne lui paroît exiſter dans le monde que cette lettre. Je ſuis donc bien éloigné de blâmer le tour de Racine. Je voudrois ſeulement que comme, *perdre la vue*, eſt une phraſe très-uſitée, il eût tâché d'en trouver une autre, qui donnât moins de priſe à l'équivoque. Ou même, ſans rien changer à ces deux vers, il n'avoit qu'à mettre le premier, celui qui eſt le ſecond.

Malheureuse ! comment puis - je l'avoir perdue ?
Hélas ! je cherche en vain. Rien ne s'offre à ma vue.

X C I.

(3) *J'ai vu de rang en rang cette ardeur répandue ,*

(2) *Bajazet*, V, 2, 2.
(3) *Alexandre*, I, 2, 6.

Par des cris généreux éclater à ma vue.

J'ai vu . . . à ma vue. Petite négligence de ſtyle. Mais la perfection en quelque genre que ce ſoit, ne conſiſte pas à éviter ſeulement les grandes fautes : & même, ſi l'on n'eſt pas attentif à éviter les moindres, on eſt preſque ſûr d'en faire de grandes.

X C I I.

(4) *Hé, pourrai-je empêcher, malgré ma*
   diligence ,
Que Roxane d'un coup n'aſſûre ſa ven-
   geance ?

Pour la netteté de la conſtruction , il falloit , *Pourrai - je empêcher que , malgré ma diligence , Roxane ,* &c. Ou , *Pourrai - je avec toute ma diligence , empêcher que ,* &c. Quintilien ne veut pas qu'on donne au lecteur , ou à l'auditeur la peine de rien éclaircir. C'eſt à celui qui parle , ou qui écrit , de faire qu'on l'entende , & que même on ne puiſſe point ne pas l'entendre. Voilà de ces leçons dictées par le bon ſens , & qui regardent autant les Poëtes , que ceux qui écrivent en proſe. J'en reviens toujours à la clarté , à une clarté ſans le moindre nuage.

(4) *Bajazet,* II , 3 , 64.

X C I I I.

(5) *Mais, comme vous savez, malgré ma
    diligence,*
*Un long chemin sépáre & le -Camp &·
By∫ance.*

Que celui qui parle, fût diligent ou
non, cela pouvoit-il faire que By∫ance &
le Camp fu∫∫ent plus ou moins éloignés
l'un de l'autre ? On voit a∫∫ez ce que
l'Auteur vouloit dire : mais il ne le dit pas.
'J'évite d'être long, & je deviens ob∫cur.

X C I V.

(6) *Qu'ai-je fait, pour venir accabler en
    ces lieux
Un héros, ∫ur qui ∫eul j'ai pu tourner les
    yeux ?*

Qu'ai-je fait, dit Axiane, *pour que vous
veniez,* vous Alexandre, *accabler,* &c.
Il ne s'agit pas de ∫avoir ∫i *pour que,*
feroit ici un bon effet. Il s'agit ∫eulement
de faire ∫entir l'équivoque, qui e∫t dans
la phra∫e de Racine, où l'on e∫t tenté de
croire que ces mots, *pour venir,* regardent la per∫onne qui dit *Qu'ai-je fait.* Elle
vient cette équivoque, de ce qu'il y a une
ellip∫e un peu trop forte.

Par *Ellip∫e,* nous entendons le retran-

(5) *Bajazet,* I, 1, 25.
(6) *Alexandre,* IV, 2, 75.

chement d'un ou de plusieurs mots, qui seroient nécessaires pour la régularité de la construction, mais que l'Usage permet quelquefois de supprimer. Or l'Usage ne permet une ellipse du genre de celle-ci, que dans la conversation. *Tout ce qui est bon à écrire*, c'est une maxime de Vaugelas, *est bon à dire : mais tout ce qui se peut dire, ne se doit pas écrire.*

X C V.

(7) *Je t'aimois inconstant : qu'aurois-je fait fidele ?*

Voilà, de toutes les ellipses que Racine s'est permises, la plus forte & la moins autorisée par l'Usage. Mais , avant que d'oser la condamner, il y a deux réflexions à faire.

1°. Ce qui rend l'Ellipse, non-seulement excusable, mais digne même de louange , c'est lorsqu'il s'agit , comme ici, de s'exprimer vivement, & de renfermer beaucoup de sens en peu de paroles : sur-tout lorsqu'une violente passion agite la personne qui parle. Hermione , dans son transport, voudroit pouvoir dire plus de choses, qu'elle n'articule de syllabes.

2°. Il y a de certaines fautes, que le meilleur écrivain peut faire par négligence,

(7) *Andromaque*, IV, 5, 95.

ou même fans s'en appercevoir : au-lieu qu'une ellipfe, qui eft fi peu dans les regles ordinaires, quand un grand maître l'emploie, c'eft de propos délibéré, & après y avoir bien penfé.

Je conclus de-là, que de pareilles hardieffes ne tirent point à conféquence pour des écrivains du commun : mais d'un autre côté auffi j'avoue qu'un Critique, s'il condamne abfolument ce qu'un grand maître a écrit avec mûre réflexion, fe fent plus de courage que je n'en ai.

X C V I.

(8) *Avez-vous pu penfer qu'au fang d'A-*
gamemnon
'Achille préférát une fille fans nom,
Qui de tout fon deftin ce qu'elle a pu com-
prendre,
C'eft qu'elle fort d'un fang, &c.

Voílà un *qui*, dont le Verbe ne paroît point. Mais l'ufage l'autorife, & c'eft un de ces Gallicifmes, dont je parlerai dans un inftant.

Vaugelas dit à ce fujet : *Tant s'en faut que ces phrafes extraordinaires foient vicieu-*
fes, qu'au contraire elles ont d'autant plus de grâce, qu'elles font particulieres à chaque Langue. Tellement que lorfqu'une façon

(8) *Iphigénie*, II, 5, 53.

de parler eft ufitée à la Cour & des bons Auteurs, il ne faut pas s'amufer à en faire l'anatomie, ni à pointiller deffus, comme font une infinité de gens : mais il faut fe laiffer emporter au torrent, & parler comme les autres, fans daigner écouter ces éplucheurs de phrafes. J'aime à entendre Vaugelas parler ainfi. J'aime à voir que ce Grammairien, le plus inftruit & le plus judicieux que nous ayons eu, mettoit une différence infinie entre un Purifte, & un homme qui fait fa Langue. Au refte il ne fait en cela que répéter le mot de Quintilien : *Aliud eft grammaticè, aliud latinè loqui.*

X C V I I.

(9) *Je ne fais qui m'arrête, & retient mon*
    courroux,
Que par un prompt avis de tout ce qui fe
    paffe,
Je ne courre des Dieux divulguer la menace.

Voilà encore un Gallicifme, c'eft-à-dire, une conftruction propre & particuliere à la Langue Françoife, contraire aux regles communes de la Grammaire, mais autorifée par l'Ufage. *Je ne fais qui m'arrête que je ne courre.* Ramus, dans fa Grammaire, appelle *Francifme*, ce que

_____
(9) *Iphigénie,* IV, 1, 34.

nous appelons *Gallicifme*. Mais le nom ne fait rien ici à la chofe. Pour dire donc un mot de la chofe même, il me paroît que c'eft avoir une fauffe idée des Gallicifmes, que de les croire phrafes de la fimple converfation. Les gens de lettres, qui veulent rapporter tout à des regles connues, donnent volontiers dans ce préjugé. Auffi n'avons-nous guère, nous autres gens de cabinet, ces grâces naïves, & ces tours vraiment François, que nous admirons dans certains écrits, dont les Auteurs doivent moins aux préceptes qu'à l'Ufage. Témoin les Lettres inimitables de Madame de Sévigné. Il eft vrai que ces fortes d'Auteurs font des fautes dont nous fommes exempts, grâce à l'étude : mais, fans ceffer d'être corrects, ne pourrions-nous pas entrer un peu dans le goût de leur diction aifée, vive, naturelle, & dont les Gallicifmes font toujours un des principaux charmes ? On fauroit gré à un Savant, citoyen de Rome & d'Athênes, de vouloir bien quelquefois n'être que François.

  Après l'exemple de Racine, douterons-nous que plufieurs de ces irrégularités ne puiffent avoir place en toute forte de ftyles, puifqu'elles ne déparent point le Tragique ?

Un bon Traité des Gallicifmes feroit un ouvrage important pour notre Langue. On en trouveroit prefque tous les matériaux dans Amyot. Mais comme notre Langue a emprunté de toutes les autres, il faudroit favoir celles du Nord, pour pouvoir bien rendre compte de certaines conftructions, que nous croyons originairement Françoifes, & qui pourroient n'être que les dépouilles du Saxon.

Quelquefois auffi nos Gallicifmes ne font autre chofe qu'une Ellipfe, ou plufieurs Ellipfes combinées, qui ont fait difparoître peu à peu divers mots, diverfes liaifons, qu'un long ufage rend faciles à fous-entendre, quoiqu'il ne fût pas toujours facile de les fuppléer, ni même de les deviner.

XCVIII.

(1) . . . . *Plus je vous envifage,*
Et moins je reconnois, Monfieur, votre
vifage.

Un peu de Logique fuffit pour concevoir d'où vient que la conjonction *&* fe trouve ici de trop, & même pourroit donner lieu à un contre-fens, puifqu'elle traveftit des propofitions *corrélatives* en propofitions *copulatives.* J'en dis affez pour ceux à qui les termes de l'Ecole font fa-

(1) *Plaideurs,* II, 4, 6.

miliers. Pour d'autres, il leur faut un exemple.

Plus on lit Racine, plus on l'admire. Il y a dans cette phrafe deux propofitions fimples, *On lit Racine, on l'admire,* lefquelles prifes féparément n'ont point encore de rapport enfemble. Pour les unir, & n'en faire qu'une phrafe, je n'ai qu'à dire, *On lit Racine, & on l'admire.* Mais fi je veux faire entendre que l'une eft à l'autre, ce qu'eft la caufe à l'effet, ou l'antécédent au conféquent : alors il ne s'agit plus de les unir; il faut marquer le rapport qu'elles ont enfemble. Or c'eft à quoi nous fervent ces adverbes comparatifs, *plus, moins,* & *mieux,* dont l'un eft toujours néceffaire à la tête de chaque propofition, fans pouvoir céder fa place, ni fouffrir un autre mot avant lui.

Pour traduire littéralement, *Quantò diutiùs confidero, tantò mihi res videtur obfcurior,* nous dirons, *Plus j'y fais réflexion, plus la chofe me paroît obfcure.* Pourquoi la marche du Latin & celle du François font-elles ici les mêmes? Parce que la Logique eft la même dans toutes les Langues.

Il y a cependant un cas où la conjonction *&* doit précéder l'adverbe comparatif. C'eft lorfqu'au lieu d'une feule propofition fimple , plufieurs font réunies pour former, ou l'antécédent, ou le conféquent. Racine en fournit l'exemple fuivant , qui mettra cette obfervation dans tout fon jour.

> *Plus j'ai cherché , Madame, & plus je*
> *cherche encor ,*
> *En quelles mains je dois confier ce tréfor,*
> *Plus je vois que Céfar , &c.* (2).

Ici la conjonction porte, non fur la derniere propofition , qui eft corrélative, mais fur les deux premieres , qui font copulatives.

Quant à la phrafe que nous examinons, il falloit fans conjonction, *Plus je vous envifage, moins je vous reconnois, plus je foupçonne que vous êtes un fourbe.* Ou, *Plus je vous envifage , moins je vous reconnois, & plus je foupçonne , &c.*

J'ai allongé cette Remarque , parce que ni Dictionnaires ni Grammaires, à ce que je crois, n'ont touché la difficulté que je voulois éclaircir.

X C I X.

(3) *Le flot qui l'apporta , recule épouvanté.*

Perfonne n'ignore que ce vers a caufé

(2) *Britannicus*, II, 3, 51.
(3) *Phédre*, V, 6, 37.

une espèce de guerre entre M. de la Motte, qui fut l'aggresseur , & M. Despréaux, dont la Réponse, qui est sa onzieme Réflexion sur Longin, ne fut imprimée qu'après sa mort.

A cette Réponse de M. Despréaux, M. de la Motte répliqua : & moi, lorsque mes Remarques sur Racine parûrent pour la premiere fois , je crus pouvoir dire aussi ma pensée sur la Réplique de M. de la Motte. Mais le rien que j'écrivis alors sur ce sujet, ne reparoît point ici, parce que ce n'est point ici sa place, & que d'ailleurs on l'a inséré dans les dernieres éditions de Despréaux.

Tout ce qu'il y a de grammatical à examiner dans ce vers, se réduit au mot, *apporta*, qui est un aoriste, c'est-à-dire, celui de nos deux Prétérits, qui n'est pas formé d'un verbe auxiliaire, & qui marque indéfiniment le temps passé.

Une phrase toute semblable à celle de Racine, est condamnée dans les Sentiments de l'Académie sur le Cid. *Quand je lui fis l'affront* , dit le Comte, parlant du soufflet qu'il venoit de donner à D. Diégue. *Il n'a pu* , selon l'Académie, dire, Je lui fis ; *car il a fallu dire*, Je lui ai fait, *puisqu'il ne s'étoit point passé de nuit entre deux.*

Oferois-je , après une décifion for-
melle, fufpendre encore mon jugement,
& propofer mes doutes en faveur de
Théramène ? Pourquoi ne dirions-nous
pas que l'excès de la douleur, & d'une
douleur fi jufte, ne lui permettoit guère
de fonger aux loix du Langage, & qué
les loix de l'euphonie lui défendoient de
s'énoncer comme on feroit en profe, *le
flot qui l'a apporté*, ou, *qui l'avoit apporté* ?

Quoi qu'il en foit, nous avons dans le
charmant la Fontaine un exemple de cette
même licence, fi c'en eft une. J'invite à
relire fa Fable *du Lion , & du Moucheron*, ne fût-ce que pour égayer la trifteffe
de mes Remarques. On y verra comment
le Moucheron, infulté par le Lion, attaque fon ennemi, le fatigue, l'abat , le
met fur les dents. Après quoi on nous dit :

L'infecte , du combat fe retire avec gloire :
Comme il fonna la charge , il fonne la
    victoire.

Affurément, il ne s'étoit point *paffé de
nuit* entre le combat de ces animaux, &
la victoire remportée par le Moucheron.
Cependant l'aorifte, *il fonna*, n'eft-il pas
infiniment mieux que fi l'on eût dit,
Comme il a fonné, ou, *comme il avoit*

sonné, &c. Tout ceci eft affaire de goût. Ainfi le raifonnement y eft peu nécef-faire.

Pour moi, je fuis difpofé à croire que la phrafe de Corneille, tirée d'une Scêne où il ne falloit que la fimplicité du Dialogue, a éte juftement condamnée par l'Académie : mais que cette condamnation ne tombe pas fur les phrafes de Racine & de la Fontaine, parce qu'elles font l'une & l'autre placées ou le Poëte pouvoit être hardi, & fe montrer à vifage découvert.

C.

(4) *Vaincu , chargé de fers , de regrets confumé ,*
Brûlé de plus de feux que je n'en allumé.

Puifqu'il n'eft queftion ici que de la Grammaire , on ne s'attend pas que je releve le ridicule du feu réel que Pyrrhus alluma dans Troie , comparé avec les feux de l'amour dont il prétend qu'il eft brûlé. Racine touchoit encore d'affez près au temps où la France produifit des fots imitâteurs des Italiens , chez qui les *Concetti* eurent leur mode , comme chez nous le Burlefque.

Mais l'Ortographe faifant partie de la Grammaire , & M. Racine le fils s'étant

(4) *Andromaque*, I , 4 , 62.

imaginé que ces rimes, *consumé, allumé,* pouvoient être critiquées ; il ne sera pas inutile qu'on sache que de faire rimer aux yeux un participe avec un prétérit, ce n'est pas une invention moderne ; car il s'en trouve de fréquens exemples dans nos vieux Poëtes, &, sans aller plus loin, dans le Plutarque d'Amyot.

Je borne là mes Remarques, dont le but, comme on le voit bien n'étoit assurément pas celui d'un rigide Censeur. J'ai loué, j'ai excusé, mais j'ai blâmé aussi, quand l'intérêt de notre Langue m'a paru l'exiger.

Or, supposé que les fautes, les vraies fautes de mon Auteur se réduisent à si peu : tirons de là deux conséquences, dont la premiere est, Que la versification, pour un homme né avec du talent, n'est donc pas une contrainte aussi grande, & aussi nuisible aux beautés essencielles de notre Langue, qu'on l'a soutenu depuis quelques années dans certains écrits, où il semble qu'on ait pris à tâche d'inspirer du dégoût pour la Poésie, & d'anéantir en France un des Arts qui font le plus d'honneur à l'esprit humain.

Autre conséquence, qui ne regarde que moi. Je n'ai donc pas eu tort d'avancer, dès le commencement de ces Remarques, qu'il y avoit peut-être moins à reprendre dans Racine, que dans la plupart des ouvrages de prose les plus estimés.

Qu'on se rappelle, au reste, que mon dessein se renfermoit dans le grammatical. Mais la Grammaire, quoiqu'elle soit d'une indispensable nécessité pour bien écrire, ne fera pas toute seule un bon écrivain. Pour bien écrire, il faut le concours de trois arts différents, la Grammaire, la Logique, & la Rhétorique. A la Grammaire nous devons la pureté du discours : à la Logique, la justesse du discours : à la Rhétorique, l'embellissement du discours. Quand finirois-je, si j'allois m'étendre sur ce sujet ?

F I N.

A D D I T I O N.

Je doutois qu'une lettre où l'on me donne des louanges si peu méritées, dût paroître ici de mon aveu. Mais des louanges qui ne sont dictées que par l'amitié, ne tromperont personne ; & il ne faut pas qu'un vain scrupule m'empêche de publier d'importantes réflexions, occasionnées par ce volume même, dont elles deviennent le plus riche ornement.

Que je sais bon gré à mon illustre Confrere d'avoir osé dire, la Langue paroît s'altérer tous les jours ; mais le style se corrompt bien davantage... Le déplacé, le faux, le gigantesque, semblent vouloir dominer aujourd'hui. *Triste vérité, qui ne peut manquer de faire impression sur quelques-uns de nos contemporains, s'ils veulent considérer de quelle bouche elle est sortie.*

RÉPONSE

RÉPONSE

De M. DE VOLTAIRE à M. l'Abbé D'OLIVET, sur la nouvelle édition de la Prosodie.

A Ferney, 5 Janvier 1767.

CHER Doyen de l'Académie,
Vous vîtes de plus heureux temps :
Des neufs sœurs la troupe endormie
Laisse reposer les talents :
Notre gloire est un peu flétrie.
Ramenez - nous sur vos vieux ans,
Et le bon goût & le bon sens,
Qu'eut jadis ma chère patrie.

Dites - moi si jamais vous vîtes dans aucun bon auteur de ce grand siécle de Louis XIV, le mot de *vis-à-vis* employé une seule fois pour signifier *envers, avec, à l'égard ?* Y en a-t-il un seul qui ai dit *ingrat vis-à-vis de moi,* au lieu d'ingrat envers moi. *Il se ménageait vis-à-vis ses rivaux,* au lieu de dire avec ses rivaux. *Il était fier vis-à-vis de ses supérieurs,* pour fier avec ses supérieurs, &c. Enfin ce mot de *vis-à-vis* qui est très-rarement juste & jamais noble, inonde aujourd'hui nos livres, & la cour & le barreau, & la société ; car dès qu'une expression vicieuse s'introduit, la foule s'en empare.

P

Dites-moi si Racine a *perfiflé* Boileau ? si Boffuet a *perfiflé* Pafcal ? & si l'un & l'autre ont *miftifié* La Fontaine en abufant quelquefois de fa fimplicité ? Avez-vous jamais dit que Cicéron écrivait *au parfait*, que *la coupe* des tragédies de Racine était heureufe ? On va jufqu'à imprimer que les Princes font quelquefois mal *éduqués*. Il paraît que ceux qui parlent ainfi ont reçu eux-mêmes une fort mauvaife éducation. Quand Boffuet, Fénélon, Pelliffon, voulaient exprimer qu'on fuivait fes anciennes idées, fes projets, fes engagemens, qu'on travaillait fur un plan propofé, qu'on rempliffait fes promeffes, qu'on reprenait une affaire, &c. ils ne difaient point, J'ai fuivi mes *errements*, j'ai travaillé fur mes *errements*.

Errement a été fubftitué par les Procureurs au mot *erres*, que le peuple emploie au lieu d'*arrhes* : *arrhes* fignifie *gage*. Vous trouvez ce mot dans la tragi-comédie de Pierre Corneille, intitulée *Don Sanche d'Arragon.*

Ce préfent donc renferme un tiffu de cheveux
Que reçut Don Fernand pour arrhes de mes vœux.

Le peuple de Paris a changé *arrhes*

en *erres : Des erres* au coche : Donnez-moi
des *erres.* De là *errements ;* & aujourd'hui,
je vois que, dans les difcours les plus
graves, le Roi a fuivi fes derniers *erre-*
ments vis - *à* - *vis* des rentiers.

Le ftyle barbare des anciennes formu-
les, commence à fe gliffer dans les papiers
publics. On imprime que Sa Majefté
aurait reconnu qu'une telle province *aurait*
été endommagée par des inondations.

En un mot, Monfieur, la langue paraît
s'altérer tous les jours ; mais le ftyle fe
corrompt bien davantage : on prodigue
les images, & les tours de la poéfie, en
phyfique ; on parle d'anatomie en ftyle
ampoulé ; on fe pique d'employer des
expreffions, qui étonnent, parce qu'elles
ne conviennent point aux penfées.

C'eft un grand malheur, il faut l'avouer,
que, dans un livre rempli d'idées profondes, ingénieufes & neuves, on ait traité
du fondement des loix en épigrammes.
La gravité d'une étude fi importante,
devait avertir l'auteur de refpecter davantage fon fujet ; & combien a - t - il fait de
mauvais imitateurs, qui n'ayant pas fon
génie, n'ont pu copier que fes défauts ?

Boileau, il eft vrai, a dit après Horace :

Heureux, qui, dans fes vers, fait, d'une
   voix légère, P ij

*Paſſer du grave au doux, du plaiſant au
ſévère.*

Mais il n'a pas prétendu qu'on mélangeât tous les ſtyles. Il ne voulait pas qu'on mît le maſque de Thalie ſur le viſage de Melpomène, ni qu'on prodiguât les grands mots dans les affaires les plus minces. Il faut toujours conformer ſon ſtyle à ſon ſujet.

Il m'eſt tombé entre les mains l'annonce imprimée d'un marchand, de ce qu'on peut envoyer de Paris en Province pour ſervir ſur table. Il commence par un éloge magnifique de l'agriculture & du commerce ; il peſe dans ſes balances d'épicier, le mérite du Duc de Sully, & du grand Miniſtre Colbert ; & ne penſez pas qu'il s'abaiſſe à citer le nom du Duc de Sully, il l'appelle *l'ami d'Henri IV*, & il s'agit de vendre des ſauciſſons & des harengs frais ! cela prouve au moins que le goût des belles lettres a pénétré dans tous les états ; il ne s'agit plus que d'en faire un uſage raiſonnable : mais on veut toujours mieux dire qu'on ne doit dire, & tout ſort de ſa ſphere.

Des hommes, même de beaucoup d'eſprit, on fait des livres ridicules, pour vouloir avoir trop d'eſprit. Le Jéſuite Caſtel, par exemple, dans ſa mathématique univerfelle, veut prouver que, fi le globe de Saturne étoit emporté par une comète dans un autre fyftême folaire, ce ferait le dernier de fes fatellites, que la loi de la gravitation mettrait à la place de Saturne. Il ajoûte à cette bizarre idée, que la raifon pour laquelle le fatellite le plus éloigné prendrait cette place, c'eft que les Souverains éloignent d'eux, autant qu'ils le peuvent, leurs héritiers préfomptifs.

Cette idée ferait plaifante & convenable dans la bouche d'une femme, qui, pour faire taire des Philofophes, imaginerait une raifon comique d'une chofe dont ils chercheraient la caufe en vain. Mais que le Mathématicien faffe ainfi le plaifant quand il doit inftruire, cela n'eft pas tolérable.

Le déplacé, le faux, le gigantefque, femblent vouloir dominer aujourd'hui, c'eft à qui renchérira fur le fiécle paffé. On appelle de tous côtés les paffants pour leur faire admirer des tours de force qu'on fubftitue à la démarche fimple, noble, aifée, décente des Pelliffons, des Fénelons, des Boffuets, des Maffillons. Un Charlatan eft parvenu jufqu'à dire dans je ne fais quelles lettres, en parlant de l'angoiffe & de la paffion de JESUS-CHRIST, que fi Socrate mourut en fage, JESUS-CHRIST *mourut en Dieu :* comme s'il y avait des Dieux accoutumés à la mort, comme fi on favait comment ils meurent, comme fi une fueur de fang était le caractère de la mort de DIEU, enfin comme fi c'était DIEU qui fût mort.

On defcend d'un ftyle violent & effréné au familier le plus bas & le plus dégoûtant ; on dit de la mufique du célèbre Rameau l'honneur de notre fiécle, qu'elle *reffemble à la courfe d'une oie graffe,* & *au galop d'une vache.* On s'exprime enfin auffi ridiculement que l'on penfe ; *rem verba fequuntur ;* & à la honte de l'efprit humain, ces impertinences ont eu des partifans.

Je vous citerais cent exemples de ces extravagants abus, fi je n'aimais pas mieux me livrer au plaifir de vous remercier des fervices continuels que vous rendez à notre langue, tandis qu'on cherche à la déshonorer. Tous ceux qui parlent en public doivent étudier votre traité de la profodie, c'est un livre claffique qui durera autant que la langue Françaife.

Avant d'entrer avec vous dans des détails fur votre nouvelle édition, je dois vous dire que j'ai été frappé de la circonfpection avec laquelle vous parlez du célèbre, j'ofe prefque dire de l'inimitable Quinaut, le plus concis peut-être de nos poëtes dans les belles fcênes de fes opéra, & l'un de ceux qui s'exprimêrent avec le plus de pureté comme avec le plus de grâce. Vous n'affurez point, comme tant d'autres, que Quinaut ne favait que fa langue. Nous avons fouvent entendu dire, Madame Denis & moi, à M. de Beaufrant fon neveu, que Quinaut favait affez de Latin pour ne lire jamais Ovide que dans l'original, & qu'il poffédait encore mieux l'Italien. Ce fut un Ovide à la main qu'il compofa ces vers harmonieux & fublimes de la premiere fcêne de Proferpine.

Les fuperbes géants armés contre les Dieux,
   Ne nous caufent plus d'épouvante,
Ils font enfevelis fous la maffe pefante
Des monts qu'ils entaffoient pour attaquer
   les cieux.
Nous avons vu tomber leur chef audacieux
   Sous une montagne brûlante.
Jupiter l'a contraint de vomir à nos yeux
Les reftes enflammés de fa rage mourante.
   Jupiter eft victorieux,
Et tout cède à l'effort de fa main fou-
droyante.

S'il n'avait pas été rempli de la lecture

du Taſſe, il n'aurait pas fait ſon admirable opéra d'Armide. Une mauvaiſe traduction ne l'aurait pas inſpiré.

Tout ce qui n'eſt pas dans cette pièce air détaché compoſé ſur les canevas du muſicien, doit être regardé comme une tragédie excellente. Ce ne ſont pas là de

Ces lieux communs de morale lubrique,
Que Lulli réchauffa des ſons de ſa muſique.

On commence à ſavoir que Quinaut valait mieux que Lulli. Un jeune homme d'un rare mérite, déja célèbre par les prix qu'il a remportés à notre Académie, & par une tragédie qui a mérité ſon grand ſuccès, a oſé s'exprimer ainſi en parlant de Quinaut & de Lulli :

Aux dépens du poëte on n'entend plus
De ces airs languiſſants la triſte pſalmodie
Que réchauffa Quinaut du feu de ſon génie.

Je ne ſuis pas entiérement de ſon avis. Le récitatif de Lulli me paroît très bon, mais les ſcênes de Quinaut ſont encore meilleures.

Je viens à une autre anecdote. Vous dites *que les étrangers ont peine à diſtinguer quand la conſonne finale a beſoin ou non, d'être accompagnée d'un e muet,* & vous citez les vers du philoſophe de Sans-ſouci.

La nuit compagne du repos,
De son crêp couvrant la lumière,
Avait jetté sur ma paupière,
Les plus léthargiques pavots.

Il eſt vrai que dans les commencements nos *e* muets embarraſſent quelquefois les étrangers ; le philoſophe de Sans - ſouci était très-jeune quand il fit cette épître : elle a été imprimée à ſon inſçu par ceux qui recherchent toutes les pièces manuſcrites , & qui, dans leur empreſſement de les imprimer , les donnent ſouvent au public toutes défigurées.

Je peux vous aſſurer que le philoſophe de Sans-ſouci ſait parfaitement notre langue. Un de nos plus illuſtres confrères & moi , nous avons l'honneur de recevoir quelquefois de ſes lettres , écrites avec autant de pureté que de génie & de force , *eodem animo ſcribit quo pugnat* : & je vous dirai en paſſant que l'honneur d'être encore dans ſes bonnes grâces, & le plaiſir de lire les penſées les plus profondes exprimées d'un ſtyle énergique , font une des conſolations de ma vieilleſſe. Je ſuis étonné qu'un Souverain chargé de tout le détail d'un grand Royaume , écrive couramment & ſans effort ce qui coûteroit à un autre beaucoup de temps & de ratures.   P v

M. l'Abbé de Dangeau en qualité de purifte, en favait fans doute plus que lui fur la Grammaire Françaife. Je ne puis toutefois convenir avec ce refpectable Académicien, qu'un Muficien en chantant, *la nuit eft loin encore*, prononce pour avoir plus de grâces, la nuit eft *loing* encore. Le philofophe de Sans-fouci, qui eft auffi grand muficien qu'écrivain fupérieur, fera je crois de mon opinion.

Je fuis fort aife qu'autrefois St. Gelais ait juftifié le *crêp* par fon *Bucéphal.* Puifqu'un Aumônier de François I. retranche un *e* à *Bucéphale*, pourquoi un Prince Royal de Pruffe n'aurait-il pas retranché un *e* à *crêpe?* Mais je fuis un peu fâché que Melin de St. Gelais, en parlant au cheval de François I, lui ait dit :

   Sans que tu fois un Bucéphal,
Tu portes plus grand qu'Alexandre.

L'hyperbole eft trop forte, & j'y aurais voulu plus de fineffe.

Vous me critiquez, mon cher Doyen, avec autant de politeffe que vous rendez de juftice au fingulier génie du philofophe de Sans-fouci. J'ai dit, il eft vrai, dans le *Siècle de Louis XIV*, à l'article des Muficiens, que nos rimes féminines terminées toutes par un *e* muet font un effet très-désagréable dans la musique lorsqu'elles finissent un couplet. Le chanteur est absolument obligé de prononcer

Si vous aviez la rigueur
Dé m'ôter votre cœur,
Vous m'ôteriez la vi - eu.

Arcabone est forcée de dire :

Tout me parle de ce que j'aim - eu.

Médor est obligé de s'écrier :

Ah quel tourment d'aimer sans espéranc-eu.

La gloire & la victoire à la fin d'une tirade, ont presque toujours la *gloir-eu,* la *victoir-eu.* Notre modulation exige trop souvent ces tristes désinences. Voilà pourquoi Quinaut a grand soin de finir autant qu'il le peut, ses couplets par des rimes masculines : & c'est ce que recommandait le grand musicien Rameau à tous les poëtes qui composoient pour lui.

Qu'il me soit donc permis, mon cher maître, de vous représenter que je ne puis être d'accord avec vous quand vous dites qu'*il est inutile, & peut être ridicule, de chercher l'origine de cette* prononciation *gloir-eu, victoir eu, ailleurs que dans la bouche de nos villageois.* Je n'ai jamais entendu de paysan prononcer ainsi en parlant ; mais ils y sont forcés lorsqu'ils chantent. Ce n'est pas non plus une prononciation vicieufe des acteurs & des actrices de l'opéra. Au contraire, ils font ce qu'ils peuvent pour fauver la longue tenue de cette finale défagréable, & ne peuvent fouvent en venir à bout. C'eft un petit défaut attaché à notre langue, défaut bien compenfé par le bel effet que font nos *e* muets dans la déclamation ordinaire.

Je perfifte encore à vous dire qu'il n'y a aucune nation en Europe qui faffe fentir les *e* muets, excepté la nôtre. Les Italiens & les Efpagnols n'en ont pas. Les Allemands & les Anglais en ont quelques-uns ; mais ils ne font jamais fenfibles ni dans la déclamation, ni dans le chant.

Venons maintenant à l'ufage de la rime, dont les Italiens & les Anglais fe font défaits dans la tragédie, & dont nous ne devons jamais fecouer le joug. Je ne fais fi c'eft moi que vous accufez d'avoir dit que la rime eft une invention des fiécles barbares. Mais fi je ne l'ai pas dit, permettez - moi d'avoir la hardieffe de vous le dire.

Je tiens en fait de langue, tous les peuples pour barbares en comparaifon des Grecs & de leurs difciples les Romains, qui feuls ont connu la vraie profodie. Il faut fur-tout que la nature eût donné aux pre-

miers Grecs des organes plus heureuſe-
ment diſpoſés que ceux des autres nations, pour former en peu de temps un
langage tout compoſé de brèves & de longues, & qui par un mélange harmonieux
de conſonnes & de voyelles était une
eſpèce de muſique vocale. Vous ne me
condamnerez pas ſans doute, quand je
répéterai que le Grec & le Latin ſont à
toutes les autres langues du monde ce
que le jeu d'échecs eſt au jeu de dames,
& ce qu'une belle danſe eſt à une démarche ordinaire.

Malgré cet aveu je ſuis bien loin de
vouloir proſcrire la rime comme feu
M. de la Motte, il faut tâcher de ſe
bien ſervir du peu qu'on a, quand on
ne peut atteindre à la richeſſe des autres.
Taillons habilement la pierre, ſi le por-
phire & le granite nous manquent. Conſervons la rime; mais permettez-moi toujours de croire que la rime eſt faite pour
les oreilles, & non pas pour les yeux.

J'ai encore une autre repréſentation à
vous faire. Ne ſerais-je point un de ces
téméraires que vous accuſez de vouloir
changer l'orthographe? J'avoue qu'étant
très-dévot à *St. François*, j'ai voulu le
diſtinguer des *Français*. J'avoue que j'écris
Danois & *Anglais*; il m'a toujours ſem-

blé qu'on doit écrire comme on parle, pourvu qu'on ne choque pas trop l'usage, pourvu que l'on conserve les lettres qui font sentir l'étymologie & la vraie signification du mot.

Comme je suis très-tolérant, j'espere que vous me tolérerez. Vous pardonnerez sur-tout ce style négligé à un Français ou à un François, qui avait ou qui avoit été élevé à Paris dans le centre du bon goût, mais qui s'est un peu engourdi depuis treize ans au milieu des montagnes de glace dont il est environné. Je ne suis pas de ces phosphores qui se conservent dans l'eau. Il me faudrait la lumiere de l'Académie pour m'éclairer & m'échauffer ; mais je n'ai besoin de personne pour ranimer dans mon cœur les sentiments d'attachement & de respect que j'ai pour vous, ne vous en déplaise, depuis plus de soixante années.

F I N.

TABLE

DES MATIERES.

A.

Ouvrages de M. l'Abbé D'OLIVET,
imprimés chez le même Libraire.

ENTRETIENS de Cicéron fur la Nature
des Dieux. *in-*12.   2 *vol.*

Philippiques de Démofthene , & Catili-
naires de Cicéron. *in-*12.   *1 vol.*

Tufculanes de Cicéron. *in-*12.   2 *vol.*

Penfées de Cicéron , pour fervir à l'éducation de la Jeuneffe. *in-*12.   *1 vol.*

Remarques fur Cicéron , in-12.   1 vol.
Par MM. BOUHIER & D'OLIVET,